New 축구교본
스페인 공격 전술

KOUSHU NO THEORY WO RIKAISURU SOCCER SET PLAY SENJUTSU 120
ⓒ IKEDA PUBLISHING CO., LTD. 2011
Originally published in Japan in 2011 by IKEDA PUBLISHING CO., LTD.
Korean translation rights arranged through TOHAN CORPORATION, TOKYO.,
and BC Agency, SEOUL.

이 책의 한국어판 저작권은 BC 에이전시와 TOHAN 에이전시를 통한
저작권자와의 독점 계약으로 삼호미디어에 있습니다. 저작권법에 의해
한국 내에서 보호를 받는 저작물이므로 무단 전재와 복제를 금합니다.

New Soccer

New 축구교본

스페인 공격 전술

시미즈 히데토 지음 | 홍명보 축구교실 감수 | 조미량 옮김

코치와 선수에게 전하는 메시지

What's The Set piece Strategy?

세트피스가 '골 득점력'과 '플레이의 이해도'를 높인다

현대 축구에서는 세트피스가 중요하다

현대 축구에서 세트피스 기술은 갈수록 중요해지고 있다. 2010 FIFA 남아공 월드컵에서 의 경기를 보자. 이때 일본 대표팀은 4득점을 했는데, 그중에 2득점이 세트피스 상황에서 터졌다. '전체 골의 30%는 세트피스에서 나온다.'라는 말처럼 수치에서 보일뿐만 아니라, 실제로 실력이 비등비등한 팀끼리 시합하면 대부분 세트피스에 의해 승패가 결정되는 것을 볼 수 있다. 이는 현대 축구의 특징이기도 하다.

단적인 예로, 남아공 월드컵에서 우승한 스페인이 최대의 강적이라고 불리던 독일과 준결승에서 맞붙었을 때를 떠올려보자. 당시 스페인은 볼 점유율 면에서는 앞서갔지만 득점을 올리지 못해 0 대 0인 소강상태를 면치 못하고 있었다. 이때 스페인은 코너킥을 얻게 되었고 카를레스 푸욜(Carles Puyol, 스페인)이 코너에서 올라온 공을 헤딩으로 마무리 지어 득점에 성공하게 되었다. 그리고는 경기가 끝날 때까지 세트피스 상황에서 터진 천금 같은 1점을 지켜 이겼다. 한편 스페인과 결승에서 만난 네덜란드도 4강에서 우승 후보 중 하나로 점쳐지던 브라질과 대전했다. 네덜란드는 브라질의 공격력에 압도되었지만, 맹공을 잘 막으며 두 번의 세트피스를 득점으로 연결시켜 브라질을 2 대 1로 무너뜨린 바 있다. 이와 같이 세트피스는 시합의 흐름을 깨고 약한 팀이 강팀을 이길 수 있게 하는 중요한 수단이기도 하다.

인플레이 때보다 쉽게 전술을 익힐 수 있다

세트피스가 이렇게 중요해진 이유는 무엇일까? 바로 현대 축구의 수비 전술이 향상되었기 때문이다. 선수 간의 간격을 조밀하게 유지하는 팀 전술, 공격과 수비가 협력하는 그룹 전술, 그리고 일대일수비의 개선으로 수비력이 높아진 것이다. 그래서 수비를 잘하는 팀과 맞붙게 되면 패스의 타이밍과 코스, 드리블, 상대방을 제치는 기술이 동시에 발현되어야만 조직적으로 수비를 무너뜨리고 득점 기회가 생기게 된다. 하지만 이 모든 것을 시시각각 상황이 변하는 시합 중에 해내기란 무척 어렵다. 기술이 뛰어난 선수만 모였다면 모를까, 굉장한 훈련이 뒤따라야만 해낼 수 있는 일인 것이다. 따라서 세트피스의 중요도는 날로 높아지고 있다.

하지만 어렵게 생각할 것은 없다. 플레이 중에는 계산할 수 없었던 상황을, 공이 정지한 상태인 세트피스 때는 상황을 예측하고 작전만 짜 놓으면 얼마든지 득점 기회를 얻을 수 있기 때문이다. 실제로 이 책에서 소개할 세트피스 전술에는 특별한 기술과 체력이 없어도 할 수 있는 것이 많다. 또한 세트피스라고 하면 '프리킥, 코너킥, 페널티킥'만 떠올릴지 모르나 이 책에는 '골킥, 스로인, 킥오프'와 같이 플레이가 시작되는 세트피스에 대해서도 설명한다. 이런 이론을 확실히 배워 두면 팀 실력이 크게 향상된다. 세트피스는 현대 축구의 가장 큰 무기이며 누구나 쉽게 할 수 있는 전술이라는 것을 이 책을 통해 전한다.

정지 상태이기에 축구를 잘 이해할 수 있다

'전체 골의 30%는 세트피스'에서 나오는데도 일본 축구는 세트피스를 경시한다. 우리는 일본의 중학생과 대학생을 지도하는데, 선수들의 세트피스 전술은 패스나 볼 컨트롤 기술에 비해 너무 조악하다. 예를 들어, 우리 팀이 세트피스로 간단한 트릭 플레이를 하면, 상대팀 지도자와 선수는 아무런 대책도 세우지 못하고 매번 똑같은 패턴에 무너진다. 정말 놀라지 않을 수 없다. 이것은 수준 문제가 아니라 세트피스를 전혀 이해하지 못하고 있는 것이다.

일본에서는 세트피스 전술을 냉혹한 프로 축구 시합에서나 하는 플레이라고 생각해 축구를 배우는 유소년들은 익히지 않아도 된다고 생각하는 것 같다. 하지만 내 생각은 다르다. 세트피스야말로 '모든 플레이가 정지되어 있기에 축구를 가장 잘 이해할 수 있는' 순간인 것이다. 세트피스 전술은 축구라는 스포츠의 원리와 원칙, 즉 '플레이를 해석하는 힘'을 길러 준다.

일대일수비와 협력수비의 차이, 마킹의 차이, 수비라인 올리고 내리기, 삼각형을 만들어 위치 선정하기와 같은 축구 이론을 가르치고 싶을 때 가장 어려운 점은 유동적인 플레이 도중에 흐름을 끊고 가르칠 수가 없는 것이다. 상황에 따라 공의 위치와 선수의 위치가 달라지기 때문이다. 이에 반해 세트피스 훈련은 정지된 상태에서 하기 때문에 상황이 한정되어 있고, 한 가지의 이론을 집중적으로 설명할 수 있어 좋다. 세트피스를 통해 위에서 언급한 전술을 익힌 다음 서서히 인플레이에서도 활용할 수 있도록 발전시켜 보자. 세트피스는 인플레이보다 난이도가 낮다. 그러므로 세트피스부터 배우는 것이 이론적으로 타당하다.

스페인에서 배운 것은 승부에 대한 강한 집착이다

우리도 일본에서는 세트피스가 그렇게 중요한지 몰랐다. 훈련할 것이 산더미처럼 쌓여 있는데 굳이 세트피스에 시간을 할애해야 할 이유를 몰랐던 것이다. 그러나 스페인에서 지도자 과정을 이수하며 세트피스에 대한 생각이 180도 바뀌었다.

"스페인에서 배운 것은 세트피스 전술이에요." 이렇게 말하면 대부분의 사람이 "어? 점유율 축구가 아니라?"라고 반문한다. 아마 스페인에는 우리 말고도 세계 각국에서 온 지도자가 많았지만, 점유율 축구를 배웠다는 지도자는 한 사람도 없을 것이다. 점유율 축구를 논하는 것은 스페인 대표팀과 FC 바르셀로나의 특징 중에 일부분만을 보고 이해했기 때문이다.

그리고 우리가 스페인에서 가장 충격을 받은 것은 승부에 집착하는 그들의 모습이었다. 정말로 그들은 이기기 위해서는 무엇이든 한다. 상대방이 장점을 발휘할 수 없게끔 필사적으로 작전을 짜고 세트피스 또한 세밀한 부분까지 신경을 써 구성한다. 이렇게 짠 전술은 시합 도중에도 수차례 수정된다. 이런 스페인 팀들과 비교해 일본처럼 "우리 팀의 색깔을 보여줄 수 있는 경기를 했기에 만족한다."와 같은 말을 하는 것은 축구에 대해 모르는 것이 많음을 보여 주는 단적인 예다. 이 책이 축구를 배우는 선수들에게 세트피스에 대한 깊이 있는 이해에 도움이 되길 바란다.

스페인축구협회 공인 지도자 **구라모토 가즈요시** · 일본축구협회 공인 코치 **후지와라 다카오**

감수자의 글
Message by Hong Myung bo Soccer Academy

스페인 축구의 모든 것을 다룬
지도자와 선수를 위한 최고의 지침서

축구는 11명이 팀을 이루어 두 팀이 서로 상대의 골대에 공을 넣어 득점을 겨루는 스포츠다. 선수 개개인의 탄탄한 기본기도 중요하지만, 혼자서 하는 경기가 아니므로 팀원들 간의 조직력과 호흡이 중요한 스포츠이기도 하다. 일반적으로 대중에게 축구의 기본기와 전술을 알리고 지도하는 것은 쉬운 일이 아니다. 그리고 이를 접할 수 있는 기관도 많지 않은 실정이다. 이러던 차에 《New 축구교본-스페인 공격 전술》을 접하고 반가운 마음이 앞섰다. 전술을 배우는 것은 경기의 흐름을 읽고 상황 판단을 하는 능력을 기르는 것과 같다. 감독이 아무리 좋은 전술과 전략을 세워도 이를 선수들이 각 상황에 맞게 응용하지 못한다면 경기를 그르치고 마는 것이다. 따라서 많은 아마추어 선수들 또는 감독, 코치진도 이 책을 통해서 전술 훈련에 대한 사고방식을 이해하고 기본적인 훈련법과 팀플레이의 중요성을 다시 한번 깨닫길 바란다. 스페인은 여러번 승리를 거둔 명성에 걸맞게 개인기가 뛰어난 최고의 선수들로 구성이 되어 있지만, 무엇보다도 강한 조직력이 돋보이는 팀이다. 《New 축구교본-스페인 공격 전술》은 스페인 축구의 전술 트레이닝 법을 잘 보여 주는 도서로써 지도자는 물론 선수들에게도 필요한 내용으로 구성되어 있다. 팀플레이의 중요성이 날로 강조되는 오늘날의 축구에서 본 지침서를 통해 많은 축구인들이 경기의 흐름을 읽고 거기에 맞는 상황 판단을 통해 조직적으로 움직여 수준 높은 축구를 했으면 하는 바람이다.

홍명보 축구교실

이 책을 보는 법 · 활용하는 법

New 축구교본–스페인 공격 전술

사용 설명서

전체 구성

책을 읽기 전에 각 장의 구성과 보는 방법을 이해한 다음, 실제 이론에 들어가자.

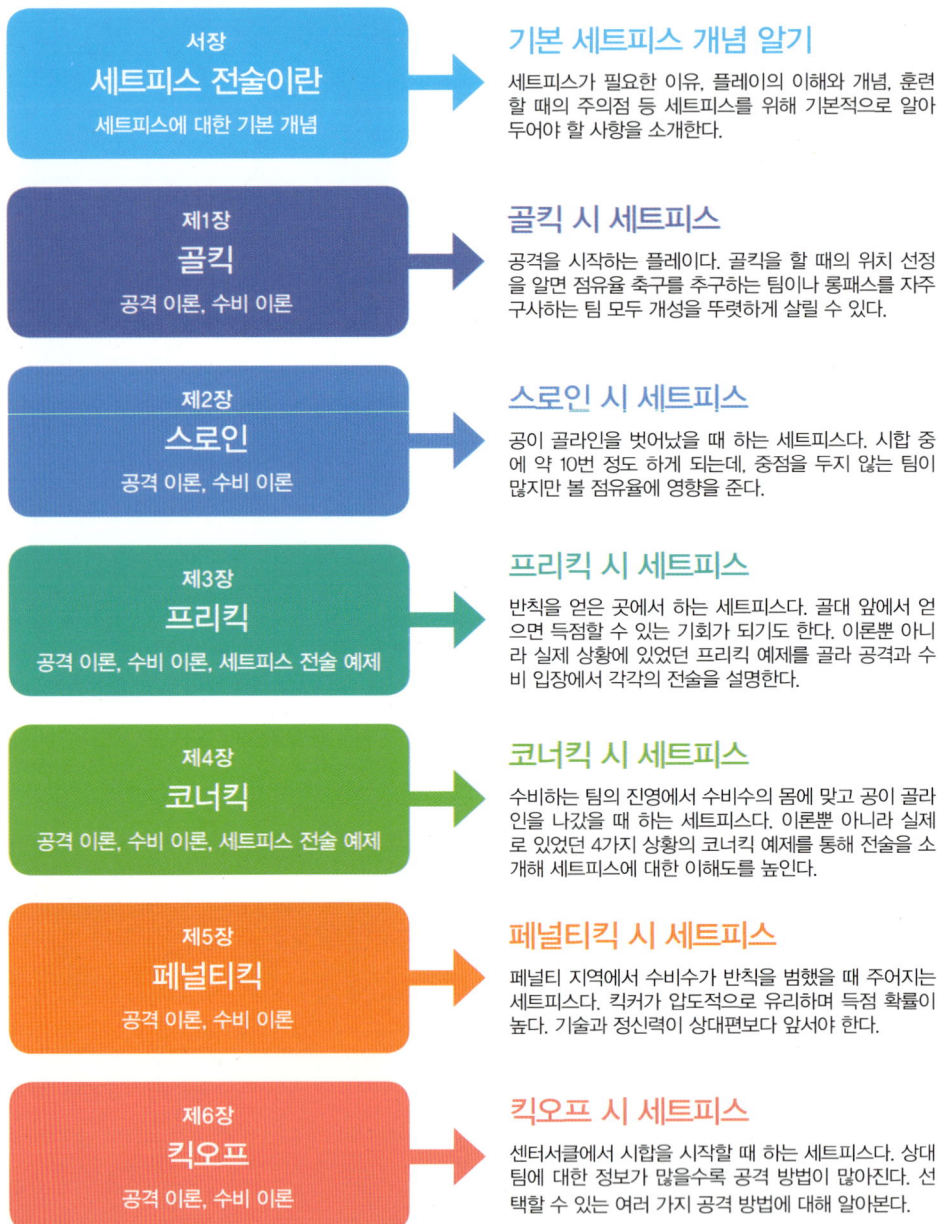

서장 세트피스 전술이란 — 세트피스에 대한 기본 개념
→ **기본 세트피스 개념 알기**
세트피스가 필요한 이유, 플레이의 이해와 개념, 훈련할 때의 주의점 등 세트피스를 위해 기본적으로 알아두어야 할 사항을 소개한다.

제1장 골킥 — 공격 이론, 수비 이론
→ **골킥 시 세트피스**
공격을 시작하는 플레이다. 골킥을 할 때의 위치 선정을 알면 점유율 축구를 추구하는 팀이나 롱패스를 자주 구사하는 팀 모두 개성을 뚜렷하게 살릴 수 있다.

제2장 스로인 — 공격 이론, 수비 이론
→ **스로인 시 세트피스**
공이 골라인을 벗어났을 때 하는 세트피스다. 시합 중에 약 10번 정도 하게 되는데, 중점을 두지 않는 팀이 많지만 볼 점유율에 영향을 준다.

제3장 프리킥 — 공격 이론, 수비 이론, 세트피스 전술 예제
→ **프리킥 시 세트피스**
반칙을 얻은 곳에서 하는 세트피스다. 골대 앞에서 얻으면 득점할 수 있는 기회가 되기도 한다. 이론뿐 아니라 실제 상황에 있었던 프리킥 예제를 골라 공격과 수비 입장에서 각각의 전술을 설명한다.

제4장 코너킥 — 공격 이론, 수비 이론, 세트피스 전술 예제
→ **코너킥 시 세트피스**
수비하는 팀의 진영에서 수비수의 몸에 맞고 공이 골라인을 나갔을 때 하는 세트피스다. 이론뿐 아니라 실제로 있었던 4가지 상황의 코너킥 예제를 통해 전술을 소개해 세트피스에 대한 이해도를 높인다.

제5장 페널티킥 — 공격 이론, 수비 이론
→ **페널티킥 시 세트피스**
페널티 지역에서 수비수가 반칙을 범했을 때 주어지는 세트피스다. 킥커가 압도적으로 유리하며 득점 확률이 높다. 기술과 정신력이 상대편보다 앞서야 한다.

제6장 킥오프 — 공격 이론, 수비 이론
→ **킥오프 시 세트피스**
센터서클에서 시합을 시작할 때 하는 세트피스다. 상대 팀에 대한 정보가 많을수록 공격 방법이 많아진다. 선택할 수 있는 여러 가지 공격 방법에 대해 알아본다.

페이지 구성

제1장에서 제6장까지의 페이지 구성을 알아본다.

세트피스 필수 규칙

각 세트피스 별로 꼭 알아야 할 필수적인 기본 규칙을 설명한다.

공격 시 세트피스의 기본 개념

각 세트피스 별로 이론의 바탕이 되는 공격 지식을 소개한다.

공격 이론

각 세트피스 상황에서의 공격 이론을 소개한다.

테크닉/실제로 있었던 전술

기본 테크닉과 함께 상대방의 허를 찌르는 기술, 혹은 실제로 있었던 놀라운 승부수를 소개한다.

수비 시 세트피스의 기본 개념

각 세트피스 별로 이론의 바탕이 되는 수비 지식을 소개한다.

수비 이론

각 세트피스 상황에서의 수비 이론을 소개한다.

원 포인트 레슨

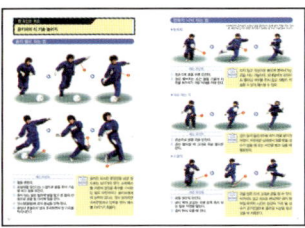

알아 두면 도움이 되는 기술을 연속 사진을 활용해 설명한다.

이 책을 보는 법 · 활용하는 법

이론 설명 구성

주요 세트피스의 이론을 목적과 지역에 따라 나눈 후 구체적으로 소개한다.

❶세트피스 이름
어떤 세트피스를 설명하는지 알린다.

❷공격과 수비 분류
공격 또는 수비로 나누어, 어느 쪽 입장의 이론인지 알린다.

❸플레이 상황
어떤 상황, 목적, 지역을 전제로 하는지 알린다.

❹플레이 목적
어떤 식으로 플레이를 하기 위함인지 알린다.

❺예상 위험 등
현재 상황에서 고려할 포인트를 알린다.

▲상황 해설
▲이론

❻플레이의 흐름
기본적인 플레이의 흐름을 설명한다.

❼Let's 상황 판단
이론을 설명하기 전에 해당 플레이에 대한 기본 사고방식을 해설한다.

❽이론 내용
이론의 내용을 알린다.

❾포인트
이론의 포인트를 간결하게 알린다.

❿필드 그림
이론의 내용을 그림으로 표시한다.

⓫GOOD 플레이
해당 상황에서 할 수 있는 최상의 플레이를 해설한다.

⓬NG 플레이
해당 상황에서의 최악의 플레이를 해설한다.

●지도자 MEMO
현실적인 연습 비법, 지도 방법, 연습 포인트를 지도자의 입장에서 알린다.

세트피스 전술 예제 구성

제3장 프리킥과 제4장 코너킥에는 실제 시합에서 있었던 상황을 공격과 수비로 나눠서 해설했다.

❶세트피스 상황
어떤 세트피스 상황인지 설명한다.

❷상황
전제되고 있는 정보를 설명한다.

❸필드 그림
전술을 그림으로 표시한다.

❹공격과 수비 목적
필드 그림을 바탕으로 상황에 대한 대처 방법을 구체적으로 설명한다.

▲공격 또는 수비 상황
▲대처 방법 설명

❺대처 방법
❹에 대한 대처 방법을 간결하게 설명한다.

❻문제점/목적
어떤 문제점을 해결하고 싶은지 또는 어떤 목적으로 실행하는지 해설한다.

❼필드 그림
전술을 그림으로 표시한다.

❽공격과 수비 목적
필드 그림을 바탕으로 상대팀 전술에 대한 대처 방법을 구체적으로 설명한다.

목 차

서장　　세트피스 전술이란

세트피스는 상황 판단력을 높이는 교재다　　18

세트피스 훈련, 어떻게 구성할 것인가?　　22

제1장　　골킥

골킥 필수 규칙　　26

공격 시 골킥의 기본 개념　　28

　공격 이론　수비라인으로 패스하기(포백일 때)　　30
　　골킥 공격 이론 ①　센터백은 패스를 비스듬히 받는다　　31
　　골킥 공격 이론 ②　회색 지역에 들어가지 않는다　　32
　　골킥 공격 이론 ③　일부러 회색 지역을 이용하는 전술도 있다　　33

　공격 이론　수비라인으로 패스하기(스리백일 때)　　34
　　골킥 공격 이론 ④　상대팀이 투톱이라면 좌우 디펜스를 벌린다　　35
　　골킥 공격 이론 ⑤　상대팀이 투톱이라면 한쪽 센터백이 앞으로 나간다　　36
　　골킥 공격 이론 ⑥　상대팀이 스리톱이라면 공을 멀리 찬다　　37

　공격 이론　홀딩 미드필더에게 패스하기　　38
　　골킥 공격 이론 ⑦　센터백이 연 공간에 홀딩 미드필더가 내려와 공을 받는다　　39

　공격 이론　중원의 측면으로 패스하기　　40
　　골킥 공격 이론 ⑧　상대팀이 압박하면 롱패스로 허를 찌른다　　41

　공격 이론　롱패스하기　　42
　　골킥 공격 이론 ⑨　킥의 비거리와 필드 플레이어의 특징을 고려한다　　43
　　골킥 공격 이론 ⑩　공이 떨어지는 지점에 빽빽히 자리한다　　44
　　골킥 공격 이론 ⑪　반대쪽의 빈 공간을 활용한다　　45
　　테크닉 / 공격(골킥)　공에 역회전을 걸어 도움닫기를 생략한다　　46
　　실제로 있었던 전술 / 스페인리그　페널티 지역 안에서 다시 공을 받아 찬다　　47

수비 시 골킥의 기본 개념　　48

　수비 이론　쇼트패스 대책　　50
　　골킥 수비 이론 ①　공을 뺏을 지점을 결정한다　　51
　　골킥 수비 이론 ②　한쪽 측면으로 몬다　　52
　　골킥 수비 이론 ③　상대팀의 스타일을 분석하고 실수를 유발한다　　53

목차

수비 이론 **롱패스 대책**	54
골킥 수비 이론 ④ 두 명이 타깃맨을 둘러싼다	55
골킥 수비 이론 ⑤ 상대팀과 경합해 세컨드 볼을 잡아낸다	56
골킥 수비 이론 ⑥ 상대팀의 골키퍼가 아닌 필드 플레이어가 찬다면?	57
실제로 있었던 전술 / 챔피언스리그 상대팀 센터백의 뒤를 쫓는다	58
실제로 있었던 전술 / 스페인리그 볼보이의 방해 작전	59
원 포인트 레슨 골키퍼의 킥 기술 높이기	60

제2장 스로인

스로인 필수 규칙	64
공격 시 스로인의 기본 개념	66
공격 이론 **스로어의 실력 높이기**	68
스로인 공격 이론 ① 가능한 빨리 시작한다	69
스로인 공격 이론 ② 공을 바운드시키지 않는다	70
스로인 공격 이론 ③ 리시버에게 정면으로 공을 던지지 않는다	71
공격 이론 **리시버의 실력 높이기**	72
스로인 공격 이론 ④ 앞으로 이동해 받는다	73
스로인 공격 이론 ⑤ 옆으로 교대하듯 자리를 바꾸며 받는다	74
스로인 공격 이론 ⑥ 공격에 변형을 준다	75
스로인 공격 이론 ⑦ 수비수의 뒤로 꺾어 들어가 혼란을 준다	76
스로인 공격 이론 ⑧ 크로스를 위해 움직이다가 직접 슈팅한다	77
스로인 공격 이론 ⑨ 허를 찌르는 위치를 선정한다	78
스로인 공격 이론 ⑩ 두 쌍의 협력 플레이도 가능하다	79
테크닉 / 스로인(공격) 스로어로 나서는 척한다	80
테크닉 / 스로인(공격) 우리 팀 선수의 등을 맞혀 원투패스!	81
수비 시 스로인의 기본 개념	82
수비 이론 **수비수의 효율적 배치**	84
스로인 수비 이론 ① 스로어에게도 수비수를 붙인다	85
스로인 수비 이론 ② 양쪽에서 협공해 공을 뺏는다	86
스로인 수비 이론 ③ 한쪽으로 몰아 압박한다	87
원 포인트 레슨 도움닫기를 이용해 패스하기	88

제3장　프리킥

프리킥 필수 규칙　92
공격 시 프리킥의 기본 개념　94
- **공격 이론**　수비진영에서의 프리킥 전술　96
  - 프리킥 공격 이론 ①　센터백이 공을 찬다　97
- **공격 이론**　중원에서의 프리킥 전술　98
  - 프리킥 공격 이론 ②　비스듬히 패스한다　99
- **공격 이론**　공격진영 측면에서의 프리킥 전술　100
  - 프리킥 공격 이론 ③　골대에서 멀어지는 공? 골키퍼에게 다가가는 공?　101
- **공격 이론**　골대 가까이에서의 프리킥 전술　102
  - 프리킥 공격 이론 ④　슈팅 타이밍을 속이는 페인트모션을 취한다　103
  - 프리킥 공격 이론 ⑤　휘는 공을 이용한 페인트모션을 취한다　104
  - 프리킥 공격 이론 ⑥　벽을 제치고 찬다　105
  - 프리킥 공격 이론 ⑦　벽 안에 우리 팀 선수를 넣는다　106
  - 프리킥 공격 이론 ⑧　튕겨 나온 공의 방향을 예측하는 힘을 기른다　107
  - 테크닉 / 프리킥(공격)　상대팀 선수를 블로킹한다　108
  - 테크닉 / 프리킥(공격)　벽 위치와 수비라인의 틈새를 노린다　109
  - 테크닉 / 프리킥(공격)　벽 앞에 우리 팀 선수가 앉는다　110
  - 테크닉 / 프리킥(공격)　다리 사이로 통과시키는 재치 만점 슈팅　111
  - 실제로 있었던 전술 / 스페인리그　시합 재개를 방해하는 상대팀을 공으로 맞힌다　112
  - 실제로 있었던 전술 / 스페인리그　의견이 맞지 않는 척하며 제3의 선수가 슈팅!　113

수비 시 프리킥의 기본 개념　114
- **수비 이론**　수비진영 측면에서의 프리킥 대비　116
  - 프리킥 수비 이론 ①　벽과 수비라인을 일직선으로 둔다　117
- **수비 이론**　수비진영 중앙에서의 프리킥 대비　118
  - 프리킥 수비 이론 ②　벽을 만들 선수를 결정한다　119
  - 프리킥 수비 이론 ③　키가 가장 큰 선수를 기준으로 삼는다　120
  - 프리킥 수비 이론 ④　벽에 틈을 만들지 않는다　121
  - 프리킥 수비 이론 ⑤　벽이 점프를 해야 할까?　122
  - 프리킥 수비 이론 ⑥　상대팀 선수가 벽 사이로 들어올 수도 있다　123
  - 세트피스 전술 01　프리킥 예제 ①　측면에서의 프리킥(수비)　124
  - 프리킥 예제 ②　**공격 대책** 변형을 주어 상대팀을 돌파한다　125
  - 프리킥 예제 ③　**수비 대책** 지역방어 선수를 배치한다　126
  - 프리킥 예제 ④　**공격 대책** 중앙으로 들어가는 척하다가 측면을 돌파한다　127

목차

세트피스 전술 02 프리킥 예제 ①	골라인 옆에서 프리킥(공격)	128
프리킥 예제 ②	수비 대책 수비의 위치를 세밀하게 조정한다	129
프리킥 예제 ③	공격 대책 허를 찌르는 땅볼패스를 구사한다	130
프리킥 예제 ④	수비 대책 킥커가 선 지역 부근의 수비를 강화한다	131
세트피스 전술 03 프리킥 예제 ①	골대 앞 지점에서 직접 프리킥(수비)	132
프리킥 예제 ②	공격 대책 벽 뒤로 뜬 공을 패스해 슈팅한다	133
프리킥 예제 ③	수비 대책 벽과 중앙 수비수의 역할을 세밀하게 결정한다	134
프리킥 예제 ④	공격 대책 두 가지의 페인트모션을 구사한다	135
세트피스 전술 04 프리킥 예제 ①	골대 가까운 거리에서 간접 프리킥(수비)	136
프리킥 예제 ②	공격 대책 다가가는 타이밍과 코스를 달리한다	137
프리킥 예제 ③	수비 대책 골키퍼도 함께 나온다	138
프리킥 예제 ④	공격 대책 찬 공을 벽에 맞춰 골대에 넣는다	139
원 포인트 레슨	벽을 넘겨 뚝 떨어지는 공 차기	140
원 포인트 레슨	무회전 킥 익히기	142

제4장 코너킥

코너킥 필수 규칙	146
공격 시 코너킥의 기본 개념	148
공격 이론 기본 플레이	150
코너킥 공격 이론 ① 짧은 코너킥을 사용한다	151
코너킥 공격 이론 ② 직접 크로스를 올린다	152
코너킥 공격 이론 ③ 슈팅을 노린다	153
공격 이론 방어 약점 파고들기	154
코너킥 공격 이론 ④ 상대팀이 지역방어를 한다면 짧은 코너킥으로 대비한다	155
코너킥 공격 이론 ⑤ 상대팀이 대인방어를 한다면 블로킹을 활용한다	156
코너킥 공격 이론 ⑥ 상대팀이 조합수비를 한다면 우리 팀의 장점을 활용한다	157
공격 이론 상황에 따른 전략 플레이	158
코너킥 공격 이론 ⑦ 공격을 빠르게 재개한다	159
코너킥 공격 이론 ⑧ 측면에 여러 명의 선수를 둔다	160
코너킥 공격 이론 ⑨ 이기고 있다면 코너 부근에서 시간을 번다	161
테크닉 / 코너캑(공격) 수비수가 물을 마시는가? 골대를 잡고 있는가?	162
테크닉 / 코너캑(공격) 상대팀이 공에서 눈을 뗐다면 빠르게 시합 재개!	163
실제로 있었던 전술 / 스페인리그 킥커를 교체하는 척하며 시작!	164
실제로 있었던 전술 / 스페인리그 시선을 뺏어 한눈을 팔게 한 후 찬다	165

수비 시 코너킥의 기본 개념   166

수비 이론   **상황에 맞게 수비 구축하기**   168

- 코너킥 수비 이론 ①   지역방어를 한다면 지그재그로 선다   169
- 코너킥 수비 이론 ②   대인방어를 한다면 킥커 주변에 수비수를 더 둔다   170
- 코너킥 수비 이론 ③   조합수비를 펼친다면 상황에 따라 대처한다   171
- 코너킥 수비 이론 ④   골대 쪽에는 몇 명이 서는 게 적당한가?   172
- 코너킥 수비 이론 ⑤   공을 뺏고 난 뒤의 역습도 고려한다   173
- 테크닉 / 코너킥(수비)   되도록이면 수비 교체를 하지 않는다   174
- 테크닉 / 코너킥(수비)   측면으로 걷어낸다   175
- 테크닉 / 코너킥(수비)   골키퍼 앞의 상대팀 선수에게는 수비를 붙이지 않는다   176
- 테크닉 / 코너킥(수비)   골키퍼를 역습의 기점으로 삼는다   177

세트피스 전술 01   코너킥 예제 ①   미끼를 두어 빈 공간으로 파고든다(공격)   178
- 코너킥 예제 ②   **수비 대책**   지역방어와 대인방어를 병행한다   179
- 코너킥 예제 ③   **공격 대책**   짧은 코너킥인 척 페인트모션을 취한다   180
- 코너킥 예제 ④   **수비 대책**   대인방어하는 거리를 달리한다   181

세트피스 전술 02   코너킥 예제 ①   짧은 코너킥으로 중앙에 수비수를 적게 만들어 크로스한다(공격)   182
- 코너킥 예제 ②   **수비 대책**   역습을 노리며 조합수비를 한다   183
- 코너킥 예제 ③   **공격 대책**   후방 선수가 몰래 전방으로 와 슈팅한다   184
- 코너킥 예제 ④   **수비 대책**   수적으로 같게 만든 다음 역습한다   185

세트피스 전술 03   코너킥 예제 ①   사이드 체인지를 이용해 코너킥을 한다(공격)   186
- 코너킥 예제 ②   **수비 대책**   짧은 코너킥에는 같은 수로 대응한다   187
- 코너킥 예제 ③   **공격 대책**   먼 쪽으로 보내는 척하다 가까운 쪽에서 슈팅한다   188
- 코너킥 예제 ④   **수비 대책**   지역방어 전략도 세워둔다   189

세트피스 전술 04   코너킥 예제 ①   킥커와 가까운 쪽에 선수를 밀집시켜 사고를 유발한다(공격)   190
- 코너킥 예제 ②   **공격 대책**   정확하게 점프하지 못하게 한다   191
- 코너킥 예제 ③   **공격 대책**   뛰어난 킥커라면 세 번 중에 한 번은 들어간다   192
- 코너킥 예제 ④   **수비 대책**   코너킥 수비는 역습을 준비하는 것과 같다   193

원 포인트 레슨   사인 플레이 활용하기   194

목 차

제5장　페널티킥

페널티킥 필수 규칙　198
공격 시 페널티킥의 기본 개념　200

- **공격 이론**　성공률을 높이는 공격　202
  - 페널티킥 공격 이론 ①　골키퍼를 보고 찰 것인가? 잘 차는 코스로 찰 것인가?　203
  - 페널티킥 공격 이론 ②　세컨드 볼을 따낼 수 있는 위치에 선수를 배치한다　204
  - 페널티킥 공격 이론 ③　킥커의 도움닫기에 맞춰 뒤에서 쇄도한다　205
  - 테크닉 / 페널티킥(공격)　다양한 도움닫기 방법을 연구한다　206
  - 테크닉 / 페널티킥(공격)　심리적 우위를 활용한다　207

수비 시 페널티킥의 기본 개념　208

- **수비 이론**　절대적으로 불리한 상황에서의 대책　210
  - 페널티킥 수비 이론 ①　킥커가 차기 전에 절대로 움직이지 않는다　211
  - 페널티킥 수비 이론 ②　좌우로 움직여 압박한다　212
  - 페널티킥 수비 이론 ③　세컨드 볼을 대비한 위치를 빨리 선점한다　213
  - 테크닉 / 페널티킥(수비)　시간을 끌어 킥커를 압박한다　214
  - 테크닉 / 페널티킥(수비)　정신력을 발휘해 심리 싸움의 우위에 선다　215
  - 원 포인트 레슨　실축하지 않기 위한 다양한 킥 기술　216

제6장　킥오프

킥오프 필수 규칙　220
공격 시 킥오프의 기본 개념　222

- **공격 이론**　시스템 파악 후 공격하기　224
  - 킥오프 공격 이론 ①　상대팀의 수비법을 분석한다　225
  - 킥오프 공격 이론 ②　한쪽 측면을 공략한다　226
  - 킥오프 공격 이론 ③　페널티 지역으로 쇄도한다　227
  - 테크닉 / 킥오프(공격)　공을 뒤로 보내는 척하다가 앞으로 패스!　228
  - 테크닉 / 킥오프(공격)　일부러 시간을 번다　229

수비 시 킥오프의 기본 개념　230

- **수비 이론**　협력수비 펼치기　232
  - 킥오프 수비 이론 ①　전방과 최종 라인의 협력 상태를 확인한다　233
  - 킥오프 수비 이론 ②　측면으로 공격하면 전체적으로 이동해 수비한다　234
  - 킥오프 수비 이론 ③　강한 압박으로 긴장감을 푼다　235
  - 원 포인트 레슨　역회전 활용하기　236

서장

세트피스 전술이란

축구에 '이것만 하면 반드시 이긴다'라는 왕도는 없다. 세트피스도 마찬가지다. 철저히 계획하고, 꾸준히 전술을 익히는 것만이 세트피스의 성공률을 높인다. '세트피스란 무엇인가? 그리고 무엇을 위해 세트피스를 훈련하는가?' 각 플레이에서의 세트피스를 설명하기 전에, 세트피스의 기본 개념부터 정리한다.

세트피스 전술/세트피스의 개념 1

세트피스는 상황 판단력을 높이는 교재다

1. 세트피스는 훌륭한 전술 교과서다

골킥, 스로인, 프리킥, 코너킥 등 모든 세트피스는 전술을 배우는 데 활용할 수 있는 훌륭한 교과서다. 감독은 공의 위치에 따라 선수를 배치하고, 선수는 자신의 움직임에 따라 상대팀 선수의 움직임을 파악해 상황 인식을 한 후에 다음 플레이를 결정한다. 이런 과정을 이 책에서는 '상황 판단'이라고 한다.

〈그림 1〉과 같은 코너킥 공격을 살펴보자. 우리 팀 선수(A)가 선수(B)에게 짧은 코너킥으로 패스하는 상황이다. 수비수가 한 명이라면, 우리는 2 대 1이라는 상황을 살려 그대로 돌파할 수 있다고 생각할 것이다.

그리고 2 대 1 상황을 어떻게 하면 유리하게 이끌 것인지, 원투패스(2 대 1 패스, 같은 편 선수에게 패스했다가 다시 받는 패스)를 하기 좋은 위치와 오버래핑(수비수가 전방에서 공격에 가담하는 것)하기 좋은 위치를 생각하며 플레이를 해석하면 축구를 이해하기 쉽다.

〈그림 2〉와 같이 상대팀 수비수가 두 명일 때는 어떨까? 2 대 2 상황이라 돌파하기는 어렵지만, 두 명의 선수가 수비하러 왔기 때문에 중앙이 비게 된다. 그렇다면 A는 B에게 패스해 돌파하는 척하다가 상대팀 선수가 수비하러 왔을 때 크로스를 올리는 것이 좋을 것이다. 간단한 예지만, '상대팀 선수가 어느 쪽에 편중되어 있는지 살피고 침투하기 쉬운 곳을 공략한다.'라는 이론을 쉽게 이해할 수 있는 것이다. 게다가 세트피스는 정지된 상태에서 시작하기 때문에 아이디어 또한 금방 떠올릴 수 있다.

만약 〈그림 3〉과 같이 플레이 중에 코너 플래그 부근으로 공이 오면 어떨까? 상대팀 수비가 포백인지 스리백인지에 따라 해석

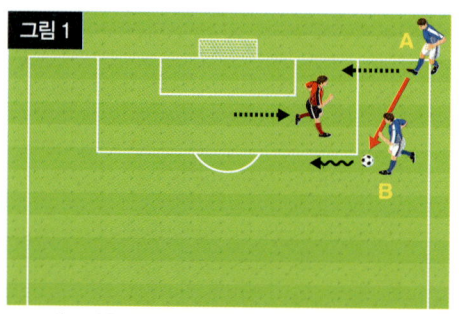

▲ 2 대 1 상황이므로 그대로 돌파할 수 있다.

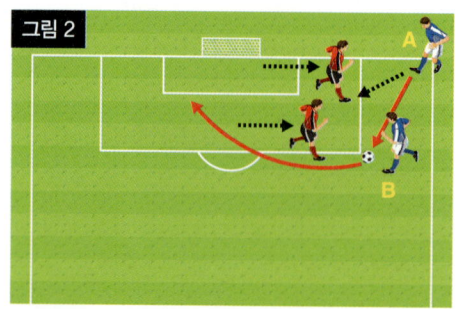

▲ 측면은 수적으로 같지만 중앙 공간이 비었다.

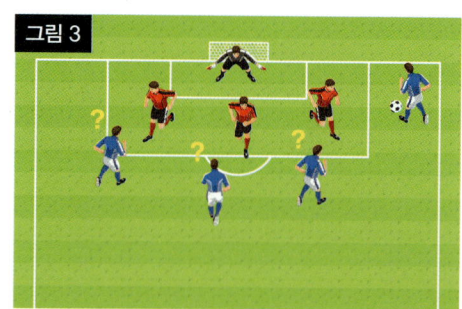

▲ 플레이 중에는 상황이 끊임없이 변하므로 플레이를 해석하기 어렵다.

이 달라지는데, '우리 팀 포워드가 몇 명인지, 섀도우 스트라이커가 있는지, 상대팀의 중앙과 측면에 몇 명이 있는지' 등에 따라 유동적인 상황에 대비해야 한다. 그만큼 지도하기도 어려워지는 것이다. 그러나 세트피스는 측면에 상대팀 선수가 두 명이 있다면, 중앙에 우리 팀 선수 6명을 배치시키는 등 상황을 설정할 수 있다. 상황이 한정되어 있어 경험이 적은 지도자도 전술 훈련의 교재로 활용하기 좋다.

2. 이론은 '정답'이 아니라 '기준'이다

이 책은 단순히 세트피스 패턴을 알려 주기 위한 것이 아니다. 축구에는 '이것만 하면 이길 수 있는 훈련'이란 없다. 나쁜 선택은 제외하고 상황에 맞춰 재량껏 플레이하는 것만이 축구적 상황 판단력을 기를 수 있는 비결일 뿐이다. 팀이 추구하는 방식과 멤버들의 개인기가 다르니 이 책에서 소개하는 이론은 하나의 기준으로 이해하고 그대로 따라 하기보다는 다른 전술을 조합해 실험해보는 것도 좋을 것이다. '우리 팀이 이렇게 움직이면 상대팀은 어떻게 나올까?' 그리고 '상대팀이 우리 팀에 대한 대책을 세우면 다음은 어떤 플레이를 할까?'와 같은 식으로 축구의 '상황 판단력'을 높이는 과정을 즐겁게 배웠으면 한다.

3. 규칙을 아는 선수를 기른다

축구를 지도하며 느낀 점은 의외로 규칙을 정확히 알고 있는 선수가 드물다는 것이다. 공식전이나 훈련경기에서 대전을 하면 골킥, 스로인, 코너킥에는 오프사이드를 적용하지 않는데도 상대팀이 오프사이드를 범하도록 "수비라인을 내려!"라고 지시하는 황당한 골키퍼가 의외로 많다. 여러분 팀에도 선수들이 정말로 모두 규칙을 제대로 파악하고 있는지, 실제로는 잘 모르면서 주변 선수의 판단에 편승해 자신의 무지함을 숨기고 있는 것은 아닌지 살펴볼 일이다. 여기서 규칙에 관한 퀴즈를 풀어보자.

▶ 축구 규칙 퀴즈

[질문 1] 상대팀이 스로인할 때 공을 던지는 곳 가까이에 서 있어도 될까? 점프와 같은 방해 행위는 하지 않았다.

[질문 2] 상대팀 골키퍼가 한 손으로 들고 있던 공을 우리 팀이 쳐서 떨어뜨린 후에 골을 넣었다. 골이 인정될까?

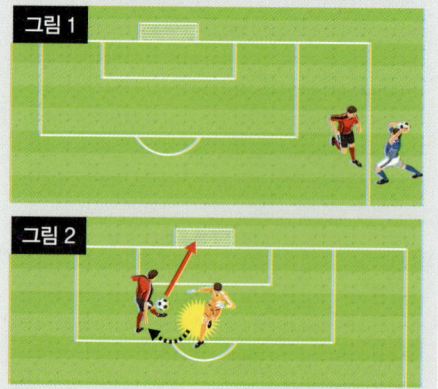

[질문 1]의 대답은 NO다. 예전에는 방해만 하지 않는다면 그냥 서 있는 것도 괜찮았지만, 현행 규칙에는 스로인 지점에서 2m 이상 떨어져야 한다고 정해져 있다.

[질문 2]의 답은 YES다. 예전에는 반칙이었지만 현행 규칙은 골키퍼가 양손으로 확실히 공을 잡고 있을 때 말고는, 즉 한 손으로 잡고 있거나 튕기는 동안에는 뺏을 수 있다. 단, 손을 발로 차는 것은 위험한 행위이므로 골키퍼 차징이다.

위의 질문은 2005년에 수정한 경기 규칙에 관한 부분이다. 이 규칙을 정확히 알고 있는 선수가 몇 퍼센트나 될까? 실제로 스페인 선수들은 규칙을 제대로 파악하고 있을 뿐만 아니라, '바뀐 규칙으로 가능하게 된 플레이'까지 꿰뚫고 있다. 예를 들어, 스로인할 때 상대팀 선수가 터치라인 가까이에 서지 않기 때문에 힘껏 던져서 골대 앞 공격수에게 직접 공을 보내는 롱스로인 전술을 구사할 수 있게 되었다.

또한, 현행 골키퍼에 대한 규칙은 '상대팀 골키퍼가 공을 잡은 후에도 그 행동을 주시하다가 인터셉트할 수 있다.'라고도 해석할 수 있다.

하지만 선수들에게 무조건 규칙을 외우라고 강요할 수는 없다. 대신 세트피스 훈련을 하면 선수들에게 자연스럽게 이러한 규칙을 교육할 수 있다.

4. 전술 활용에 능한 선수를 기른다

스페인에 갔을 때 그들의 대단한 승부욕에 몹시 놀랐다. 그들은 이기기 위해서라면 어떤 경기에서나 전술을 짜서 움직인다. 평소에 점유율 축구를 하는 팀도 자신의 스타일을 버리고 철저하게 이기기 위한 축구를 할 때도 많다.

반면 일본에서는 '우리들이 추구하는 축구를 할 수 있는 것으로 만족한다. 진다면 어쩔 수 없다.'라는 마음이 앞서, 이길 수 있는 전술이 있는데도 이를 활용하지 않는 팀이 많다. 상대팀이 전술을 바꿨는데도 자신들이 추구하는 축구를 관철하려고 드는 것이다. 이렇게 전술 활용도가 떨어지는 이유는 수비를 한 것만으로도 '일단 내가 할 일은 했다.'라고 과시하는 플레이가 만연해 있거나 이런 상황을 헤쳐 나갈 수 있는 훈련을 하지 않았기 때문이다.

이 책의 세트피스 전술에는 전술 활용도를 높이기 위한 의도도 담겨 있다. 독자는 책 내용을 문자 그대로 받아들이지 말고 스스로 생각하면서 읽길 바란다. 그것이 바로 전술 활용도를 높일 수 있는 지름길이다.

세트피스 훈련, 어떻게 구성할 것인가?

1. 세트피스 훈련의 단점을 이해하자

지도자들이 세트피스 훈련에 열성적이지 않은 이유는 다음과 같다.

▶세트피스 훈련의 단점
- 설명하는 시간이 길다.
- 훈련 시간이 길어진다.
- 훈련에 참가할 수 있는 인원이 적다.
- 많이 뛰지 않아 운동량을 확보할 수 없다.
- 볼을 터치할 기회가 줄어든다.
- 집중력을 잃기 쉽다.
- 성공하기 어렵다.

이와 같은 단점 때문에 유소년팀에서는 세트피스 훈련을 잘 하지 않으려고 하는데, 사실 막무가내로 시킬 필요도 없다. 훈련 방법만 조절하면 얼마든지 단점을 극복할 수 있기 때문이다.

스로인으로 3 대 2 미니 게임이나 점유율 게임을 하거나 훈련경기 전에 "오늘은 이렇게 해보자."라고 이론만 알려 주면 된다. 이 정도로도 선수들은 기준을 세워 플레이를 펼칠 수 있고, 플레이에 실패하더라도 원인을 찾아 반성할 수 있기 때문이다. 기준이 없으면 잘못된 플레이를 하더라도 절대로 원인을 찾을 수 없다. 그냥 '제대로 하지 않았기 때문이다.'라는 엉성한 말로 넘어가기 십상이다. 하지만 기준에 따라 시행착오를 거치다 보면 자연스럽게 스스로 생각해서 행하는 좋은 플레이를 할 수 있고, 공식 경기에서도 좋은 성적을 거둘 수 있을 것이다. 세트피스 훈련은 시합 전날에 하는 경우가 많다. 상대팀의 선발 선수를 보고 전략을 짜려고 하기 때문이다. 하지만 평소에 모두에게 훈련 기회를 고르게 줘서 연습량에 차이가 없게 하거나, 그룹으로 나눠서 게임 형식으로 실시하는 방법을 쓰면 언제든 준비된 플레이를 펼칠 수 있다. 세트피스 훈련의 단점을 극복하고 장점을 살리는 방법은 전적으로 지도자의 손에 달려 있음을 기억하자.

2. 플레이의 적극성에 기여한다

세트피스 훈련은 문제를 풀면서 실전에 대비하는 모의고사와 같다. 플레이를 즐기면서 상황 판단력을 기를 수 있게 해 주면 선수도 의욕적으로 훈련에 임한다. 그리고 흥미로운 점은 세트피스를 제대로 훈련하면 플레이에 대한 적극성이 높아진다는 사실이다.

코너킥을 활용한 득점률이 높은 팀은 원래 슈팅에 무척 적극적이다. 슈팅이 골로 연결되지 않더라도 공이 상대팀 선수에 맞고 골라인을 나가면 코너킥을 얻을 수 있기 때문이다. 이는 상대팀에게는 큰 위협이 된다. 플레이 도중에는 반드시 세트피스 상황이 생기기 마련이다. 플레이 전 코너킥이나 스로인에 실패하면 당황하게 되는데, 이렇게 되면 상대팀에게 공을 뺏기기 쉽다. 반대로 골킥과 스로인을 잘하는 선수를 배치해 공을 자유롭게 굴리면 여유를 가지고 공을 소유할 수 있다. 따라서 지도자는 플레이에 여유를 줄 수 있는 세트피스 전략을 짜야 한다.

3. 세트피스로 지도자의 능력을 확인시킨다

세트피스는 시합 전에 준비할 수 있다. 전략 시스템을 4-4-2 또는 4-3-3으로 미리 정하는 것처럼 세트피스도 시합 준비의 하나로 생각하면 된다.

개인 기술과 체력은 오랜 시간 노력해야 얻을 수 있기 때문에 "내일 시합에서는 무회전 프리킥을 찰 수 있게 준비해라."라고 해서 바로 찰 수 있는 선수는 아무도 없다. 반면 세트피스는 준비하면 효과가 바로 나타나며, 세트피스를 제대로 준비한 팀은 다른 훈련도 잘 되어 있는 편이다.

팀을 만들어가는 데 가장 중요한 것은 선수가 감독을 신뢰하는 것이다. 아무리 훌륭한 전술을 알려 주어도 선수가 감독을 신뢰하지 않으면 그 팀은 어떤 경기에서도 이길 수 없다. 내 경우도 세트피스를 이용해 좋은 성과를 낸 경우다. 스페인에서 팀을 맡았을 때 나에게 보내는 의심의 눈초리를 거두게 하기 위해서라도 세트피스를 정비했는데 세트피스를 통해 시합에서 이기고 나서야 선수들은 신뢰를 보냈다. 어떻게 하면 골을 넣을 수 있는지를 가르치고, 시합에서 세트피스로 득점하는 눈에 보이는 결과가 있기 때문에 가능한 일이었다.

세트피스는 플레이 때와 비교해 선수가 전술을 이해하기 쉽다는 점은 이미 말했다. 이를 바꿔 말하면 선수가 감독의 능력을 평가하기도 쉽다는 뜻이다.

제**1**장
골킥

선수의 포지션을 재정비하고 양 팀이 전열을 다듬은 후 시작하는 골킥!
공격하는 팀과 이를 수비하는 팀은 무엇부터 시작해야 할까?
골킥을 이해하면 그 순간부터 상대팀에 대한 정보는 비약적으로 늘어난다!

상황 판단을 위한 첫걸음

골킥 필수 규칙

1. 공을 놓는 위치는 어디인가?

- 골대에서 5.5m 떨어진 곳의 골 에어리어 라인 위나 라인 안쪽에 놓는다.
- 오른쪽 측면에서 얻은 골킥이라도 왼쪽 측면에 공을 놓을 수 있다.
  → 필요하다면 일부러 반대쪽에 공을 놓아 시간을 벌 수 있다. 지연 행위라는 이유로 옐로카드를 받는 경우도 있지만, 주의를 준 다음 카드를 꺼내기 때문에 활용할 수 있다.

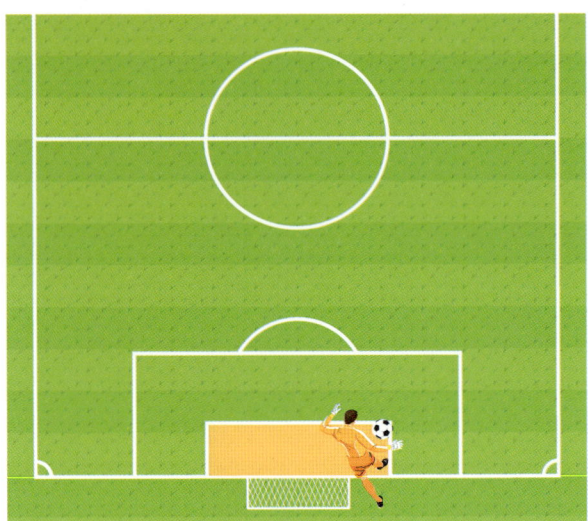

2. 필드 플레이어가 다가갈 수 없는 범위

- 수비수는 플레이가 재개될 때까지 페널티 지역에 들어갈 수 없다.
- 공이 페널티 지역 밖으로 나가면 골킥이 성립되어 플레이가 시작된다.
  → 수비수가 페널티 지역 안으로 들어가 공을 빼앗거나 공격수가 페널티 지역 안에서 패스를 받으면 골킥이 성립되지 않는다.
- 킥커는 다른 선수가 공을 가질 때까지 다시 공을 가질 수 없다(킥커의 드리블 금지).
  → 플레이가 시작된 후에 이 반칙을 범하면 상대팀에게 직접 또는 간접 프리킥이 주어진다.

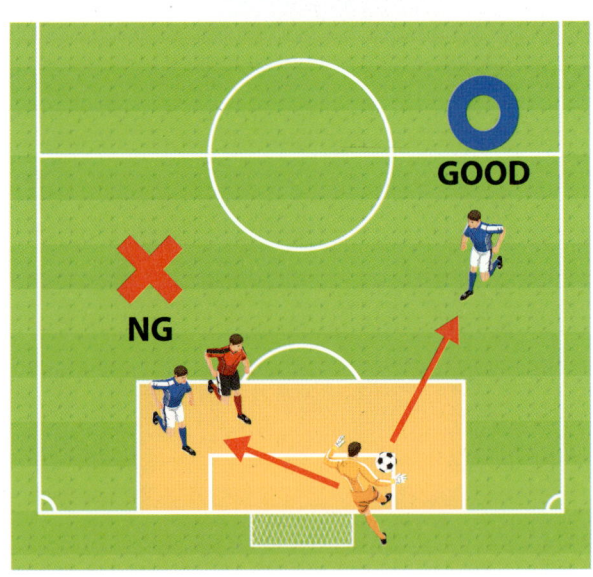

3. 오프사이드가 없다

● **오프사이드가 없다.**
  ➜ 오프사이드가 없기 때문에 수비 쪽은 골킥의 비거리에 따라 수비라인을 내려야 한다.
  ➜ 공을 잡은 후에 골키퍼가 플레이를 하면 골킥과 같은 세트 피스 상황이 아니라 플레이 상황으로 간주되어 오프사이드 판정을 받는다. 이 경우 킥커의 드리블이 가능하며 수비수가 페널티 지역 안에도 들어갈 수 있다.

● **직접 골이 가능하다.**
  ➜ 골키퍼가 찬 공이 상대팀의 골대에 들어간 것에 한한다. 자책골은 인정되지 않는다.

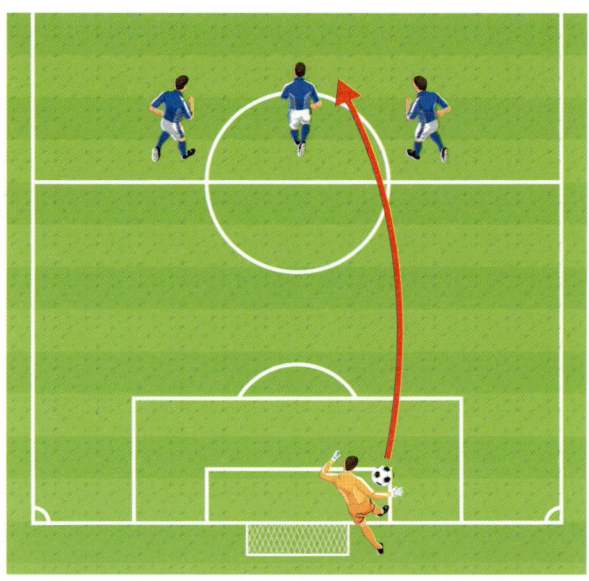

상황 판단을 위한 첫걸음

공격 시 골킥의 기본 개념

1. 쇼트패스와 롱패스를 상황에 맞게 구사한다

흔히 롱패스를 '50 대 50의 승부'라고 하는데 이는 '어느 쪽 팀이 공을 소유할지 모르는 상태'를 비유하는 것 뿐이지 실제로는 반반의 확률은 아니다.

〈그림 1〉과 같이 날아가는 골킥을 떠올려보자. 정면으로 공을 받고 싶은 수비수와 등 뒤로 공을 옮기고 싶은 공격수가 능력과 신체 조건이 같은 상황에서 겨룬다면 누가 유리할까? 헤딩하기 쉬운 쪽, 즉 수비수가 유리하다. 이렇듯 골키퍼의 롱패스는 실제로는 반 이상의 확률로 공격수에게 불리하다. 그렇다면 골키퍼는 롱패스가 아니라 자기 팀 수비수에게 짧게 패스해서 공격을 전개해야 하는 걸까?

쇼트패스의 성공률은 90%다. 그리고 이어지는 패스의 성공률도 90% 이상, 그 다음 패스도 90% 이상이다. 이와 같이 확실한 플레이를 반복해 상대팀 골대 앞까지 공을 가져가는 것이 이상적인 경기 운영이라 할 수 있다. 물론 팀이 이런 패스 축구를 추구하지 않는다면 모르지만, 현재 최고 수준의 팀들은 패스 축구를 선호한다. 흔히 패스 축구를 아름답다고 하는데, 단순히 아름다움을 떠나 성공할 확률이 높은 플레이로 시합을 한다는 의지도 숨겨져 있다.

하지만 롱패스가 필요할 때도 있다. 객관적으로 전력이 상대팀보다 약하거나 상대팀이 높이 뜬 공에 약하다면 롱패스를 적극적으로 사용해야 한다. 이런 경우 지도자가 롱패스를 어떻게 사용하느냐(42쪽 참고)에 따라 20 대 70의 불리한 상황도 70 대 30의 유리한 상황으로 전환할 수 있다. 중요한 것은 상황을 정확히 판단해 공의 속도와 각도, 타이밍으로 팀에게 유리한 골킥을 하는 골키퍼의 현명함이다.

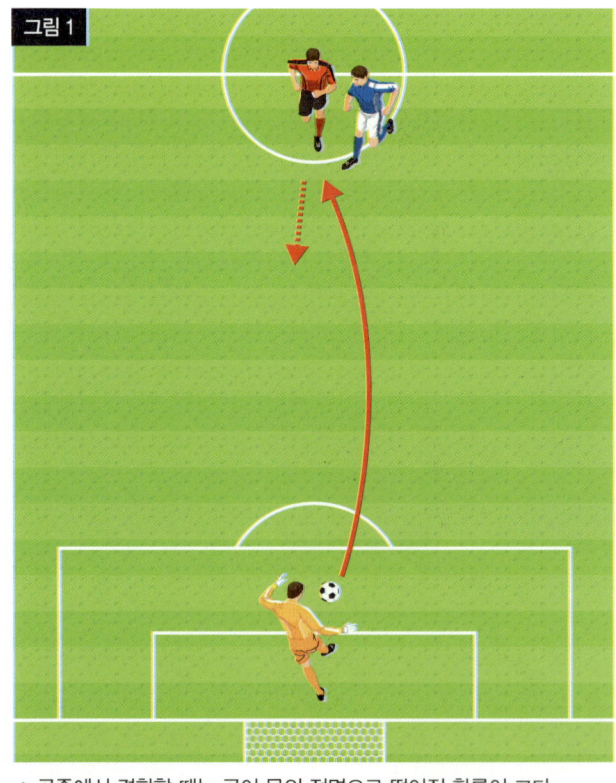

그림 1

▲ 공중에서 경합할 때는 공이 몸의 정면으로 떨어질 확률이 크다.

2. 수적 우위를 살려 승부한다

골키퍼의 기술은 공격 전개의 성공을 좌우한다. 간단한 트래핑과 킥을 반복적으로 실수하면 성공률 90% 이상이라는 쇼트패스의 이점이 사라지고, 골대 근처에서 실점할 수 있다. 성인이 되어서도 이런 기술이 부족하다면 무리하게 골킥을 하지 않는 것이 좋다. 그러나 스페인에서는 쇼트패스를 이용한 공격 전개를 9세 때부터 가르친다. 물론, 어느 날 갑자기 "오늘은 롱패스 말고 쇼트패스를 해라."라는 지도자의 지시를 듣고 금방 할 수 있는 것은 아니니 매일 훈련한다. 그 첫걸음으로 스페인에서는 〈그림 2〉와 같이 골키퍼가 백패스를 받은 상황으로 2 대 1 훈련을 한다. 수비수(Z)의 압박을 피하려면 어떻게 해야 할까? Z가 골키퍼에게 달려오면, 골키퍼는 A에게 패스하면 된다. 그러면 Z는 '내가 공을 향해 달려가면 골키퍼는 패스를 한다.'라고 생각해 움직이지 않을 것이다. 이때 골키퍼는 〈그림 2〉와 같이 다시 Z가 다가오도록 유인한 다음, 다시 A에게 패스를 해 상황을 해결할 수 있다. 또한 간단한 훈련부터 시작하면 선수는 '상대가 다가와도 당황해서는 안 된다.'라는 것을 몸소 익힐 수 있다. 이것이 전술 훈련이다.

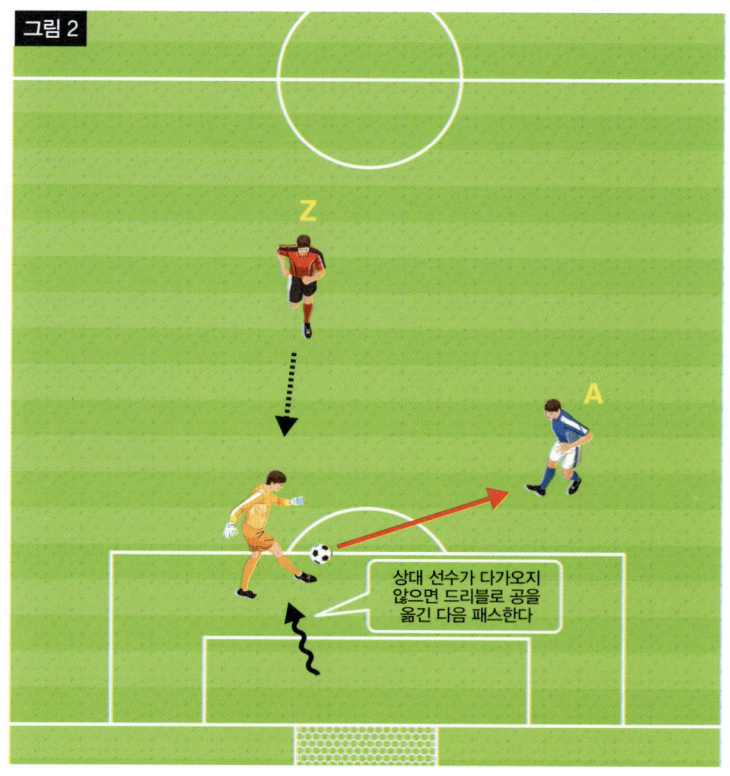

그림 2

상대 선수가 다가오지 않으면 드리블로 공을 옮긴 다음 패스한다

▲ 골키퍼를 포함한 2 대 1 훈련을 골킥으로 시작하면 공격 전개력을 향상시킬 수 있다.

골킥 Goal Kick

공격 이론 수비라인으로 패스하기(포백일 때)

플레이 목적 골킥을 시작으로 패스를 이어가는 공격을 전개한다.

예상 위험 공을 뺏기면 역습당할 수 있다.

플레이의 흐름
① 공이 골라인을 벗어나 골킥이 주어졌다.
② 골키퍼가 4명의 수비라인으로 패스한다.
③ 수비라인은 상대팀 포워드의 압박을 피하면서 공을 지킨다.
④ 상대팀 포워드 사이의 공간을 돌파해 중원으로 전진 패스한다.

골키퍼는 시야가 넓어야 한다

Let's 상황 판단 골키퍼의 상황 판단력이 가장 중요하다

세트피스가 중요한 현대 축구에서는 골키퍼의 상황 판단력이 좋아야 하는데, 특히 골킥은 공격의 첫 단추로 공격 전개 양상을 좌우한다. 주의할 것은 이 지역에서 패스에 실패하면 바로 실점하기 쉽다는 것이다. 그러므로 항상 위험 상황을 예상할 수 있어야 한다. 패스 훈련 시 꼭 골키퍼까지 넣어 골킥부터 상대팀 돌파까지 연습하도록 하자.

골킥 공격 이론 ①

▶▶ 센터백은 패스를 비스듬히 받는다

포인트 골킥 때 압박받지 않으려면 수비수의 위치 선정이 중요하다.

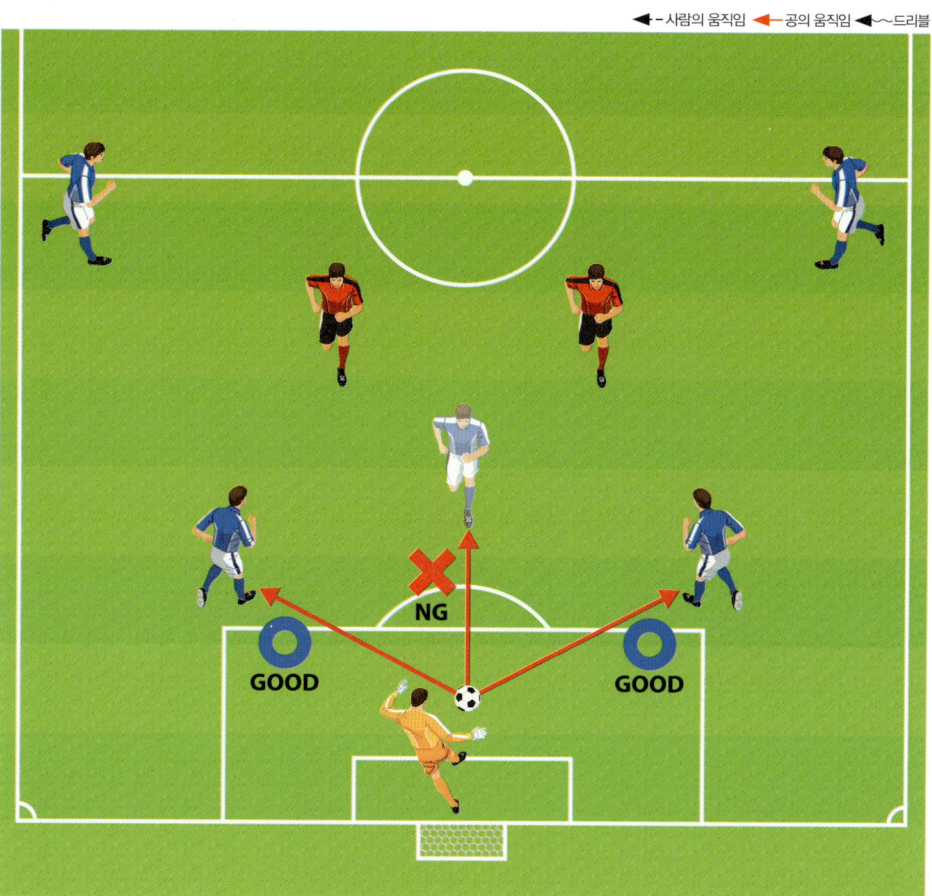

GOOD 플레이

골킥 시 사이드백은 바깥쪽으로 넓게 퍼지면서 중앙선 부근까지 올라가고, 센터백은 페널티 지역만큼 간격을 두고 패스를 받는다. 이렇게 하면 센터백이 공과 상대팀 포워드를 한눈에 보고 패스를 받을 수 있다.

NG 플레이

센터백이 옆으로 퍼지지 않고 중앙에서 패스를 받으면 수비수 간의 거리가 좁아져 압박을 받기 쉽다. 게다가 패스받을 때의 자세도 문제다. 센터백이 상대팀 포워드에게 등을 보이며 트래핑을 하면 압박을 받아도 방향과 속도를 가늠할 수 없어 진행이 어렵다.

골킥 공격 이론 ②

▶▶ 회색 지역에 들어가지 않는다

포인트 센터백이 옆으로 간격을 넓히면서 들어가지 말아야 할 공간을 파악한다.

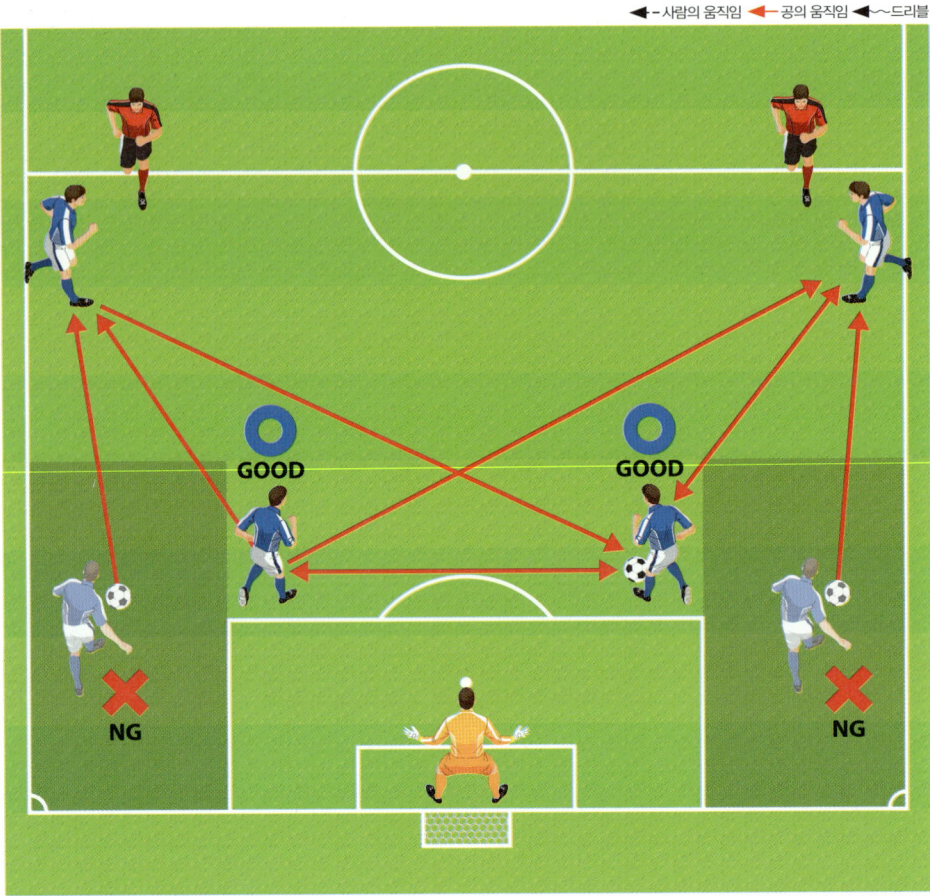

GOOD 플레이
센터백과 사이드백이 비슷이 있도록 센터백은 페널티 지역 이상으로 퍼지면 안 된다. 그래야 4명의 수비수 전원이 패스를 받았을 때 공과 상대팀 선수를 한눈에 볼 수 있다. 전진 패스를 하기 어려울 때도 패스의 선택이 많아져 압박을 피하기 쉽다.

NG 플레이
센터백이 회색 지역까지 퍼져서 패스를 받으면 사이드백과 일직선이 된다. 이런 상태에서 패스하면 사이드백이 상대팀 선수에게 등을 보이며 트래핑하게 되어 NG다. 또한, 회색 지역에서 상대팀에게 압박을 받으면 패스할 곳이 없어 궁지에 몰릴 수 있다.

골킥 공격 이론 ③

▶▶ 일부러 회색 지역을 이용하는 전술도 있다

포인트 패스에 자신 있다면 상황에 따라 판단한다.

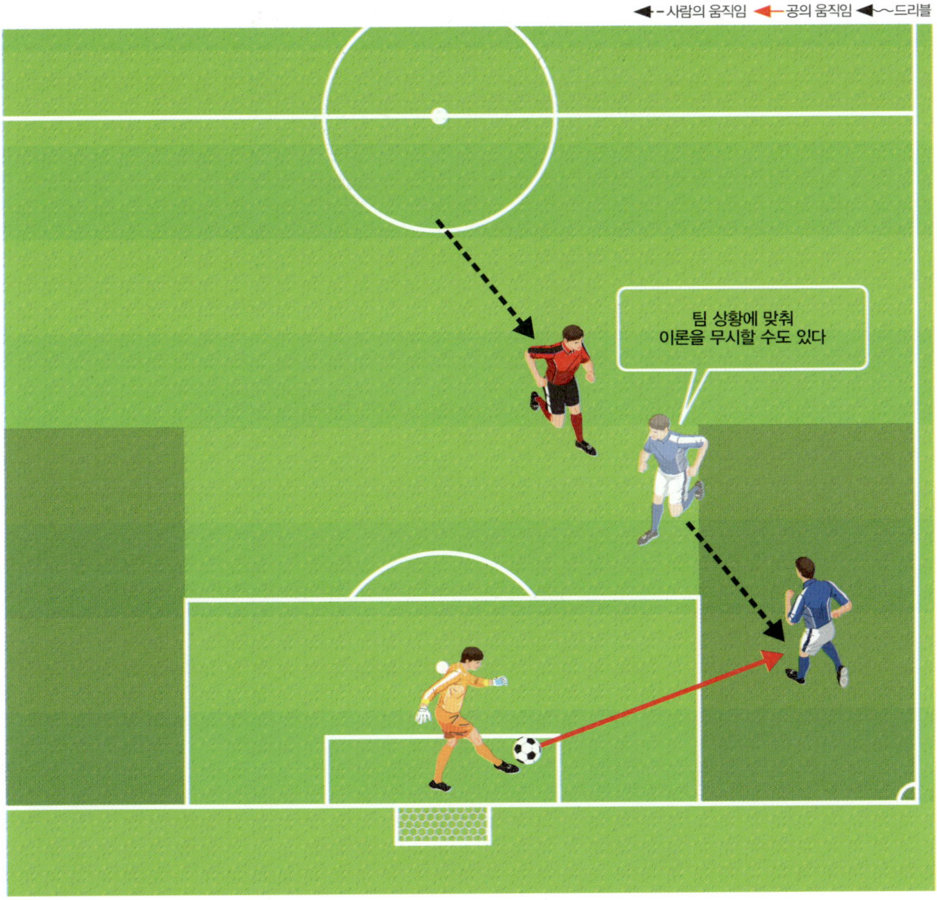

◀-사람의 움직임 ◀─공의 움직임 ◀∼드리블

팀 상황에 맞춰 이론을 무시할 수도 있다

실제로 FC 바르셀로나가 사용한 전술이다. 바르셀로나와 같이 점유율 축구를 추구하는 팀은 기본적으로 골키퍼가 패스를 짧게 한다. 그러나 상대팀이 이미 짧은 패스 전술을 알고 상대팀의 수비 지역 전방에서부터 대인방어로 압박하는 상황이라면 이론대로 위치를 선정해서는 안 된다.

이럴 때 보통 팀이라면 골키퍼가 롱패스를 할 것이지만 바르셀로나라면 다르다. 센터백이 그림처럼 회색 지역까지 들어가 패스를 받는 것이다. 그리고 상대팀의 압박을 서서히 제치면서 공격을 전개한다. 그리고 상대팀 포워드가 센터백을 따라 오면 오픈되어 있는 중원의 홀딩 미드필더에게 패스한다. 이런 전술은 공을 뺏기면 상당히 위험하지만 패스에 자신 있는 바르셀로나라면 얼마든지 활용할 수 있다.

골킥 Goal Kick

공격 이론 수비라인으로 패스하기(스리백일 때)

플레이 목적 골킥을 시작으로 패스를 이어간다.
상황 해석 포백과 달리 패스가 어렵다.

플레이의 흐름
① 공이 골라인을 벗어나 골킥이 주어졌다.
② 골키퍼가 3명의 수비라인으로 패스한다.
③ 수비라인은 상대팀 포워드의 압박을 피하면서 공을 지킨다.
④ 상대팀 포워드 사이의 공간을 돌파해 중원으로 전진 패스한다.

> 포백과 스리백 상황은 전혀 다르다

Let's 상황 판단 수비 인원으로 생기는 차이를 이해한다

4-3-3 또는 4-4-2와 같은 포백과 3-5-2와 같은 스리백에서의 골킥은 전혀 다르다. 인원 수의 차이도 있지만 수비수가 짝수인지 홀수인지에 따라 담당하는 지역의 특징이 달라지기 때문이다. 이를 이해한 다음 상대팀이 몇 명의 포워드로 수비라인을 압박하는지를 파악해 플레이하자.

골킥 공격 이론 ④

▶▶ **상대팀이 투톱이라면 좌우 디펜스를 벌린다**

포인트 상대팀이 투톱일 때 스리백의 위치를 살핀다.

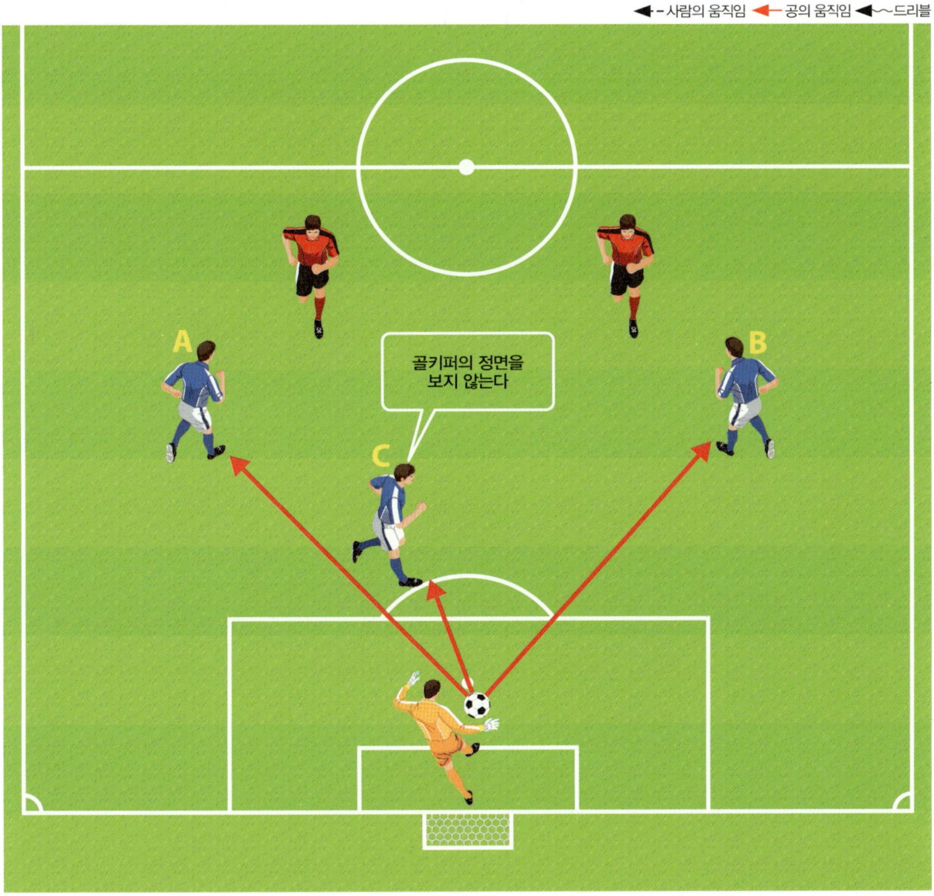

◀─ 사람의 움직임   ◀─ 공의 움직임   ◀~ 드리블

말풍선: 골키퍼의 정면을 보지 않는다

골키퍼를 포함해 4 대 2로 공격을 전개한다. 먼저 디펜스가(A, B)가 중앙의 센터백(C)보다 조금 높은 위치에서 넓게 퍼진다. A와 B가 움직일 때 상대팀 투톱이 따라온다면 가운데 C에게 패스하고, 따라오지 않는다면 A 또는 B에게 패스한다. 이때 주의할 점은 C에게 패스할 때는 '반드시' 성공해야 한다는 것이다. 여기서 공을 뺏기면 수비할 선수가 없어 실점하게 된다. C는 골키퍼를 정면으로 보지 않고 약간 비스듬히 서서 시야를 확보한다.

골킥 공격 이론 ⑤

▶▶상대팀이 투톱이라면 한쪽 센터백이 앞으로 나간다

포인트 스리백으로 공격을 전개한다면 측면으로 치우치는 것도 좋다.

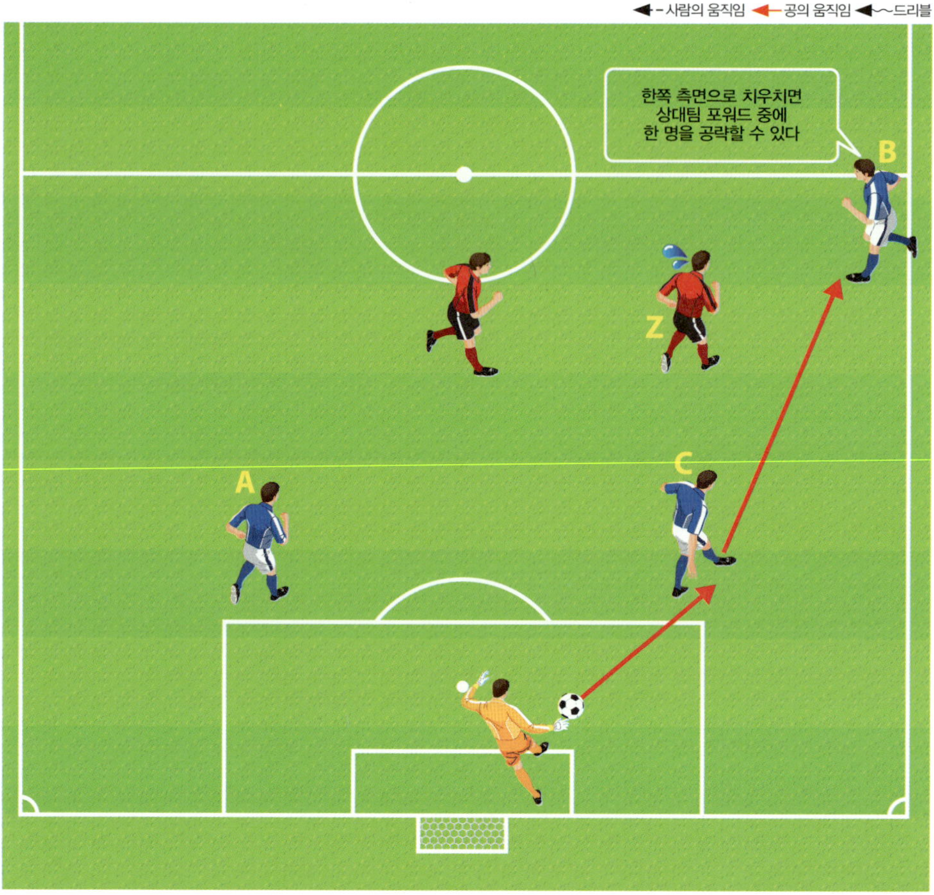
◀-사람의 움직임 ◀—공의 움직임 ◀〰드리블
한쪽 측면으로 치우치면
상대팀 포워드 중에
한 명을 공략할 수 있다
B
Z
A
C

지도자 MEMO

A와 B 중 한 명이 터치라인 부근까지 퍼져 앞으로 나가고 남은 두 센터백은 페널티 지역만큼 간격을 벌린다. 포백에서 한쪽 디펜스가 없는 상황을 만드는 것이다. A와 B 중 누가 앞으로 가고, 옆으로 퍼질 것인지는 경기의 흐름에 따라 공격하기 쉬운 쪽을 선택한다. 판단 기준은 골킥 시 '전체 선수의 위치'와 '골키퍼가 공을 놓은 곳'이다. 이외에도 상대팀 포워드 중 선수(Z)가 있다면 B를 전진 배치해 허를 찌르거나, Z가 쫓아가도록 만들어 상대팀 선수들의 수비 간격과 폭을 넓힐 수 있다.

골킥 공격 이론 ⑥
▶▶ 상대팀이 스리톱이라면 공을 멀리 찬다

포인트 쇼트패스를 고집하지 말고 상황에 맞춰 롱패스한다.

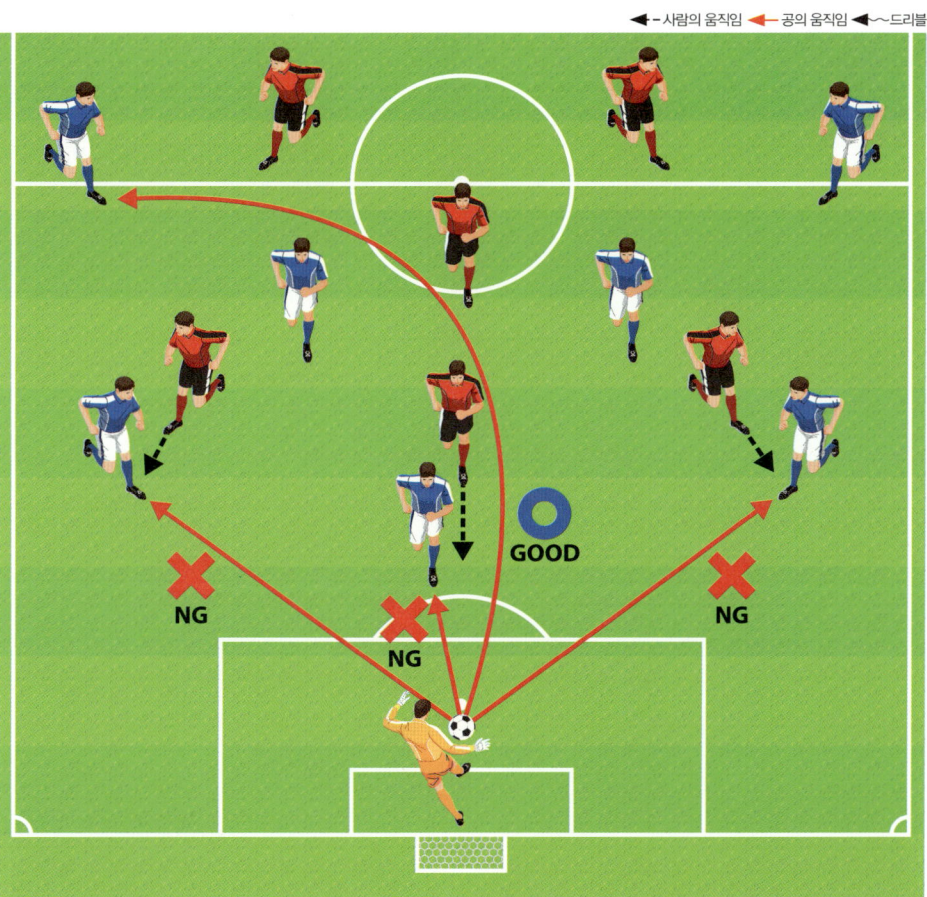

GOOD 플레이
스리백일 때 상대팀이 스리톱으로 나온다면 골키퍼가 롱패스를 하는 것이 좋다. 수비라인과 상대팀 포워드 수가 같으면 중원보다 앞쪽이 유리하기 때문이다. 하지만 전방에 미드필더들이 마킹당하고 있다면, 사이드에 있는 포워드에게 패스하는 것도 좋다. 골키퍼의 정확한 판단이 중요하다.

NG 플레이
수비수와 공격수의 수가 같을 때는 궁지에 몰릴 가능성이 커진다. 이때 굳이 수비수에게 패스하는 것은 좋지 않다. 포백일 때는 양쪽 센터백 사이에 홀딩 미드필더가 내려와 패스를 받을 수 있지만, 스리백일 때는 항상 중앙에 수비수가 한 명은 있어야 하기 때문에 홀딩 미드필더가 내려오기 어렵기 때문이다.

골킥 Goal Kick

공격 이론 홀딩 미드필더에게 패스하기

플레이 목적 자유로운 홀딩 미드필더를 찾아 패스한다.

예상 위험 중앙에서 공을 뺏기면 실점 위험이 커진다.

플레이의 흐름

① 공이 골라인을 벗어나 골킥이 주어졌다.
② 골키퍼는 자유로운 홀딩 미드필더를 찾아 수비라인을 넘겨 패스한다.
③ 홀딩 미드필더부터 공격을 전개한다.

> 100% 성공할 수 없다면 패스하지 말자

Let's 상황 판단 완벽히 자유로운 선수에게 패스한다

골키퍼는 수비진영, 특히 '뺏기면 바로 실점할 수 있는 곳'에서는 중앙으로 패스하지 말고 압박받지 않는 아주 자유로운 선수에게만 패스해야 한다. 패스해도 좋을 것 같은 선수가 있어도 만약 볼 컨트롤에 실패하거나 공이 예상치 못한 곳으로 튀면 바로 실점할 수 있기 때문이다. 이런 예상 위험을 골키퍼와 수비수는 항상 기억해야 한다.

골킥 공격 이론 ⑦

▶▶ 센터백이 연 공간에 홀딩 미드필더가 내려와 공을 받는다

포인트 홀딩 미드필더가 골킥을 받을 수 있는 위치를 선점한다.

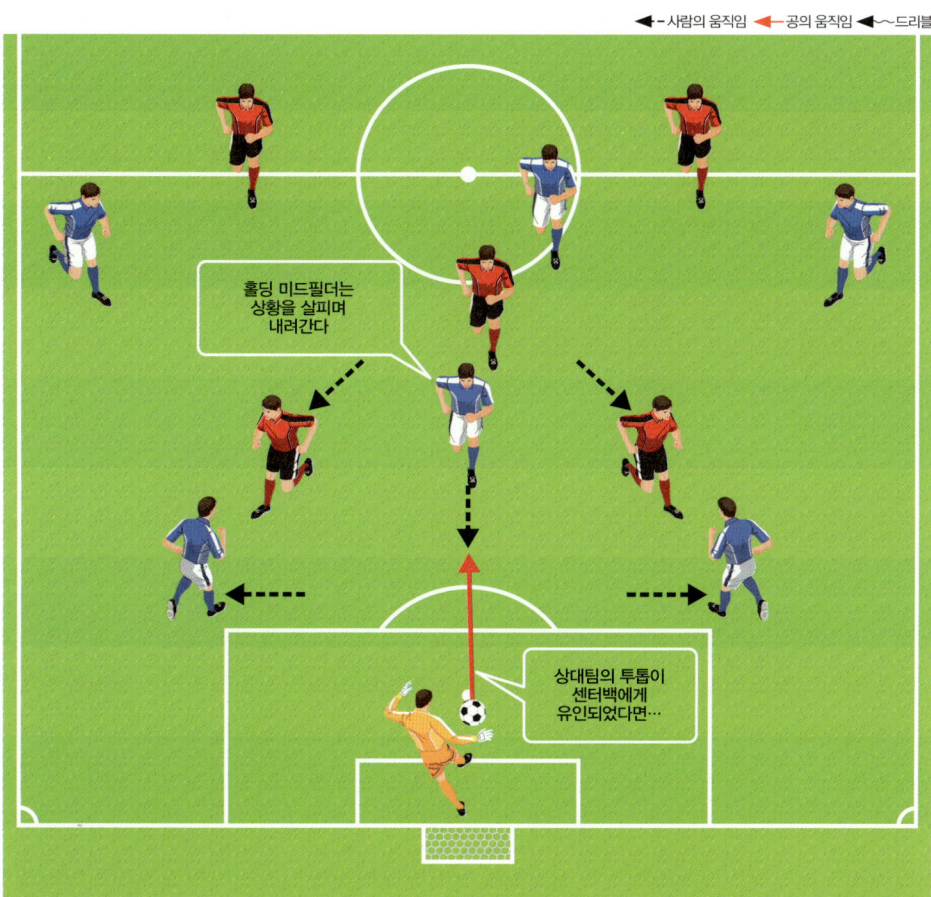

GOOD 플레이

앞에서 소개한대로 포백일 때는 양쪽 센터백이 페널티 지역만큼 퍼져 골킥을 받는다. 하지만 이때 상대팀 투톱이 센터백을 따라 움직이면 홀딩 미드필더가 중앙의 빈 공간으로 내려와 패스를 받을 수도 있다. 멕시코 대표팀이 사용하는 전술로 유명하다.

NG 플레이

가장 주의해야 할 점은 공을 뺏길 수 있다는 것이다. 홀딩 미드필더가 내려왔을 때 상대팀 미드필더가 함께 내려오면 절대로 패스하지 말자. 만약 이런 상황에서 골키퍼가 패스해 미드필더가 볼 컨드롤에 성공했다 해도 지도자는 골키퍼에게 주의를 줘야 한다.

골킥 Goal Kick

공격 이론 중원의 측면으로 패스하기

플레이 목적 중원의 측면으로 길게 패스해 전방에서의 압박을 피한다.

필요한 기술 골키퍼의 정확한 롱패스가 관건이다.

플레이의 흐름

① 공이 골라인을 벗어나 골킥이 주어졌다.
② 사이드백이 전방에 위치하고 센터백이 페널티 지역만큼 벌어져 패스받는 상황을 만든다.
③ 이때 상대팀 포워드와 미드필더가 다가와 압박한다면 골키퍼는 롱패스로 중앙 측면으로 패스한다.

여러 가지 공격 패턴으로 상대팀의 허를 찌른다

Let's 상황 판단 짧게 패스하는 척하다가 중앙 측면으로 패스한다

골킥부터 패스를 이어가는 것도 중요하지만 같은 플레이를 반복하면 상대팀도 이를 알고 전방에 인원을 늘려 압박하게 된다. 이런 상황에 골키퍼가 짧게 패스를 하면 공을 뺏겨 실점할 수 있다. 골키퍼는 상대팀의 허를 찌르기 위해 쇼트패스하는 척하다가 중앙 측면으로 길게 롱패스하는 것이 좋다.

골킥 공격 이론 ⑧

▶▶ 상대팀이 압박하면 롱패스로 허를 찌른다

포인트 상대팀이 앞으로 다가오는 순간을 노려 공격진영으로 공을 찬다.

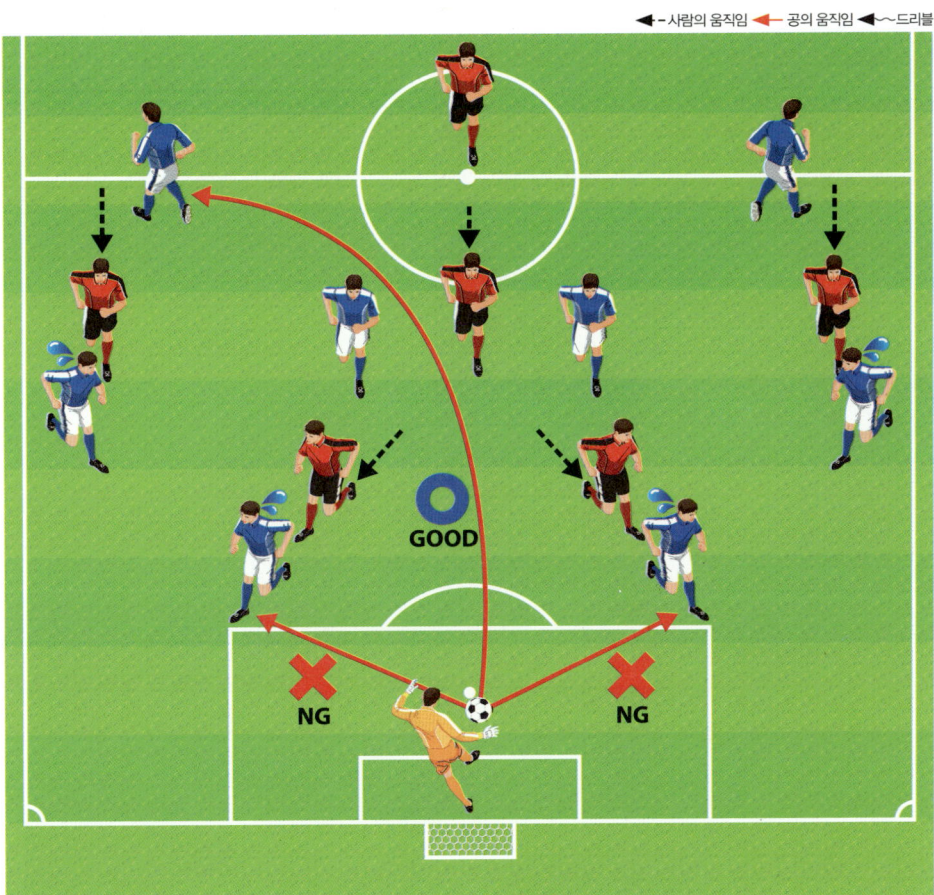

◀— 사람의 움직임 ◀— 공의 움직임 ◀~드리블

GOOD 플레이

쇼트패스를 이어가기 위해 사이드백이 앞쪽에 자리하면 센터백이 페널티 지역만큼 벌어진다. 상대팀이 짧게 패스할 것이라 생각해 전방에서 압박하려고 다가온 순간, 중앙 측면으로 롱패스를 해 허를 찌르자. 이때 좁은 수비 지역을 넘기는 것이 포인트다.

NG 플레이

상대팀이 우리 팀의 수비진영에서 압박을 가하는데도 무리하게 패스를 이어가면 실수하기 쉽다. 압박을 제칠 수 있다면 문제가 없지만, 패스를 이어가기 위해 전체적으로 선수 배치가 벌어져 있는 만큼, 인터셉트당했을 때 역습을 허용당하기 쉽다는 것도 명심하자.

골킥 Goal Kick

공격 이론 롱패스하기

플레이 목적 골키퍼의 롱패스로 세컨드 볼을 살린다.
장점 실패해도 실점 위험이 적다.
단점 상대방에게 공을 뺏기기 쉽다.

플레이의 흐름
① 공이 골라인을 벗어나 골킥이 주어졌다.
② 골키퍼가 높은 롱패스로 공격진영에 공을 보낸다.
③ 상대팀 선수와 경합해서 공을 따내 공격한다.

> 쇼트패스와 롱패스를 상황에 맞게 활용한다!

Let's 상황 판단 상황에 적합한 선택을 한다

쇼트패스를 이어갈 수 있으면 좋겠지만, 상대팀이 빈틈없이 포진해 있거나, 이기고 있어 실점할 위험을 줄이고 싶을 때는 길게 패스하는 것도 하나의 방법이다. 특히 볼보이가 없는 시합에서는 골키퍼가 공을 줍는 동안 상대팀이 수비 전열을 다듬어 버리기 때문에 패스할 수 없는 상황도 생긴다. 여러 가지 상황을 대비하자.

골킥 공격 이론 ⑨

▶▶ 킥의 비거리와 필드 플레이어의 특징을 고려한다

포인트 골키퍼의 정확한 킥과 패스받는 선수들의 개인기를 살려 전술을 짠다.

◀ - 사람의 움직임   ◀— 공의 움직임   ◀∼ 드리블

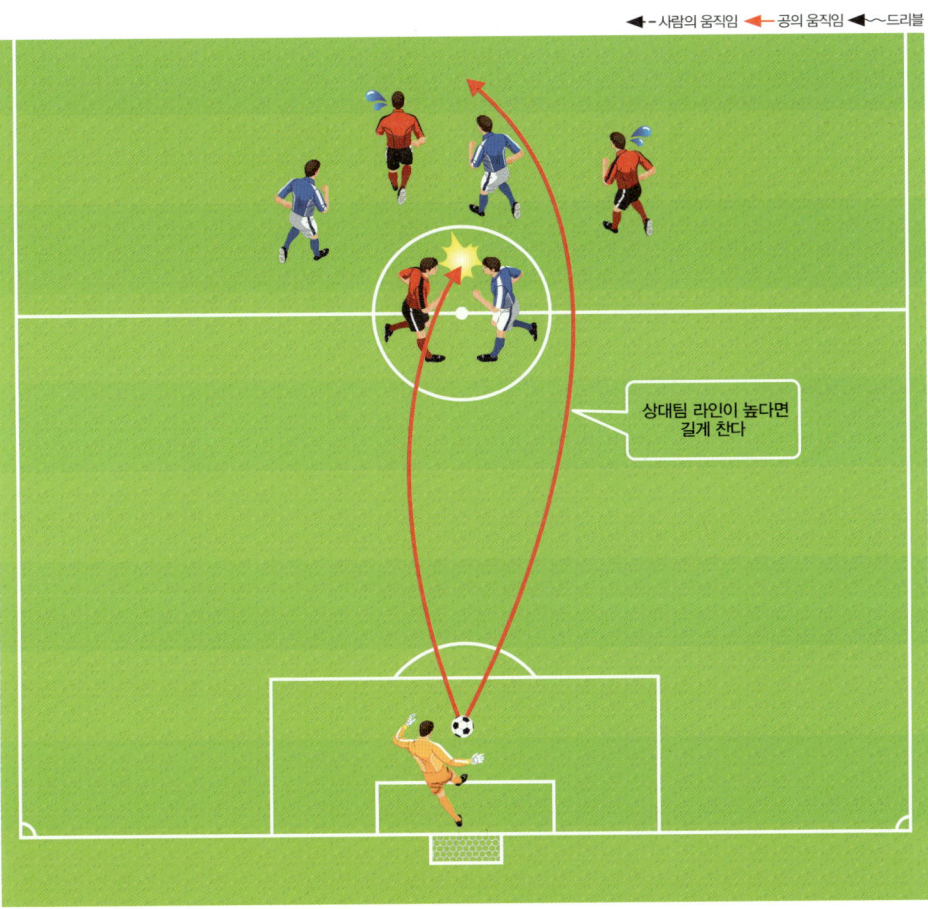

상대팀 라인이 높다면 길게 찬다

지도자 MEMO 롱패스 시 중요한 것은 골키퍼의 킥 비거리를 파악하는 것이다. 공이 떨어지는 곳에 헤딩을 잘하는 타깃맨(Target man)을 배치해야 하기 때문이다. 타깃맨이 반드시 포워드일 필요는 없다. 수비수도 괜찮다. 또한 상대팀이 쇼트패스를 경계해 전체 라인을 높였을 때도 상대팀 수비를 넘어가는 롱패스가 이상적이다. 그리고 롱패스를 하면 상대팀 수비수는 내려가면서 공을 쫓아야 하므로 자세가 불안정해져 소극적인 플레이밖에 하지 못한다. 이렇게 상대팀이 수비하는 동안, 그곳에 발 빠른 선수가 파고드는 것도 생각지 못한 기회를 만들 수 있는 방법이다.

골킥 공격 이론 ⑩

▶▶ 공이 떨어지는 지점에 빽빽히 자리한다

포인트 측면에서 타깃맨을 포함해 여러 명이 삼각형을 만든다.

◀─ 사람의 움직임   ◀─ 공의 움직임   ◀〜 드리블

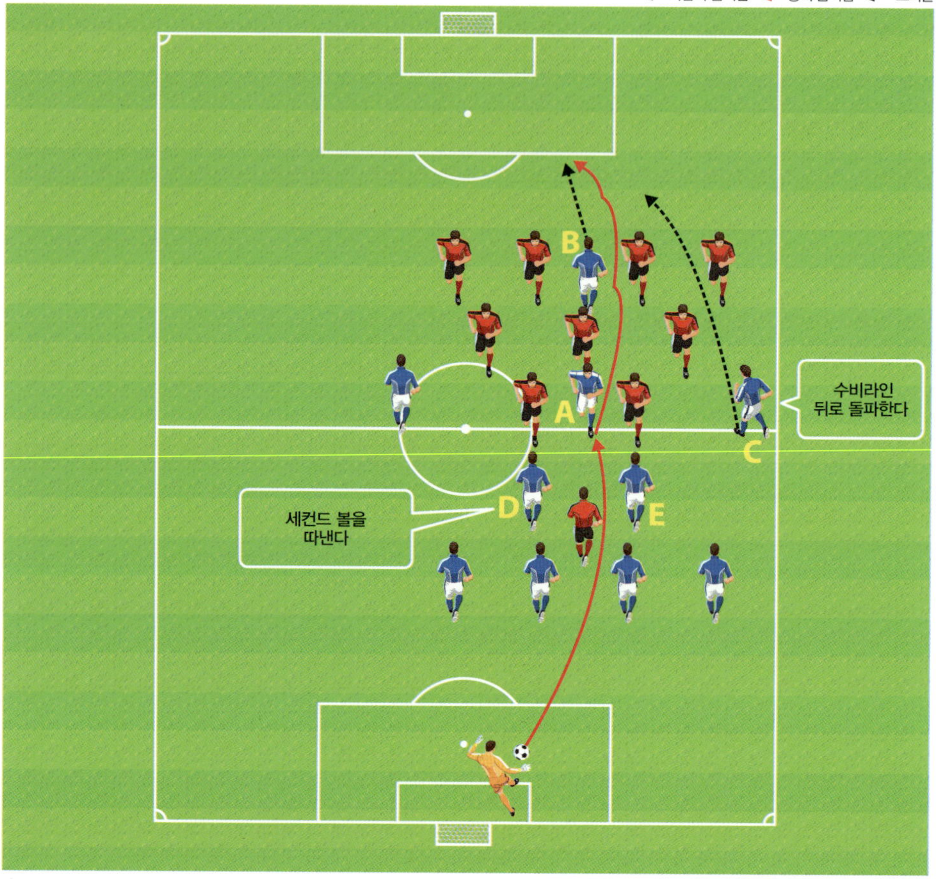

수비라인 뒤로 돌파한다

세컨드 볼을 따낸다

지도자 MEMO
롱패스 시에는 한쪽 측면에 여러 명의 선수를 두어 상대팀을 막으면 공을 따내기 쉽다. 타깃맨(A) 뒤에 발이 빠른 B와 C를 놓자. A가 헤딩한 공이 뒤로 떨어졌을 때 상대팀 수비라인 뒤로 들어가 받을 수 있다. 또한 B와 C는 골킥이 A쪽으로 떨어지지 않았을 때의 타깃맨이 될 수도 있다. A 앞에 D와 E를 배치해 삼각형을 만들어 세컨트 볼을 따내는 것도 좋은 방법이다. A가 상대팀 선수가 경합했을 때 D와 E 쪽으로 공이 떨어질 확률이 높기 때문이다. 의도에 맞게 세트피스를 구성해야 한다.

골킥 공격 이론 ⑪

▶▶반대쪽의 빈 공간을 활용한다

포인트 한쪽으로 치우친 상태에서 반대쪽을 돌파한다.

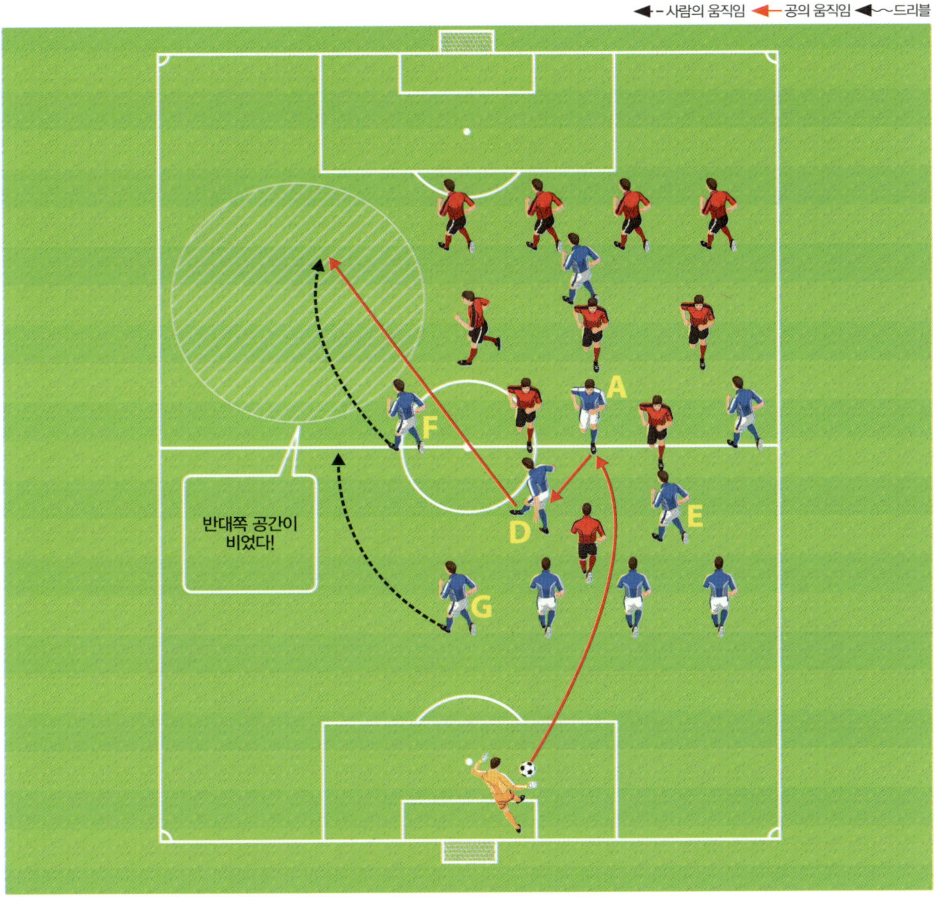

사람의 움직임
공의 움직임
드리블
A
F
D
E
G
반대쪽 공간이
비었다!

지도자 MEMO 골킥을 할 때 한쪽에만 선수를 많이 배치하면 반대쪽에 빈 공간이 생긴다. 이때 빈 공간을 치고 들어갈 F를 배치하자. 앞에서 설명한대로 공이 떨어질 확률이 가장 높은 곳은 D와 E 쪽이므로 A가 경합한 후 F가 빠르게 반대쪽 공간을 치고 들어가 D나 E에게 패스를 받으면 기회가 생긴다. 여기에 사이드백(G)도 F를 지원하기 위해 빠르게 올라가면 기회는 더 많아진다. 이런 식으로 선수를 배치하면 골킥으로도 얼마든지 득점할 수 있다.

테크닉　　공격(골킥)

공에 역회전을 걸어 도움닫기를 생략한다

포인트 공 놓는 법을 연구해 골킥부터 빠르게 공격을 전개한다.

▶일반적인 방법

① 공을 가지고 앞으로 이동한다.
② 공을 놓는다.
③ 뒤로 돌아가 공을 향해 달려 도움닫기를 한다.

▶역회전 거는 방법

① 공에 역회전을 걸어 앞으로 던진다.
② 공이 멈추려 할 때 공을 향해 달린다.
③ 공이 멈춘 순간 빠르게 찬다.

 공에 역회전을 걸면 도움닫기하는 동작을 생략해 빨리 골킥을 할 수 있다. 특히 쇼트패스를 자주 활용하는 팀은 골킥뿐만 아니라 모든 세트피스를 빨리 시작하는 것이 좋다. 어영부영 시간을 소비하면 상대팀이 전열을 재정비해 패스할 공간이 줄어들기 때문이다. 따라서 상대팀이 촘촘히 자리 잡기 전에 빈 공간을 찾아 빠르게 패스하자. 단, 심판이 '공이 완전히 정지하지 않았다'라고 판정하면 다시 차야 한다.

실제로 있었던 전술 스페인리그

페널티 지역 안에서 다시 공을 받아 찬다

포인트 골킥에 적용되는 규칙을 이용해 상대팀의 압박을 피한다.

◀--- 사람의 움직임   ◀── 공의 움직임   ◀~~ 드리블

규칙을 정확히 알면 플레이가 다양해진다

지도자 MEMO

압박받고 있는 우리 팀 선수에게 짧게 패스하는 것은 매우 위험하다. 그러나 골키퍼가 압박하고 있는 상대팀 선수를 보지 못하고 짧게 패스했다면, 수비수는 페널티 지역으로 들어가 공을 받는다. 그러면 심판이 다시 골킥할 것을 지시할 것이다. 골킥을 받은 선수는 반드시 페널티 지역 밖에서 공을 받아야만 한다(26~27쪽 참조). 규정상 페널티 지역 안에서 패스를 받으면 골키퍼가 다시 차야 하며 실제로 스페인에서 종종 볼 수 있는 장면이다.

상황 판단을 위한 첫걸음

수비 시 골킥의 기본 개념

1. 전방에서 압박할 것인가?

골킥을 수비할 때의 방법으로는 크게 '전방에서부터 압박하기'와 '수비진영으로 돌아가 기다리기'가 있다. 전방에서부터 압박해 공을 뺏을 수 있다면 기회가 생기지만 〈그림 1〉과 같이 상대팀 골키퍼까지 압박하기 위해 너무 깊숙이 침투하면 상대팀에게 공간을 내주어 속공을 당할 수 있으니 주의한다. 게다가 상대팀 선수의 개인기가 좋다면 단순히 공을 쫓아가서 뺏기는 힘들다.

이럴 땐 팀 전체가 '상대팀의 패스를 한 곳으로 유인해 뺏는다'와 같은 전략을 짜서 공을 인터셉트할 기회를 만들어야 한다. 인터셉트가 어렵다면 상대편의 사이드백이나 디펜스를 압박해 골키퍼가 길게 패스하도록 유도하는 것도 좋은 방법이다. 또한, 상대팀이 패스 코스를 만들기 위해 〈그림 2〉처럼 넓게 퍼졌을 때도 기회를 노릴 수 있다. 넓게 퍼진 만큼 공이 떨어지는 곳 주변에 선수가 없어 우리가 세컨드 볼을 따낼 가능성이 크기 때문이다. 더욱이 공을 뺏겼을 때

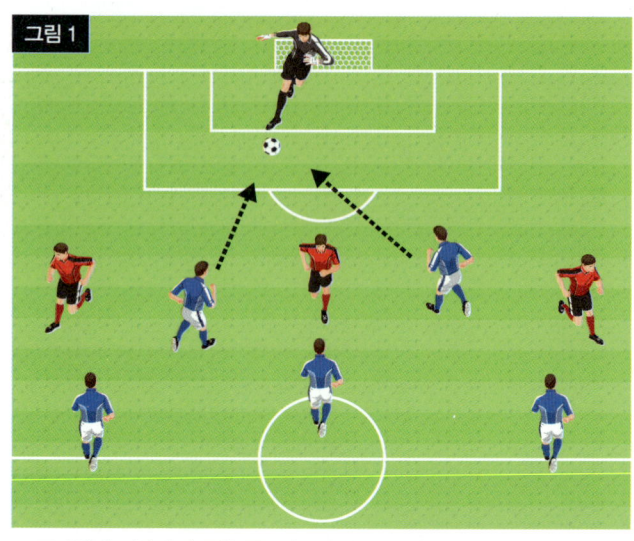

▲ 무리하게 전방에서 공을 쫓으면 중원과 수비라인에 빈 공간이 생긴다.

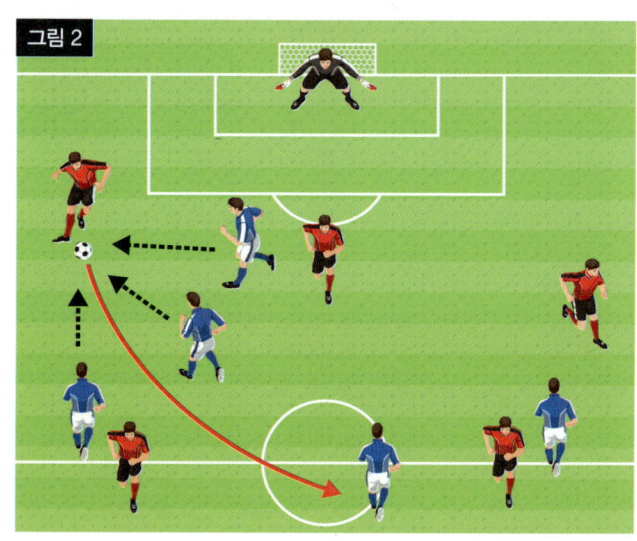

▲ 공격 쪽 선수 간에 거리가 멀면 공이 왔을 때 수비 쪽이 공을 소유하게 될 가능성이 크다.

상대팀 선수 간의 거리가 멀다면 수비를 지원하기 어려워 역습 기회가 생길 수 있다.

2. 수비진영에서 기다릴 것인가?

수비진영에서 기다릴 때는, 상대팀 선수가 공을 갖고 센터라인을 넘어오면 압박을 가하는 식으로 수비 시작점을 정해 놓는다. 수비진영에 망을 쳐놓고 그곳에 들어온 공을 뺏는 것이다. 상대팀의 볼 점유율이 높아지지만 실점할 수 있는 공간을 메울 수 있고, 〈그림 3〉처럼 공을 뺏었을 때 상대팀 진영의 빈 공간에 롱패스할 수 있는 것도 장점이다.

우리 팀 스타일, 상대팀 스타일, 점수 차, 시간대, 컨디션 등을 고려해 전방에서 압박할 것인지 아니면 수비진영에서 기다릴 것인지를 정하자. 무엇이든 상황에 맞게 움직일 수 있게 훈련해야 한다.

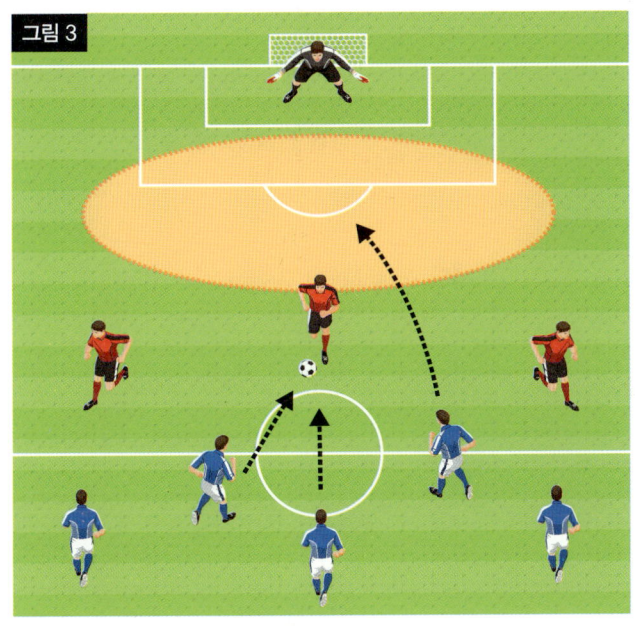

▲ 수비진영에서 기다리면 역습에 유리하다.

3. 상대팀의 전술을 파악한다

골킥을 할 때는 플레이 중에 흐트러졌던 선수 배치를 처음 설정한 위치로 되돌려 시합을 재개하는 것이 기본이며 이는 공격과 수비 모두에게 해당되는 사항이다. 상대팀이 선수를 재배치할 때를 살피자. 상대팀의 시스템을 파악할 수 있다. 상대팀의 수비수는 몇 명인지, 포워드는 몇 명이고, 얼마만큼 압박하는지 등 상대팀의 전술을 알게 되면 대처 방법도 생각할 수 있다.

골킥 Goal Kick

수비 이론 : 쇼트패스 대책

플레이 목적 압박으로 짧은 패스의 공격 흐름을 끊는다.

전제 조건 팀 스타일, 점수 차, 시간대 등에 따라 좋은 플레이가 아닐 수도 있다.

플레이의 흐름

① 공이 골라인을 벗어나 상대팀에게 골킥이 주어졌다.
② 선수 모두 각자의 포지션으로 돌아간다.
③ 상대팀 골키퍼가 쇼트패스를 하면 빠르게 압박하거나 중원에서 수비망을 만들고 기다린다.

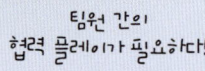

팀원 간의 협력 플레이가 필요하다!

Let's 상황 판단 첫 수비가 시합 전개를 좌우한다

상대팀이 골킥하는 순간은 우리 팀이 수비를 시작하는 순간이다. 이때 어떻게 수비하느냐에 따라 시합 양상이 달라진다. 예를 들어, 상대팀 골키퍼를 전방에서 압박하면 상대팀 진영 안에서는 수적 우위를 차지할 수 있지만 그만큼 수비진영에서 불리해진다. 반대로 압박을 가하지 않으면 공을 뺏은 위치가 뒤로 물러나기 때문에 수비진영에서 수적으로 유리해 수비가 안정된다.

골킥 수비 이론 ①

▶▶ 공을 뺏을 지점을 결정한다

포인트 상대팀의 센터백을 압박할 것인가? 중원에서 기다릴 것인가?

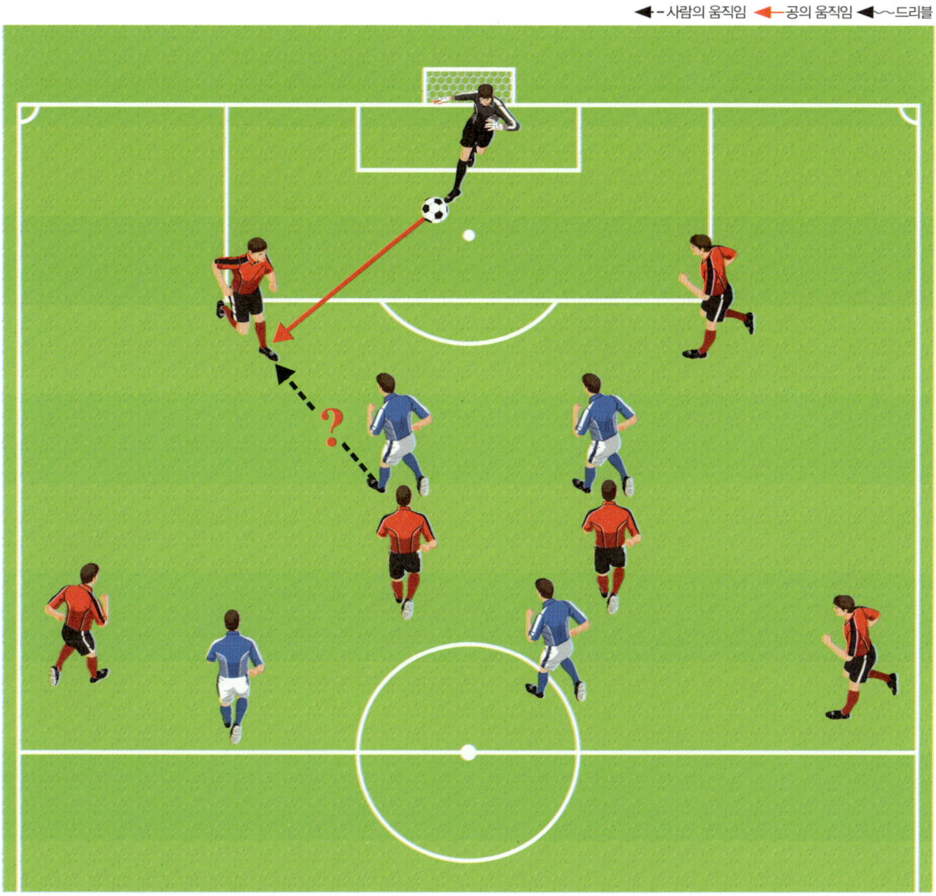

◀─사람의 움직임   ◀━공의 움직임   ◀～드리블

팀 전체가 조직적인 수비를 하려면 '공을 뺏을 곳'을 미리 정해야 한다. 보통 전방에서 공을 가진 상대팀 센터백을 압박할 것인지, 아니면 상대팀 센터백이 자유롭게 패스하도록 두고 중원에서 기다릴 것인지를 정한다. 선택의 기준은 팀 스타일, 체력, 점수 차, 시간대 등이 있다. 예를 들어, 평소에는 중원에서 기다렸다가 역습을 시도하는 팀이라도 지고 있는데다 시간도 얼마 남지 않았다면 전방에서 센터백과 골키퍼를 압박해야 한다. 공을 뺏기 힘들고 수비진영에 빈 공간이 생겨 롱패스 한번으로 실점할 수 있지만, 상대팀이 시간을 끌지 못하게 롱패스를 유도할 목적이라면 압박해야만 한다. 이것도 상황 판단이다.

골킥 수비 이론 ②

▶▶ 한쪽 측면으로 몬다

포인트 상대팀이 플레이할 수 있는 방향을 측면으로 내몰아 압박한다.

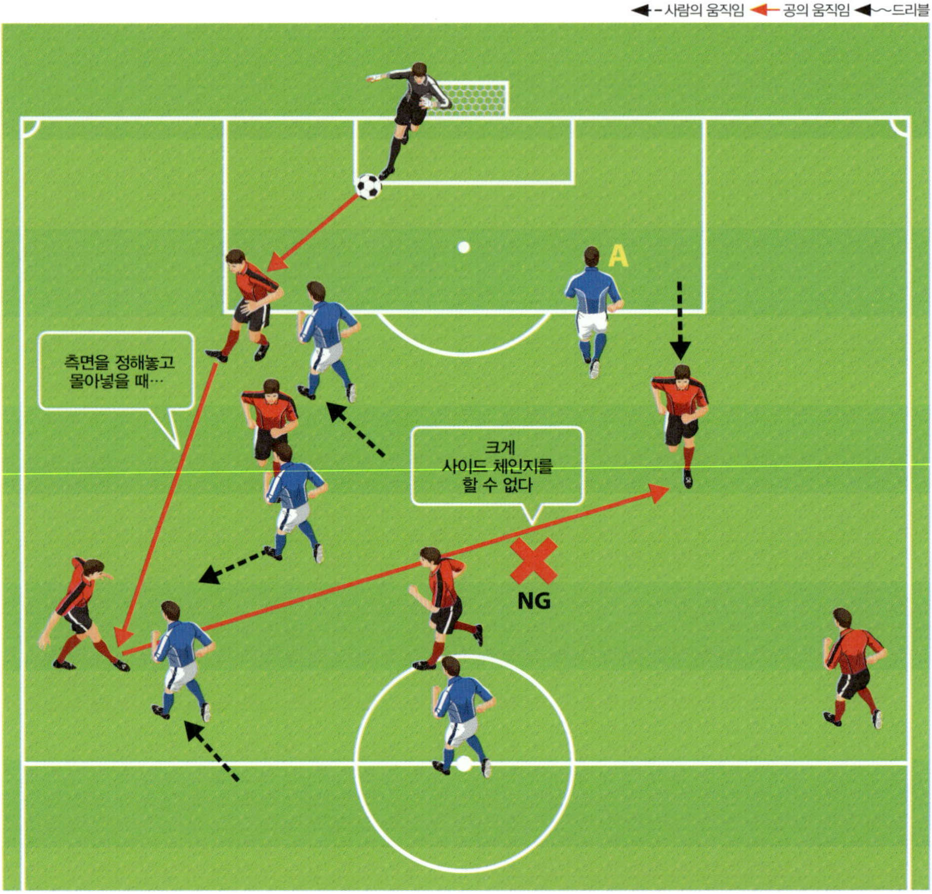

◀─ 사람의 움직임　◀─ 공의 움직임　◀〜〜 드리블

(그림: 측면을 정해놓고 몰아넣을 때… / 크게 사이드 체인지를 할 수 없다 / NG / A)

압박할 때는 기본적으로 상대팀이 한쪽에서만 플레이하도록 몰아넣는 것이 중요하다. 특히 골키퍼가 짧게 패스할 때부터 한쪽으로 몰면 상대팀 수비수가 패스할 곳이 줄어들게 되어 공의 인터셉트가 용이하다. 팀원 간의 협력이 중요하다.

NG 플레이

한쪽으로 몰아넣는 압박을 할 때, 우리 진영의 수비 인원이 적어지므로 상대팀이 사이드 체인지를 할 수 없게 해야 한다. 흔한 NG 플레이 중에는 공이 있는 곳의 반대쪽에 있는 포워드(A)가 사이드 체인지를 차단할 수 있는 위치에 있지 않고 멍하니 있는 것이다. 짧은 횡패스는 전체가 옆으로 이동해 대처할 수 있지만 사이드 체인지는 상황을 역전시킬 수 있으니 주의한다.

골킥 수비 이론 ③

▶▶ 상대팀의 스타일을 분석하고 실수를 유발한다

포인트 상대팀의 약점을 파악하고 잘 쓰는 발을 고려해 공을 뺏는다.

◀─ 사람의 움직임 ◀─ 공의 움직임 ◀～ 드리블

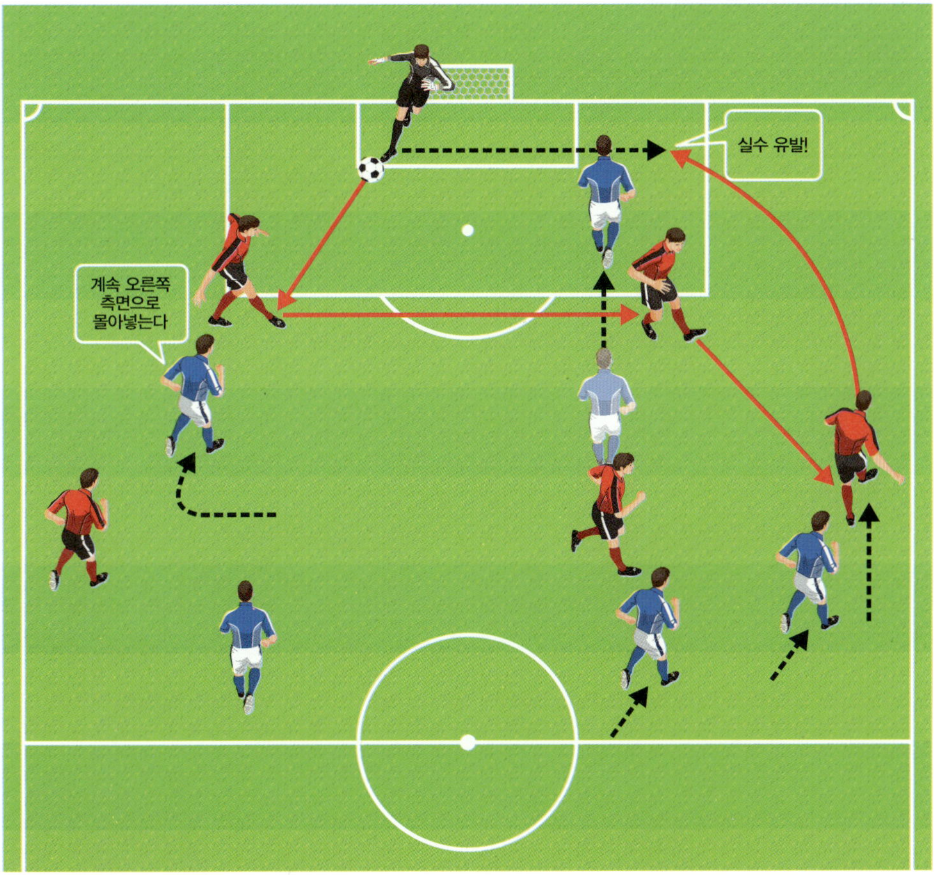

실수 유발!

계속 오른쪽 측면으로 몰아넣는다

지도자 MEMO 위의 그림은 2010~2011년 챔피언스리그에서 러시아의 축구 클럽 FC 루빈 카잔이 바르셀로나와 대전했을 때 사용했던 전술이다. 루빈 카잔은 상대팀 골킥을 오른쪽 측면으로 유도해 강하게 압박했다. 그러자 바르셀로나의 수비수가 골키퍼 빅토르 발데스(Victor Valdes, 스페인)에게 백패스를 했고 카잔은 이를 한번 더 강하게 압박했다. 실은 발데스가 잘 쓰는 발은 오른발이어서 왼발 킥이 불안정했는데, 이를 알고 있던 카잔이 발데스가 오른발로 공을 차지 못하게 하려고 계속 압박해 실수를 유도한 것이다. 이와 같이 '측면으로 몰아넣는 수비'는 상대팀의 수비라인에서 패스 능력이 떨어지는 선수는 누군지, 각 선수가 잘 쓰는 발은 어느 쪽인지를 분석해 세련된 전술로 만들 수 있다.

골킥 Goal Kick

수비 이론 | 롱패스 대책

플레이 목적 볼 경합에 유리한 위치를 선점한다.

예상 위험 잘못 대처하면 상대팀 골키퍼의 롱패스 한번에 실점할 수 있다.

플레이의 흐름

① 공이 골라인을 벗어나 상대팀에게 골킥이 주어졌다.
② 상대팀 골키퍼가 롱패스 자세를 취하고 상대팀 선수도 그에 맞춰 한쪽으로 몰렸다.
③ 상황 판단 후, 롱패스에 대처해 포진한다.
④ 공이 떨어지는 곳에서 경합해 세컨드 볼을 잡는다.

지도자의 전술을 읽는 능력이 승패를 좌우한다

Let's 플레이 공격 형태를 파악하고 수비 대책을 세운다

롱패스를 효과적으로 수비한다는 것은 롱패스 공격(42~45쪽 참조)을 잘 막는다는 뜻이다. 상대팀의 타깃맨이 누군지, 그 주변에 어떤 선수가 있는지를 파악하자. 제일 먼저 막아야 할 것은 '경합한 공이 빗맞아 수비라인 뒤로 떨어져 돌파당하는 것', '상대팀이 세컨드 볼을 잡고 빠르게 반대쪽을 치고 들어가는 것'이다.

골킥 수비 이론 ④
▶▶ 두 명이 타깃맨을 둘러싼다

포인트 힘 좋은 타깃맨과 경합해서 이길 수 있는 방법이다.

◀─ 사람의 움직임 ◀─ 공의 움직임 ◀〰 드리블

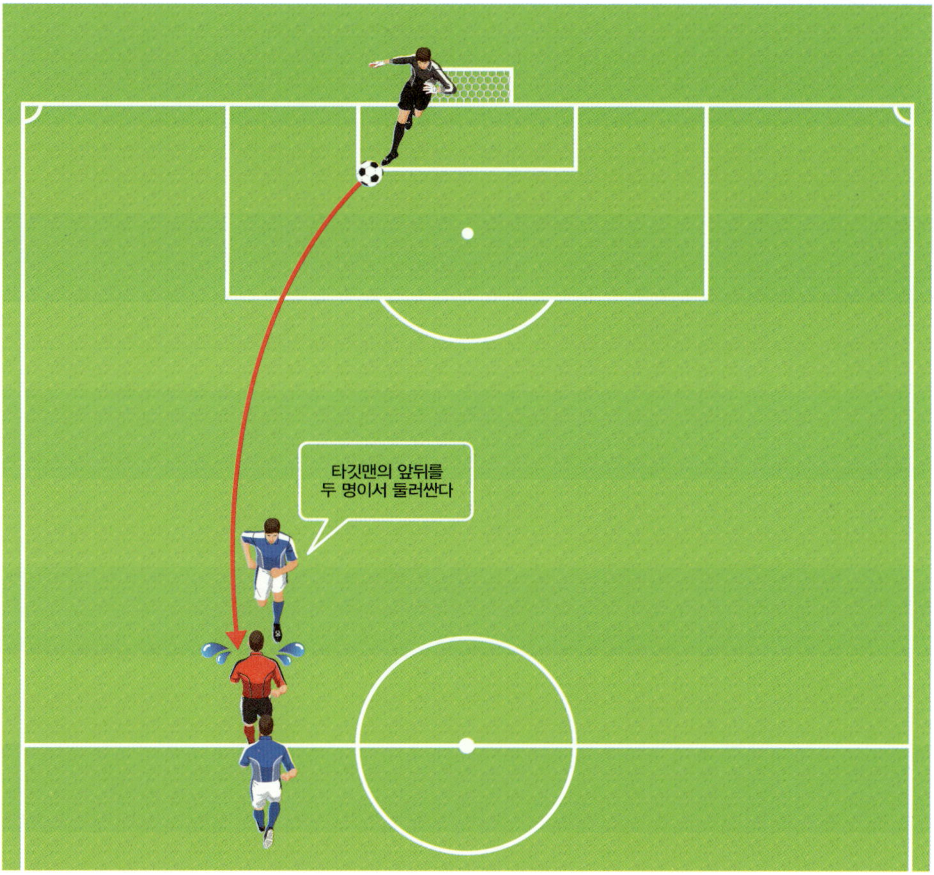

> 타깃맨의 앞뒤를 두 명이서 둘러싼다

롱패스에 이은 2차 공격을 막으려면 먼저 타깃맨을 자유롭게 두어서는 안 된다. 그림과 같이 상대팀 타깃맨의 앞뒤를 두 명이서 둘러싸면 타깃맨이 헤딩을 할 때 달려들어 점프를 할 수 없게 만들 수 있다. 더욱이 상대팀의 타깃맨이 힘이 좋다면 수비수 중 한 명 정도는 그대로 힘으로 밀어붙여 가슴 트래핑으로 공을 지킬 것이다. 단, 상대팀이 3명을 타깃맨으로 세웠을 때 각 선수의 앞뒤를 둘러싸려면 6명의 선수가 필요하다. 그만큼 다른 공간에서 수적으로 불리해지니 상황에 맞춰 가장 경계해야 할 선수만 두 명이서 둘러싸는 플레이를 전개한다.

골킥 수비 이론 ⑤

▶▶상대팀과 경합해 세컨드 볼을 잡아낸다

포인트 상대팀의 세컨드 볼 운용을 막을 수 있는 선수를 배치한다.

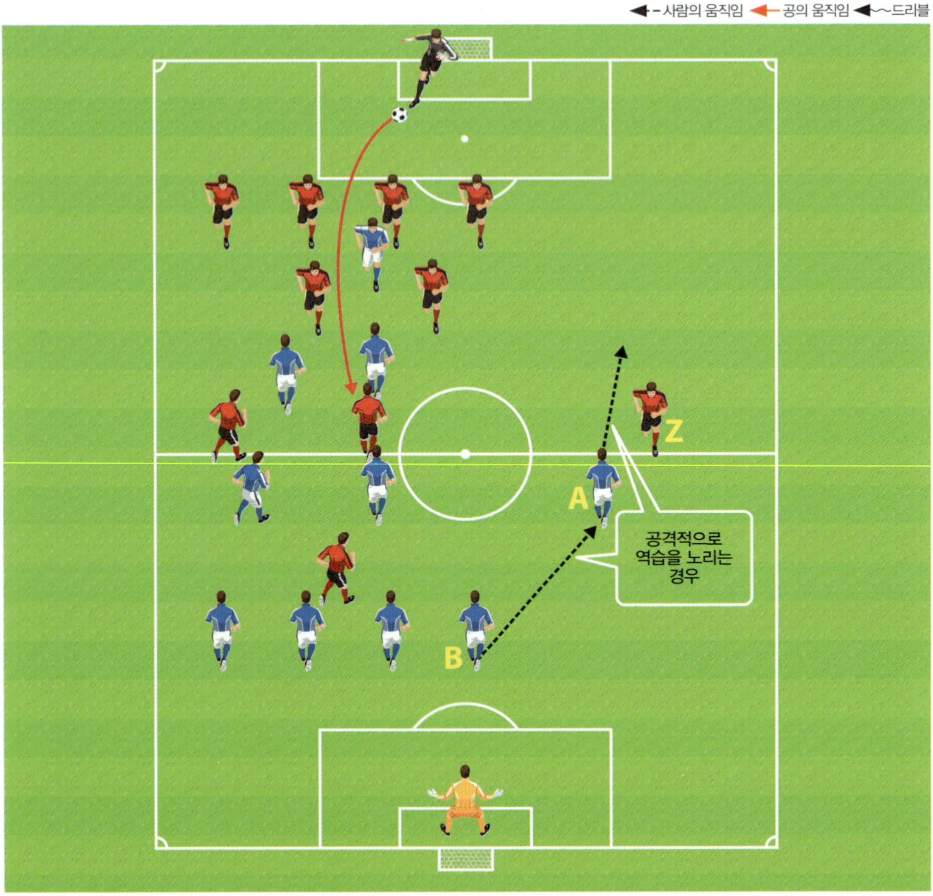

사람의 움직임
공의 움직임
드리블
Z
A
B
공격적으로
역습을 노리는
경우

지도자 MEMO

롱패스로 시작하는 공격을 저지하려면 상대팀이 수비라인 뒤로 공을 가져가지 못하게 해야 한다. 뒤에서 압박받으며 수비진영으로 돌아가 공을 처리하는 것은 어려우므로 상대팀 골키퍼의 킥 비거리를 읽고 정면에서 공을 처리할 수 있는 위치에 라인을 두자. 그리고 상대팀이 한쪽으로 치우친 경우, 세컨드 볼을 잡아 반대쪽으로 공격하는 것에 주의해야 한다. 반대쪽으로 치고 들어가는 선수(Z)를 수비할 선수(A)를 붙이거나, 공격적으로 역습을 노릴 때는 A를 반대쪽으로 치고 들어갈 수 있는 위치에 두고, Z는 사이드백(B)이 올라가 붙는다. 정답은 없다. 팀에 맞는 전술을 생각하자.

골킥 수비 이론 ⑥

▶▶ 상대팀의 골키퍼가 아닌 필드 플레이어가 찬다면?

포인트 골키퍼가 골킥을 차지 않고 다른 선수가 찬다면 다양한 유추가 가능하다.

◀─사람의 움직임 ◀─공의 움직임 ◀∼드리블

오프사이드 라인이 낮다

지도자 MEMO 프로 시합에서는 드물지만 일반 시합에서는 골킥을 필드 플레이어가 대신 차는 경우도 있다. 이는 공격 입장에서 보면 기회가 된다. 상대팀 골키퍼와 필드 플레이어 두 명이 골 에어리어에 남기 때문에 오프사이드 라인이 낮아져 골킥을 되받아 다시 차면 공격진영으로 자유롭게 들어갈 수 있고, 상대팀 골키퍼의 킥 능력이 신통치 않다는 것도 유추할 수 있다. 상대팀 수비수에게 압박을 가해 백패스를 유도하고 골키퍼를 압박하면 기회가 생길 가능성이 크다. 한 가지 사실을 여러 가지로 해석해 상대팀의 전력을 파악하자.

실제로 있었던 전술 챔피언스리그

상대팀 센터백의 뒤를 쫓는다

포인트 화난 듯 연기하며 상대팀의 페널티 지역에서 허를 찔러 압박!

지도자 MEMO 디디에 드로그바(Didier drogba, 코트디부아르)가 사용한 전술로 2008~2009 시즌 챔피언스리그 준결승에서 첼시 FC가 바르셀로나와 대전할 때 쓴 전략이다. 공이 골라인 밖으로 나간 후 드로그바는 슈팅이 빗나간 것에 화가 나 경기가 시작되기 전까지 씩씩대며 상대팀 페널티 지역에 머물렀다. 그러고는 공에 관심없는 척하면서 상대팀 골키퍼가 패스하는 순간, 리턴패스 코스를 지우며 센터백을 압박했다. 생각지도 못한 방향에서 압박을 받은 센터백은 당황하게 되었고, 골키퍼부터 패스를 이어가 점유율을 높이는 축구를 하는 바르셀로나는 드로그바의 허를 찌르는 압박 때문에 롱패스를 많이 할 수밖에 없었다. 그러나 원칙적으로는 페널티 지역에 선수가 들어간 상태에서 골킥을 하면 다시 차야 한다.

실제로 있었던 전술 스페인리그

볼보이의 방해 작전

포인트 홈팀을 응원하던 볼보이가 일부러 필드에 공을 던져 골키퍼를 방해한다.

지도자 MEMO
스페인리그에서 여러 번 접했던 광경으로, 상대팀 골키퍼가 골라인을 나간 공을 주우러 갔다오면, 볼보이가 일부러 자신이 갖고 있던 공을 필드로 던지는 것이다. 그러면 필드 안에 공이 두 개가 되어 심판이 플레이를 중지시키고 다시 골킥하게 하는데, 상대팀 골키퍼는 리듬을 잃어 짜증을 내기 마련이다. 이런 식으로 볼보이는 홈팀을 응원해 여러 가지 방법으로 원정 팀을 방해하곤 한다. 권장할 행동은 아니지만 이런 환경에서 자란 스페인 선수의 정신력이 강한 것도 사실이다.

원 포인트 레슨
골키퍼의 킥 기술 높이기

골킥 멀리 차는 법

레슨 포인트
① 팔을 흔든다.
② 화살대를 당긴다는 느낌으로 몸을 휘어 가슴을 펴고 힘을 모은다.
③ 축이 되는 발로 힘차게 땅을 밟고 휜 몸의 반동으로 공을 찰 다리에 힘을 준다.
④ 인스텝(발등)에 공의 중심을 맞춰 찬다.
⑤ 중심이 흔들리지 않게 주의하면서 찬 다리를 착지시킨다.

지도자 MEMO: 골킥은 최소한 중앙선을 넘길 정도로는 날아가야 한다. 쇼트패스를 사용해 점유율 축구를 구사하는 팀도 마찬가지다. 골키퍼에게 킥 능력이 없다는 것이 알려지면 수비진영에서 압박을 받아 패스를 이어가기 힘들다.

펀트킥 나눠 차는 법

※펀트킥은 골키퍼가 손에서 공을 떨어뜨려 땅에 닿기 전에 차는 것으로 세트피스는 아니지만 골키퍼가 갖춰야 할 주요 기술 중에 하나다.

▶발리킥

레슨 포인트

① 왼손으로 공을 위로 던진다.
② 공이 떨어지는 순간 몸을 기울여 다리를 휘두르기 쉬운 자세를 취해 찬다.

 MEMO 뜨지 않고 직선으로 빠르게 뻗어나가는 공을 차는 기술이다. 상대팀에게 제자리로 돌아갈 여유를 주지 않고 재빨리 역습할 수 있게 패스할 수 있다.

▶위로 차는 킥

레슨 포인트

① 왼손으로 공을 위로 던진다.
② 공이 떨어질 때 그대로 위로 올리듯 찬다.

 MEMO 공이 높이 올라가도록 차기 때문 받기가 어렵다. 자유로운 상태에서 공을 받을 선수가 없을 때 또는 시간을 벌고 싶을 때 활용한다.

▶드롭킥

레슨 포인트

① 공을 앞으로 던진다.
② 공이 튀어 오르는 것에 맞춰 축이 되는 발로 지면을 밟는다.
③ 공이 튀어 오를 때 찬다.

 MEMO 공을 잡은 자세 그대로 공을 찰 수 있다. 비거리도 길고 속도도 빠르지만 공이 떨어질 때까지 시간이 걸린다. 우리 팀 선수가 공격진영으로 올라갈 시간을 벌고 싶을 때 사용한다.

Column About the Soccer

스페인에서의 축구 지도 체험기 1

승부를 즐기는 스페인 문화

어린 선수들의 승부욕을 자극하는 스페인의 지도자

스페인과 일본 양국의 어린 선수들을 지도해보고 느낀 점은 두 나라 사이에는 승부를 즐기는 문화에 큰 차이가 있다는 것이다. 술래가 공을 뺏는 4 대 2 게임을 예로 들어보자. 스페인 어린이는 지는 걸 굉장히 싫어해서 술래를 하지 않기 위해 강한 의지를 가지고 공 뺏기에 집중한다. 반면 일본 어린이는 이런 긴장감을 크게 느끼지 못한다. 예를 들어, 인사이드 터치로 제한해 패스하는 규칙을 만들어 게임을 진행했을 때도 아웃사이드에 공이 닿으면 일본 어린이는 자기 팀의 선수라 할지라도 "지금 닿았어!"라며 실수를 지적한다. 하지만 스페인 어린이는 술래가 눈치챌 때까지 규칙을 어기지 않았다는 양 태연하게 게임을 이어간다. 오히려 같은 편 중 누군가 이를 지적한다면 "너 스파이야?"라며 핀잔을 준다. 어쨌든 승부의 세계는 냉정한 법이다. 술래가 관찰력이 없어 눈치채지 못하는 것 또한 문제인 것이다. 지도자로서 어린 선수들의 승부욕을 자극하는 것은 중요한 일이다. 이런 지도를 받은 어린 선수들은 시간이 지나면서 자연스럽게 "지금 필요한 것은 무엇인가?"를 생각하게 될 것이다. 지도자는 스스로 생각하는 힘을 가진 자립적인 선수를 키워야 한다.

세 살 승부욕 여든까지 간다

제 2 장
스로인

스로인은 시합 중 가장 많이 발생하는 세트피스이자,
손을 사용해 정확한 곳에 패스를 보낼 수 있는 귀한 기회다.
하찮아 보이는 스로인! 연습을 통해 기회로 바꾸자!

상황 판단을 위한 첫걸음

스로인 필수 규칙

1. 스로인 던지는 방법

- 공이 터치라인을 나간 지점에서 던진다.
- 양손으로 공을 잡고 던진다.
- 양발을 터치라인 위 또는 바깥에 둔다.
- 머리 뒤에서 위를 통과시키며 던진다.

→ 이 4가지 규칙을 위반하면 상대팀에게 스로인이 주어진다. 특히 초등학생이 반칙을 자주 범하니 규칙을 확실히 이해시키자.

- 한쪽 발이 터치라인을 넘으면 반칙이다. 하지만 라인을 밟고 던지는 것은 괜찮다.
- 공을 머리 위로 통과시키지 않고 던지면 반칙이다.

2. 스로인만의 규칙

- 스로인한 공은 골대로 들어가도 득점으로 인정되지 않는다.
- 오프사이드가 없다.
- 상대팀 선수는 스로인하는 선수에게서 2m 이상 떨어져야 한다.
  → 이전에는 상대팀 선수가 스로인하는 선수 앞에서 방해만 하지 않는다면 가까이 있어도 괜찮았지만 지금은 2m 이상 떨어지는 것으로 규칙이 바뀌었다.

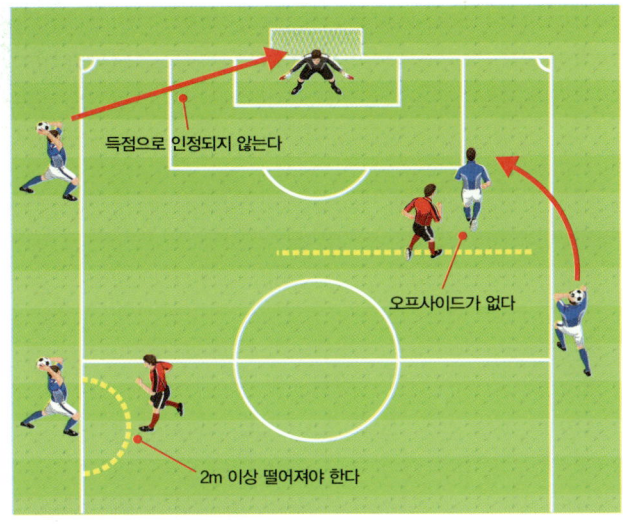

득점으로 인정되지 않는다
오프사이드가 없다
2m 이상 떨어져야 한다

상황 판단을 위한 첫걸음

공격 시 스로인의 기본 개념

1. 손으로 던지기 때문에 패스가 정확하다

축구는 '실수의 스포츠'라고도 한다. 발을 쓰기 때문에 같은 구기 종목이지만 손을 쓰는 농구, 배구, 테니스에 비해 섬세하게 공을 제어하기 어려워 실수가 잦기 때문이다. 그래서 물 흐르듯 패스를 연결해 득점하는 장면은 좀처럼 볼 수 없다. 플레이 도중 여러 번 볼 컨트롤에 실패하며 공이 여기저기 튀다가 겨우 골인하는 식인 것이다.

축구의 이런 특성을 생각하면 손을 사용해 공을 던질 수 있는 스로인은 원하는 곳에 정확하게 공을 보낼 수 있는 흔치 않은 기회라고 할 수 있다.

2. 선수 한 명이 필드 밖에 있기 때문에 수적으로 불리하다

스로인은 공격 선수 중 한 명이 필드 밖으로 나가 공을 던지기 때문에 필드 안은 10대 11이 된다. 즉, 공격하는 쪽이 수적으로 불리한 것이다. 따라서 이런 상황을 대비하지 않고 스로인을 하면 수비수에게 공을 뺏길 위험이 크다. 이런 점을 이해하고 있느냐에 따라 '상황 판단력'이 뛰어난 선수인지 아닌지를 가늠할 수 있다. 상대팀 전원이 대인방어(맨투맨 형식으로 한 수비수가 한 공격수를 방어하는 방법)로 나오면 우리 팀에 자유로운 선수는 단 한 명도 없다. 활발히 움직여서 방어를 뚫는 수밖에 없는 것이다.

◀ 스로인 시 필드 안은 10 대 11로 공격 쪽이 수적으로 불리하다.

수비를 제치기 위한 플레이를 패턴으로 만들어(68쪽부터 소개) 팀 전체가 실행하면 빠르게 기회를 만들 수 있다. 나는 지도할 때 기술적으로 실수하는 것은 혼내지 않지만 팀 전체가 정한 것을 지키지 않는 선수는 엄격하게 혼낸다.

3. 재치 있는 플레이로 기회를 만든다

시합하는 90분 동안 스로인을 하는 횟수는 무척 많다. 그래서 스로인을 충분히 연습해 재치 있는 플레이를 선보인다면 상대팀은 우왕좌왕하게 된다. 물론 스로인만 집중적으로 훈련할 수 없다는 것을 잘 안다. 그러니 평소 훈련 시합에서 "스로인할 때 이렇게 해보자. 상대팀의 움직임에 따라 다른 플레이를 해보자."라고 지시해야 한다. 이것만으로도 선수는 전술을 구사하려 노력하게 된다.

미니 게임, 슈팅 훈련, 볼 컨트롤 훈련을 스로인부터 시작하는 것도 좋다. 이 책에서 소개하는 이론을 선수에게 자연스럽게 훈련시키는 일은 지도자의 역량에 달렸다.

스로인 Throw In

공격 이론 스로어의 실력 높이기

플레이 목적 성공 확률이 높은 공을 던진다.

상황 해석 스로어가 밖에 있으므로 수적으로 불리한 상태다.

플레이의 흐름

① 공이 터치라인을 벗어나 스로인이 주어졌다.
② 스로어가 터치라인 밖에서 공을 주워 손으로 패스한다.
③ 공을 소유하면서 상대팀 골대를 향한다.

공을 소유할 수 있는 확률이 높은 공을 던지자!

Let's 상황 판단 사이드백이나 디펜스가 공을 던진다

일반적으로 사이드백 또는 디펜스가 공을 던진다. 윙어나 측면 미드필더가 공을 던지면 전체 라인이 내려와 공격을 전개하기 어렵기 때문이다. 물론 예외도 있지만 특히 홀딩 미드필더와 같이 중앙에 배치되는 선수는 절대로 던지지 않아야 한다. 중앙에 공간이 생겨 그곳을 메우기 위해 전체 배치가 흐트러질 수 있기 때문이다.

스로인 공격 이론 ①

▶▶가능한 빨리 시작한다

포인트 스로인할 때는 공격 쪽이 수적으로 불리하므로, 상대팀이 전열을 다듬기 전에 빨리 던진다.

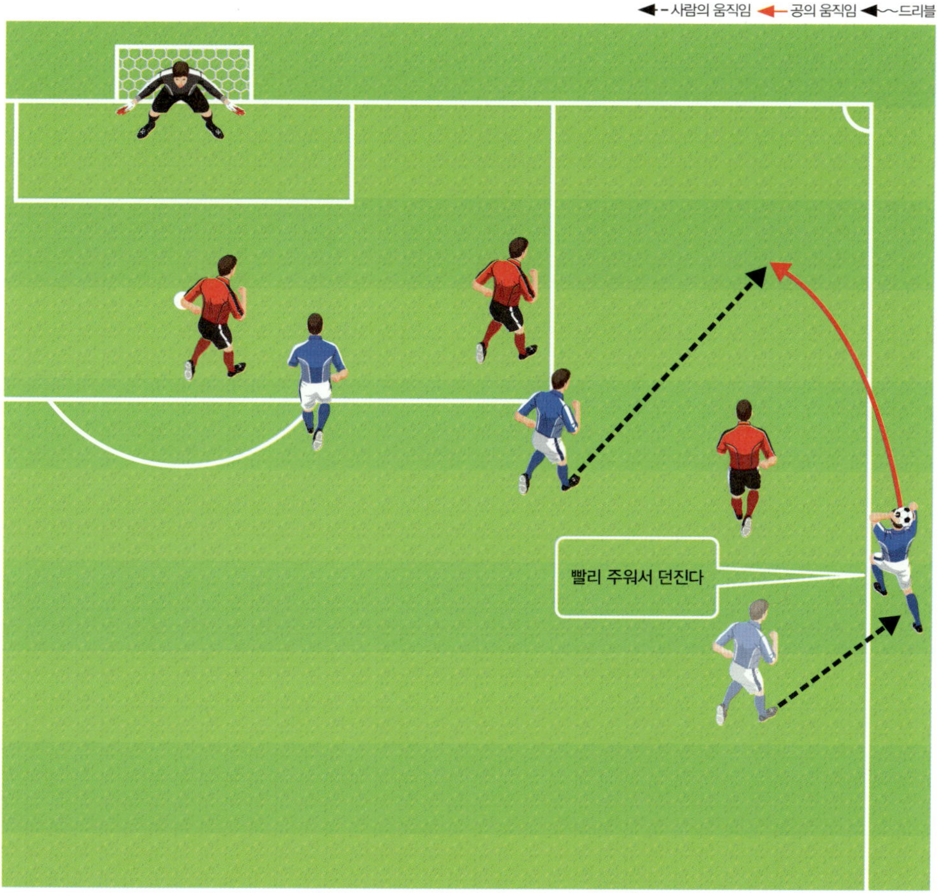

사람의 움직임
공의 움직임
드리블
빨리 주워서 던진다

지도자 MEMO 스로인할 때는 스로어가 밖으로 나가게 되어 필드 내에는 10 대 11, 즉 공격 쪽이 수적으로 불리해진다. 그러므로 스로어는 빨리 던져야 유리하다. 늦게 던지면 리시버에게 수비가 붙어 강하게 압박받기 때문이다. 또한 스로인은 사이드백이나 디펜스가 공을 던진다고 했지만 상황을 잘 판단해 빨리 던져야 할 경우에는 공과 가장 가까운 선수가 던져도 된다.

스로인 공격 이론 ②

▶▶공을 바운드시키지 않는다

포인트 상대팀이 정비할 시간을 주지 말고, 리시버가 받기 쉬운 공을 던진다.

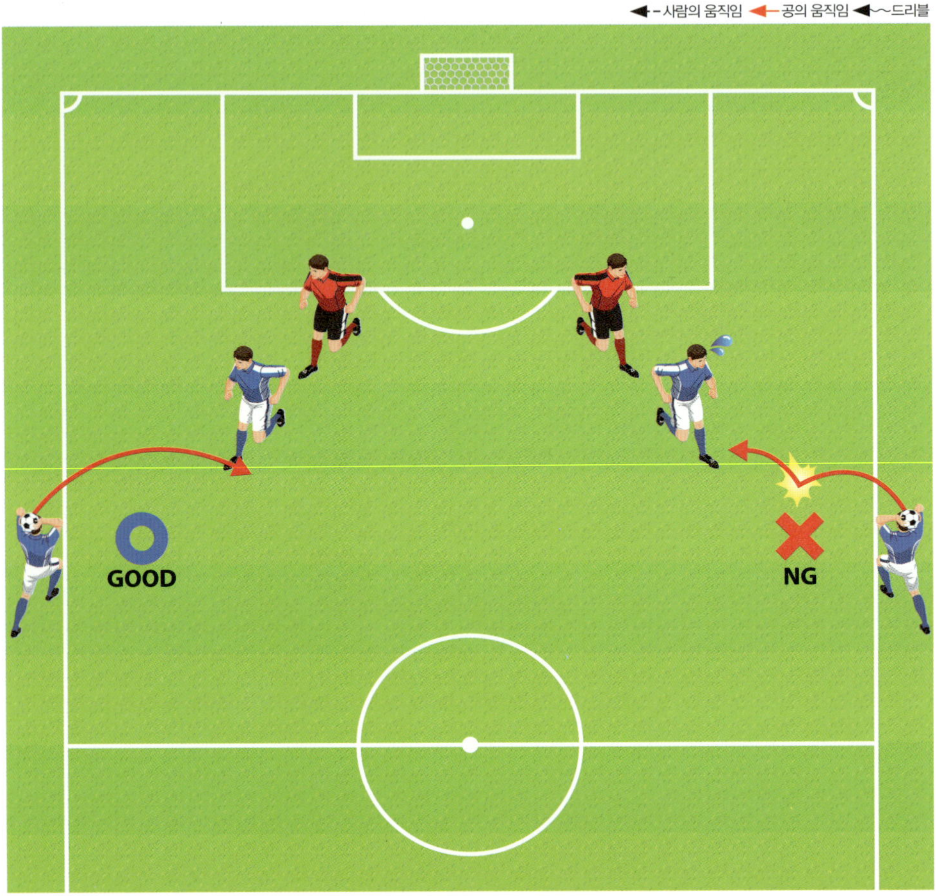

◀─사람의 움직임   ◀━공의 움직임   ◀∼드리블

GOOD NG

지도자 MEMO

공을 던질 때 스로어는 리시버가 받기 쉬운 공을 던져야 한다. 지면에 바운드되는 공을 던지면 리시버는 볼 컨트롤에 애먹을 뿐 아니라, 트래핑할 때도 공이 떨어질 때까지 기다려야 한다. 그리고 상대팀이 수비 전열을 다듬었을 때는 선수 간의 거리가 좁기 때문에 순식간에 압박을 받아 공을 뺏길 수 있다. 튀는 공뿐만 아니라 머리나 가슴을 향해 공을 던지는 것도 리시버를 힘들게 한다. 스로어는 패스받는 선수의 발을 노려 트래핑하기 쉽고 원터치로 패스할 수 있게끔 해야 한다.

스로인 공격 이론 ③

▶▶ 리시버에게 정면으로 공을 던지지 않는다

포인트 정면으로 오는 공을 뺏기면 한번에 두 명이 돌파당하니 주의한다.

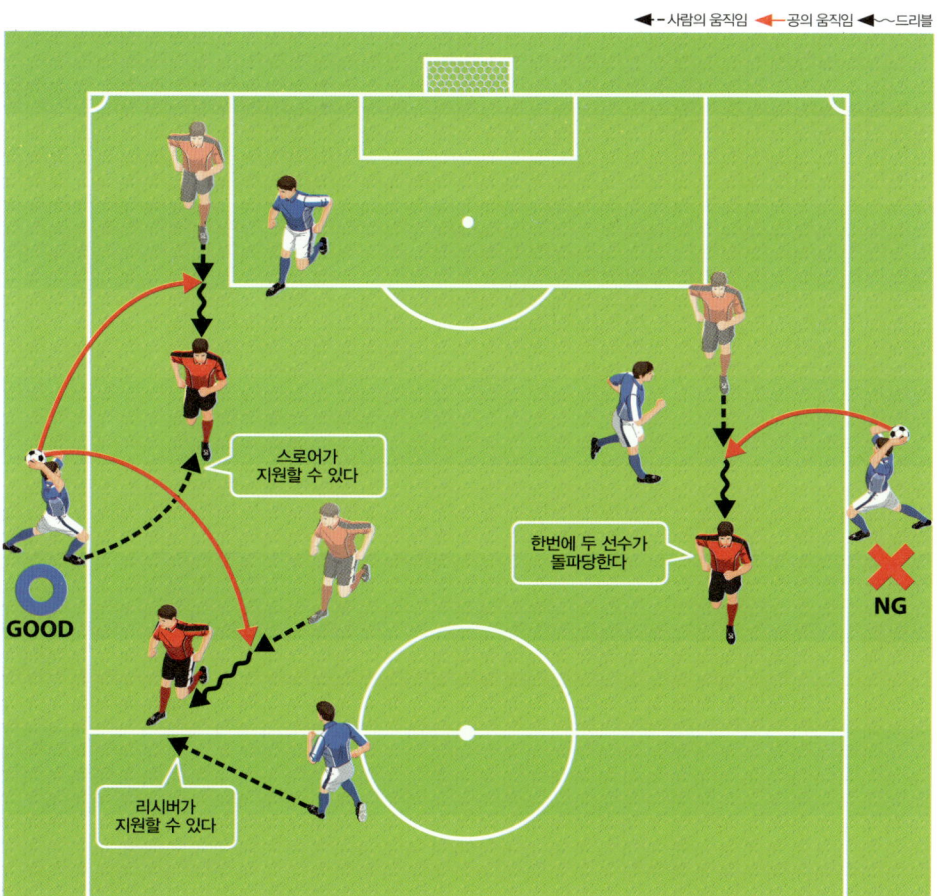

GOOD 플레이
스로어는 정면이 아니라 비스듬히 있는 선수에게 공을 던지는 것이 좋다. 단, 상대팀의 압박을 받지 않아 패스가 100% 성공할 수 있을 때는 정면의 선수에게 던져도 좋다. 이는 스로인뿐만 아니라 시합 중에 패스할 때도 해당된다.

NG 플레이
정면으로 던진 공을 인터셉트당하면 스로어와 리시버 모두 돌파당해 수적으로 불리해지고 이를 기점으로 역습당할 수 있다. 정면으로 패스하는 것은 그만큼 위험 부담이 큰 플레이라는 것을 이해하자.

스로인 Throw In

공격 이론 리시버의 실력 높이기

플레이 목적 다양한 작전으로 공을 패스받아 공격으로 이어간다.

상황 해석 스로어가 밖에 있으므로 수적으로 불리한 상태다.

플레이의 흐름
① 공이 터치라인을 벗어나 스로인이 주어졌다.
② 리시버는 활발히 움직여 상대팀 수비를 따돌린다.
③ 스로어가 공을 던진다.
④ 공을 지키면서 상대팀 골대를 향한다.

> 상대팀이 전열을 다듬었다면 공격 태세를 갖춘다!

Let's 상황 판단 상황을 판단해 최상의 방법으로 수비를 무너뜨린다

세트피스에 한정된 이야기는 아니지만, 상대팀 수비가 촘촘히 배열되어 공간을 빠르게 파고들 수 없을 때는 공격 태세를 취해 상대팀 조직을 무너뜨리는 것이 가장 성공률이 높다. 다음 쪽부터 소개할 플레이를 하나의 패턴으로 만들어 활용해보고 상대팀이 어떻게 대처하는지를 관찰하자. 그리고 가장 좋은 방법을 생각해 플레이해야 한다.

스로인 공격 이론 ④

▶▶ 앞으로 이동해 받는다

포인트 전방에 있는 선수가 움직여 빈 공간에서 공을 받는다.

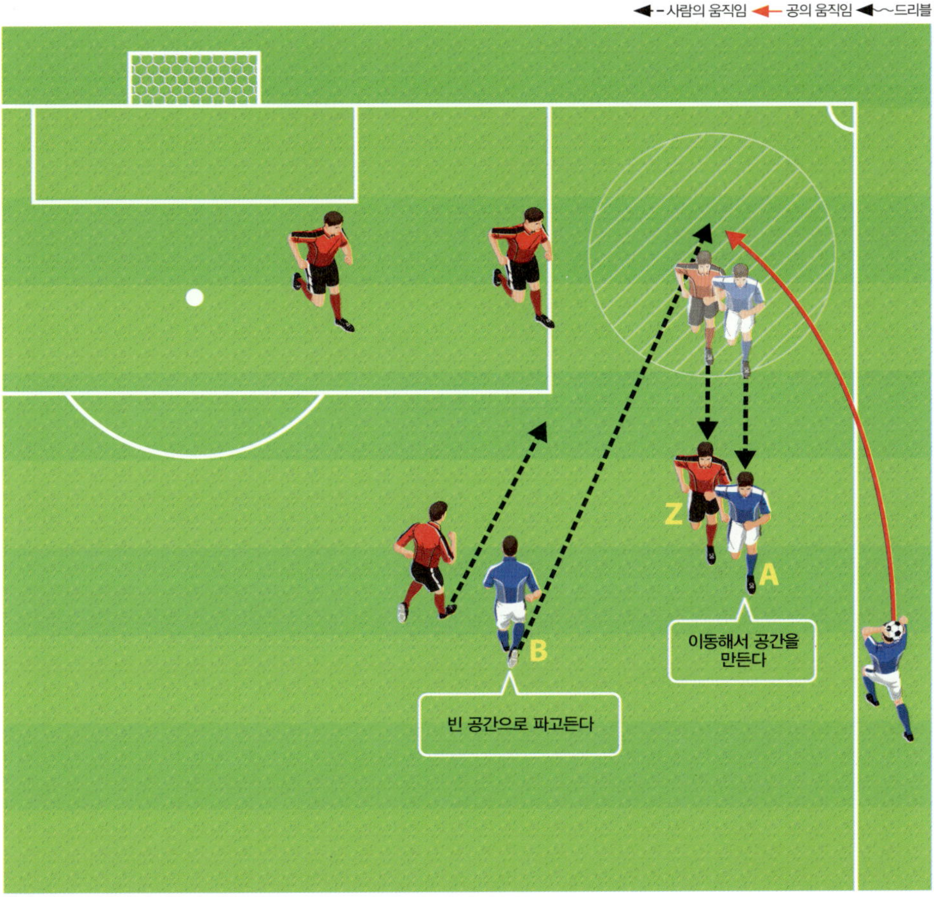

◀— 사람의 움직임　◀— 공의 움직임　◀〜 드리블

이동해서 공간을 만든다

빈 공간으로 파고든다

지도자 MEMO
상대팀 수비가 안정되어 리시버에게 수비가 붙었다면, 오히려 활발히 움직이는 것이 좋다. 그림과 같이 윙 포워드(A)가 움직이면 A를 수비하던 Z도 따라 움직일 것이다. 이때 스로어는 A가 만든 빈 공간에 공을 던지고 B가 A와 교대하듯 파고들어가 공을 받는다. 여기서 포인트는 빈 공간을 A가 만드는 것이다. 그 이유는 A가 움직이면 골대와 가까운 곳에 빈 공간이 생기기 때문이다. 만약 B가 움직여 공간을 만들었다가 협력 플레이에 실패해 공을 뺏긴다면 위험이 더 커질 것이다. 이것도 상황 판단이다.

스로인 공격 이론 ⑤

▶▶옆으로 교대하듯 자리를 바꾸며 받는다

포인트 자리를 교대하듯 바꾸면 상대팀 선수가 우왕좌왕하게 된다.

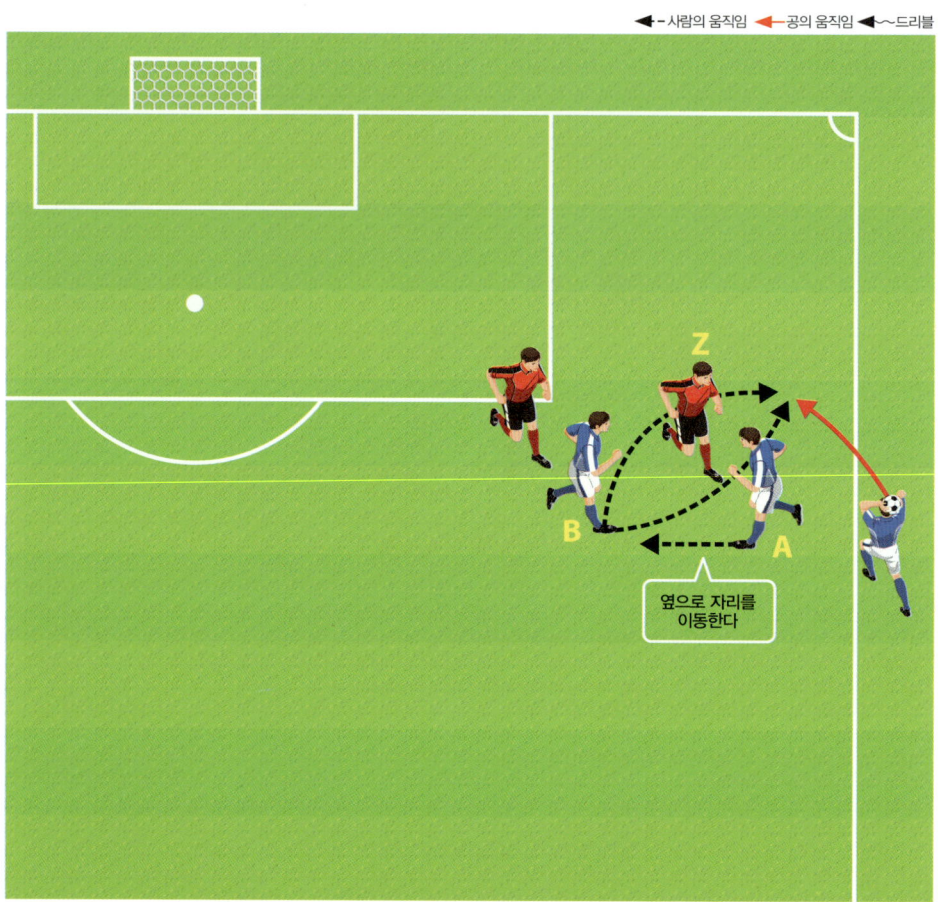

지도자 MEMO 리시버 A와 B가 옆으로 교대하듯 자리를 바꾸는 작전이다. 보통은 앞으로 움직이면 수비수가 그대로 따라오지만, A처럼 옆으로 움직이면 수비수(Z)는 따라갈지 아니면 수비를 다른 선수에게 맡길지 고민하게 된다. 만약 옆으로 움직였는데 수비수가 따라오지 않는다면 일부러 중간에 멈춰서 스로인을 받거나 사이드백 또는 디펜스를 지원하는 것도 좋다. 옆으로 공을 던지는 작전을 쓰는 팀은 적지만 네덜란드 명문 AFC 아약스 암스테르담이 사용한 적이 있다. 실제로 해보기 바란다.

스로인 공격 이론 ⑥

▶▶공격에 변형을 준다

포인트 상대팀의 공격 대처에 더욱 허를 찌르는 공격으로 대응한다.

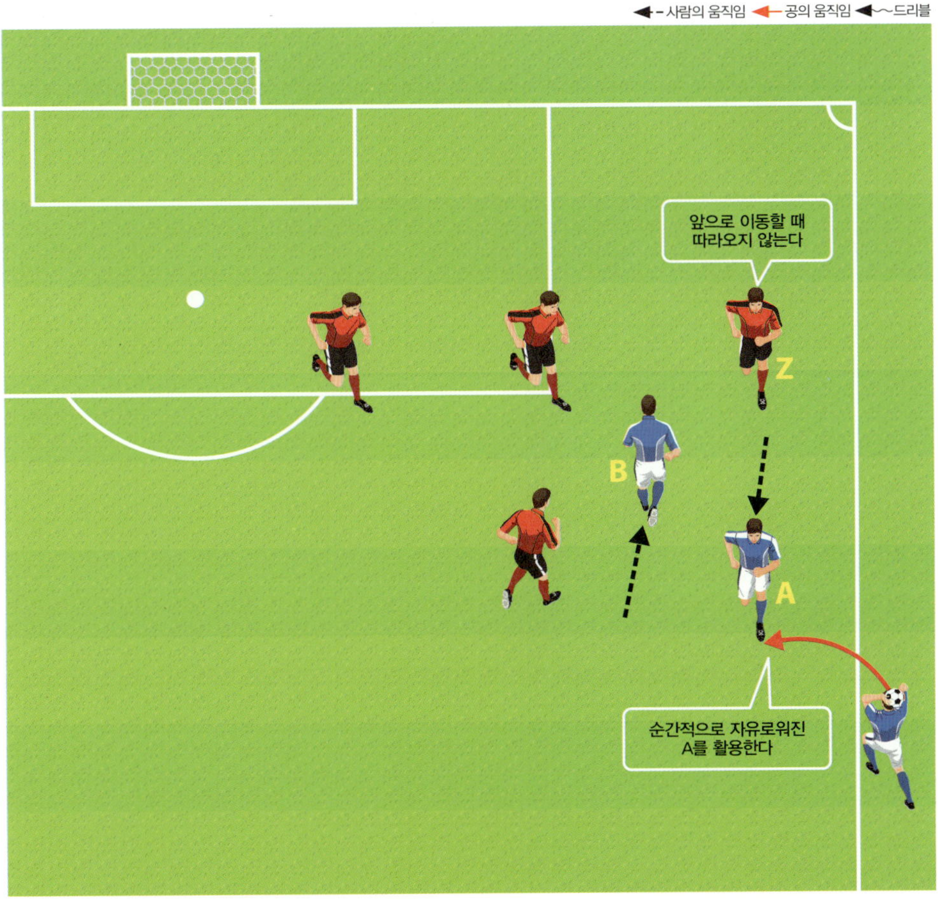

- 사람의 움직임 공의 움직임 드리블
앞으로 이동할 때
따라오지 않는다
Z
B
A
순간적으로 자유로워진
A를 활용한다

지도자 MEMO

처음에는 앞이나 옆으로 이동하는 공격법으로 효과를 볼 수 있다. 하지만 몇 번 반복하면 상대팀도 대처법을 찾기 마련이다. 만약 상대팀이 지역방어를 한다면 A가 움직일 때 수비하지 않고 그 자리에 머무는 실수를 할 수도 있다. 하지만 이때는 B가 올라가도 수비에 막히므로, 순간적으로 자유로워진 A를 활용하는 것이 좋다. 누구든 짜여진 전술을 그대로 해낼 수 있지만 상대팀이 대처법을 들고 나왔을 때 다른 방법으로 허를 찌를 수 있느냐에 따라 상황 판단력이 좋은지가 결정된다.

스로인 공격 이론 ⑦

▶▶ 수비수의 뒤로 꺾어 들어가 혼란을 준다

포인트 리시버가 움직임에 변형을 줘 수비수를 당황시킨다.

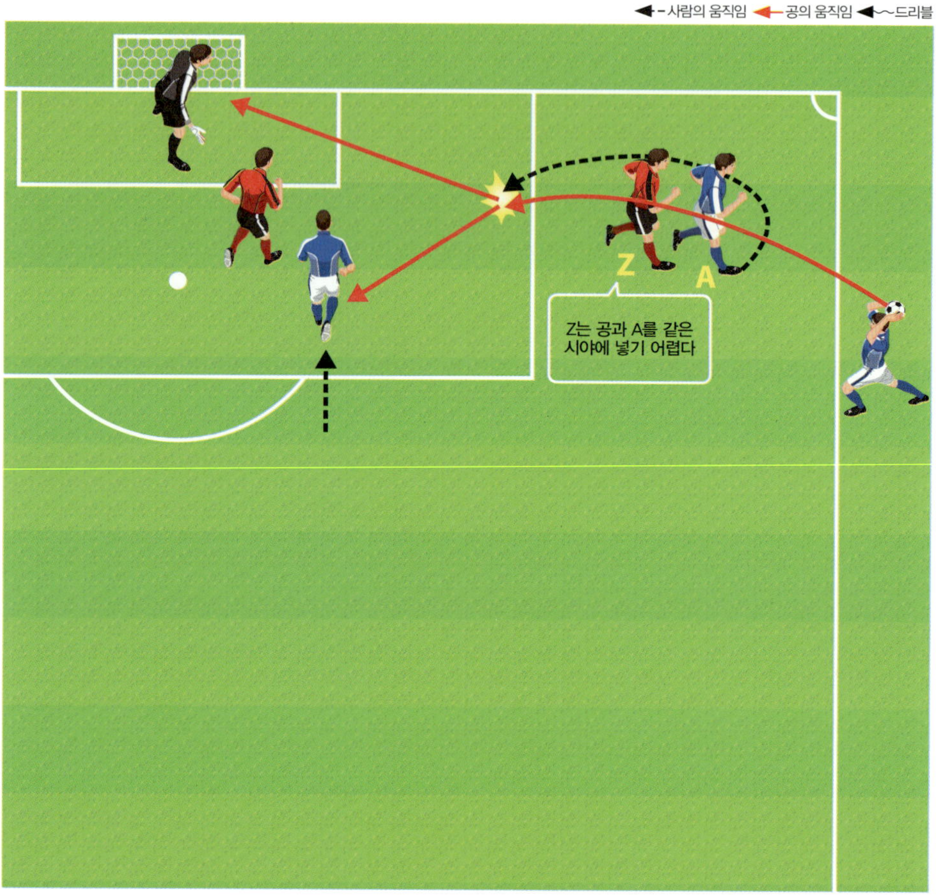

◀─ 사람의 움직임   ◀── 공의 움직임   ◀∼ 드리블

Z는 공과 A를 같은 시야에 넣기 어렵다

지도자 MEMO

수비의 기본은 수비해야 하는 선수와 공을 한눈에 볼 수 있는 위치를 선점하는 것이다. 그런데 공격수가 L자를 그리듯 수비수의 뒤로 꺾어 들어가 버리면 수비수는 당황하게 된다. 그림처럼 상대팀 골대 가까이에서 스로인 시 A가 스로어에게서 멀어지는 방향으로 빠르게 Z 앞을 빠르게 지나쳐 돌파하는 것이다. 이런 움직임은 Z가 A와 공을 같은 시야에 두기 어렵게 된다. 플레이 중에는 패스하는 선수와 타이밍을 맞추기 어려우니 멈춘 상태에서 시작하는 스로인에 도입하는 것이 좋다.

스로인 공격 이론 ⑧
▶▶ 크로스를 위해 움직이다가 직접 슈팅한다

포인트 상대팀 골대 근처에서 슈팅하는 협력 플레이를 구사한다.

◀— 사람의 움직임 ◀— 공의 움직임 ◀~ 드리블

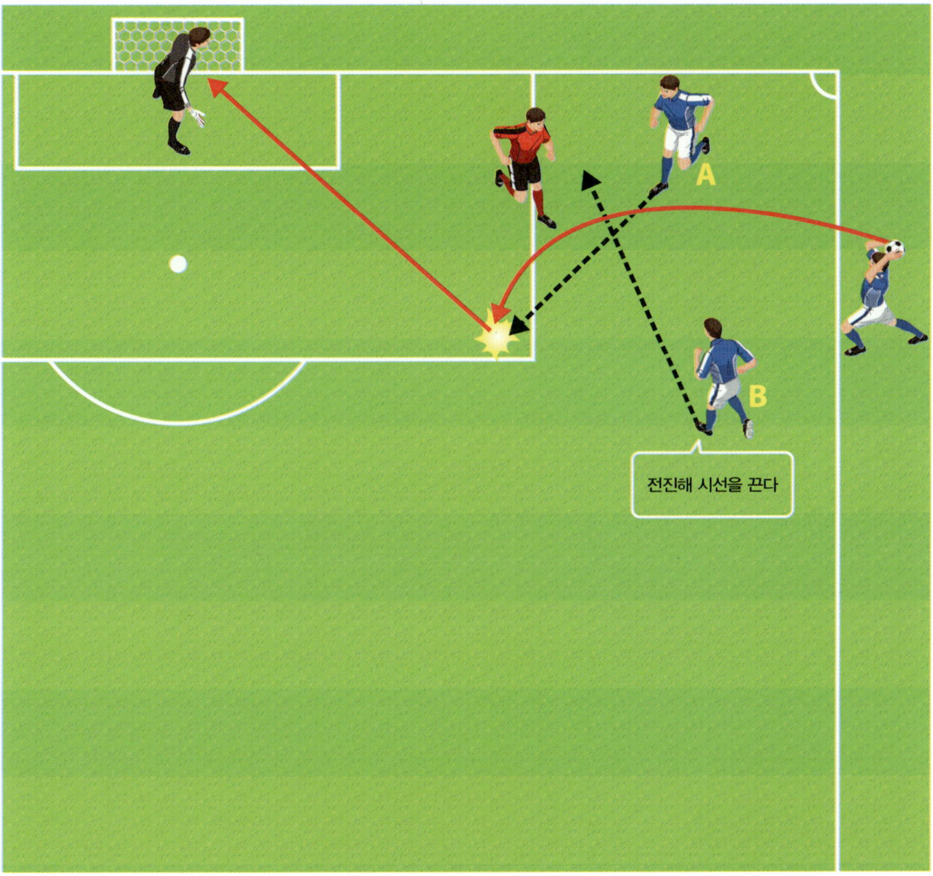

전진해 시선을 끈다

 B가 앞으로 달려가 상대팀 선수의 시선을 끈다. 이와 동시에 A가 페널티 지역의 모서리로 B와 교차하듯 내려가 직접 스로인을 받아 슈팅한다. 이때 주의할 점은 A가 자주 쓰는 발의 방향이다. 그림처럼 오른쪽 측면에서 시작하는 경우, 왼쪽으로 비스듬히 공이 오므로 직접 슈팅을 하려면 왼발로 해야 한다. 하지만 오른발을 쓴다고 해서 공의 위치를 바꿀 시간은 없다. 이런 것을 예측해 왼발이 강한 선수를 A로 두어야 한다. 반대로 왼쪽 측면에서 공격할 때는 오른발이 강한 선수를 배치하는 것이 좋다.

스로인 공격 이론 ⑨
▶▶허를 찌르는 위치를 선정한다

포인트 스로인에 오프사이드가 없다는 규칙을 이용한 위치 선정으로 상대팀을 혼란시킨다.

◀―사람의 움직임　◀―공의 움직임　◀～드리블

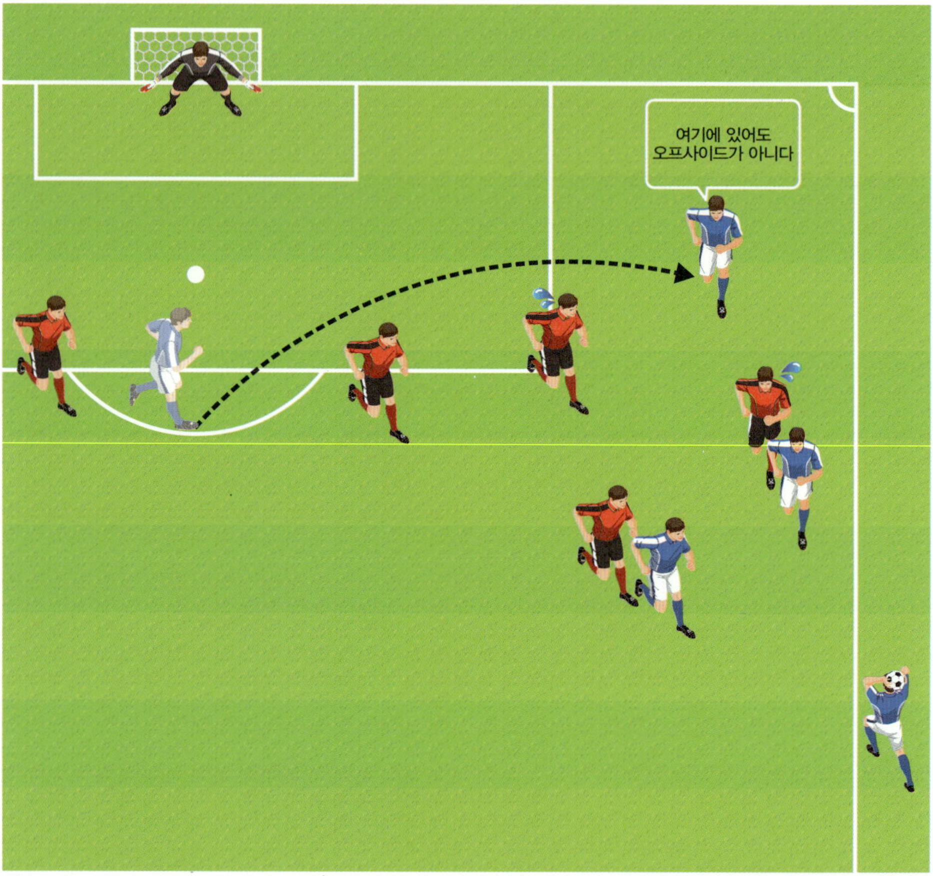

여기에 있어도 오프사이드가 아니다

포워드가 꼭 기억했으면 하는 이론이다. 스로인에는 오프사이드가 없기 때문에 반드시 상대팀 수비수 앞에 서 있지 않아도 된다. 수비수 뒤에 있어도 좋다는 말이다. 일반적으로 수비수 뒤에 상대팀 선수가 있을 수 없기 때문에 수비수는 이런 상황에 익숙지 않다. 따라서 그림과 같이 움직이면 담당 선수를 놓치거나 뒤에 누군가가 있는 것만으로도 스트레스를 받는다. 이와 같이 세트피스 때는 경기 중이었다면 반칙이었을 플레이도 할 수 있다. 규칙을 정확히 이해하고 상황 판단력을 높이면 더 다양한 방법을 찾아낼 수 있다.

스로인 공격 이론 ⑩

▶▶두 쌍의 협력 플레이도 가능하다

포인트 상대팀이 협력 플레이를 경계하기 시작하면 세 번째 선수가 움직인다.

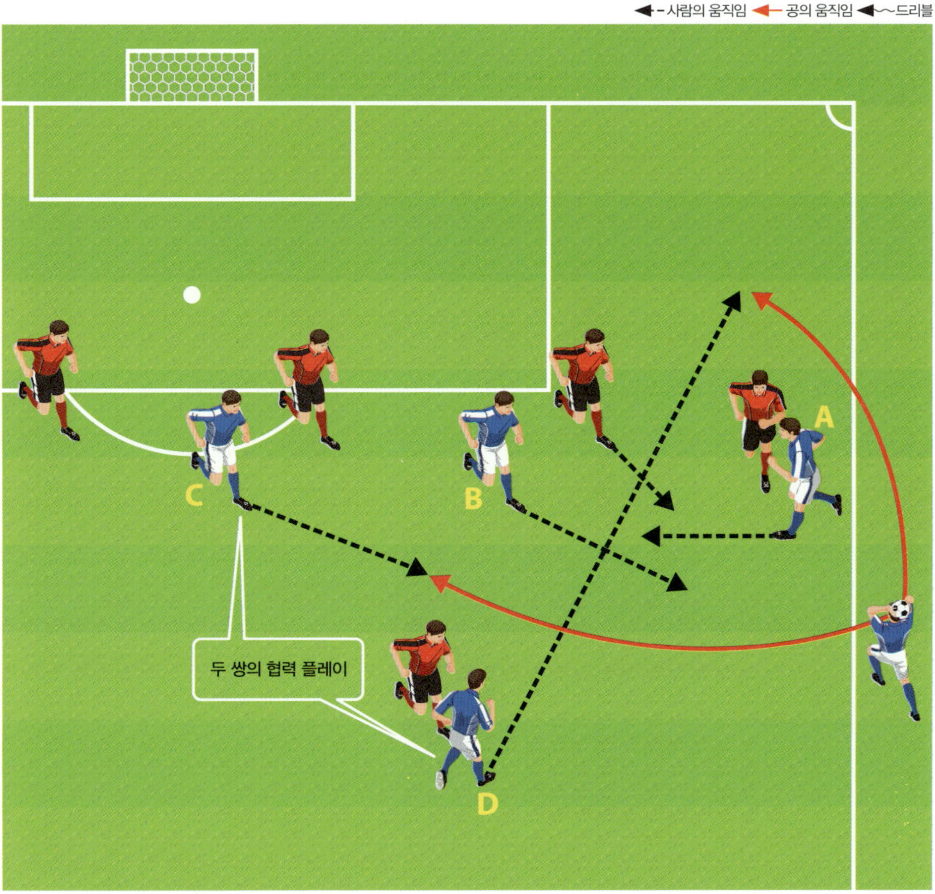

사람의 움직임
공의 움직임
드리블
A
B
C
D
두 쌍의 협력 플레이

지도자 MEMO

협력 플레이를 여러 번 반복하면 상대팀 수비수도 경계하기 시작한다. 이때 다른 쌍이 나서자. 상대팀이 A와 B가 교차하는 데 집중할 때 전혀 다른 곳에 있던 C와 D가 움직여 패스를 받는 것이다. 예를 들어, 오른쪽 측면에서 스로인할 때 윙어(A)와 포워드(B)가 협력 플레이를 하는 동안 D가 그 사이를 파고들면 다른 포워드(C)가 빈 공간으로 침투해 패스를 받을 수 있다. 알려 준대로만 움직이는 선수는 이와 같은 빈 공간을 찾을 수 없다. 항상 선수들에게 상대팀도 바보가 아니며, 단순하게 전술만 반복하면 수를 읽힐 수 있음을 각인시켜야 한다.

| 테크닉 | 스로인(공격) |

스로어로 나서는 척한다

포인트 스로어로 나서는 척하다 그대로 뒤쪽 공간으로 달려든다.

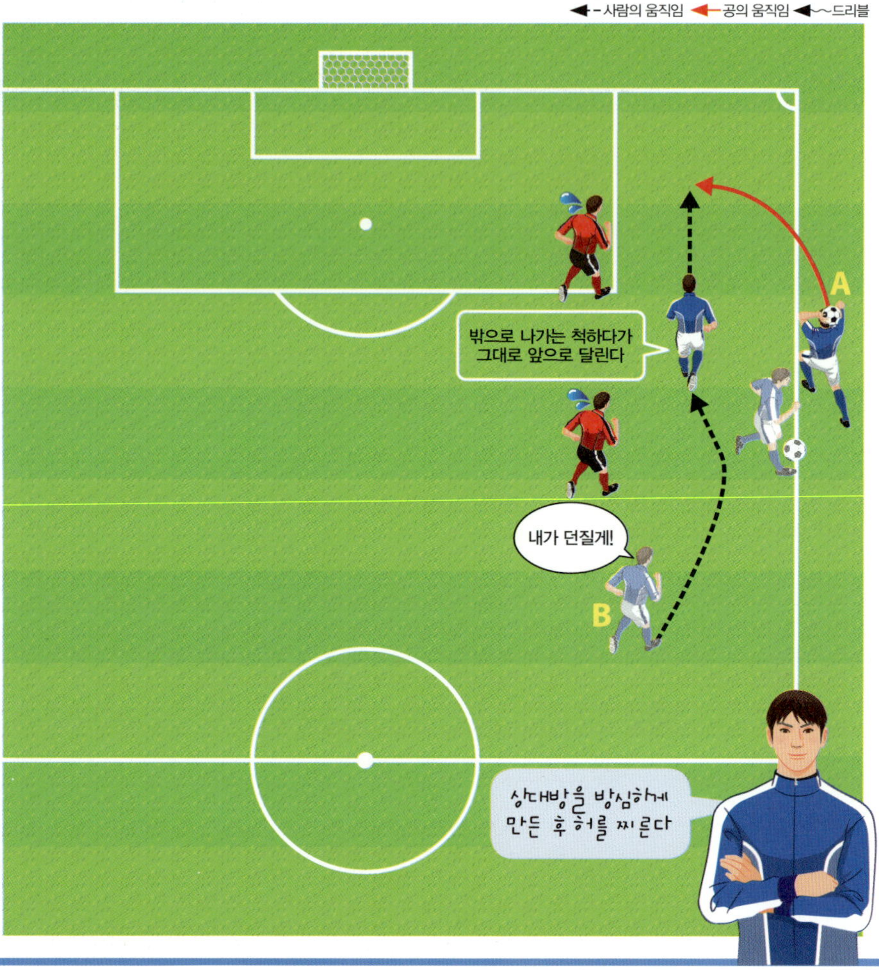

◀— 사람의 움직임　◀— 공의 움직임　◀〜 드리블

밖으로 나가는 척하다가 그대로 앞으로 달린다

내가 던질게!

상대방을 방심하게 만든 후 허를 찌른다

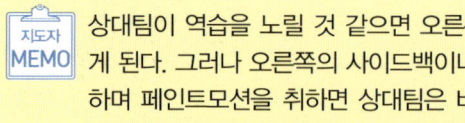
상대팀이 역습을 노릴 것 같으면 오른쪽 측면 공격수(A)가 공을 주워서 빨리 던지게 된다. 그러나 오른쪽의 사이드백이나 디펜스(B)가 다가와 "내가 던질게!"라고 말하며 페인트모션을 취하면 상대팀은 바로 스로인하지 않을 것이라고 생각해 방심하게 되어 있다. 일반적으로 사이드백이나 디펜스가 스로인을 하기 때문이다. 이렇게 방심하게 만든 후, 그 틈에 B는 공을 받지 않고 힘껏 앞으로 치고 올라가고, A가 공을 던지자. 적절한 페인트모션을 사용하는 것도 재치 있는 플레이다.

| 테크닉 | 스로인(공격) |

우리 팀 선수의 등을 맞혀 원투패스!

포인트 적극적인 공격만이 탄탄한 수비를 무너뜨릴 수 있다.

◀— 사람의 움직임 ◀— 공의 움직임 ◀〰 드리블

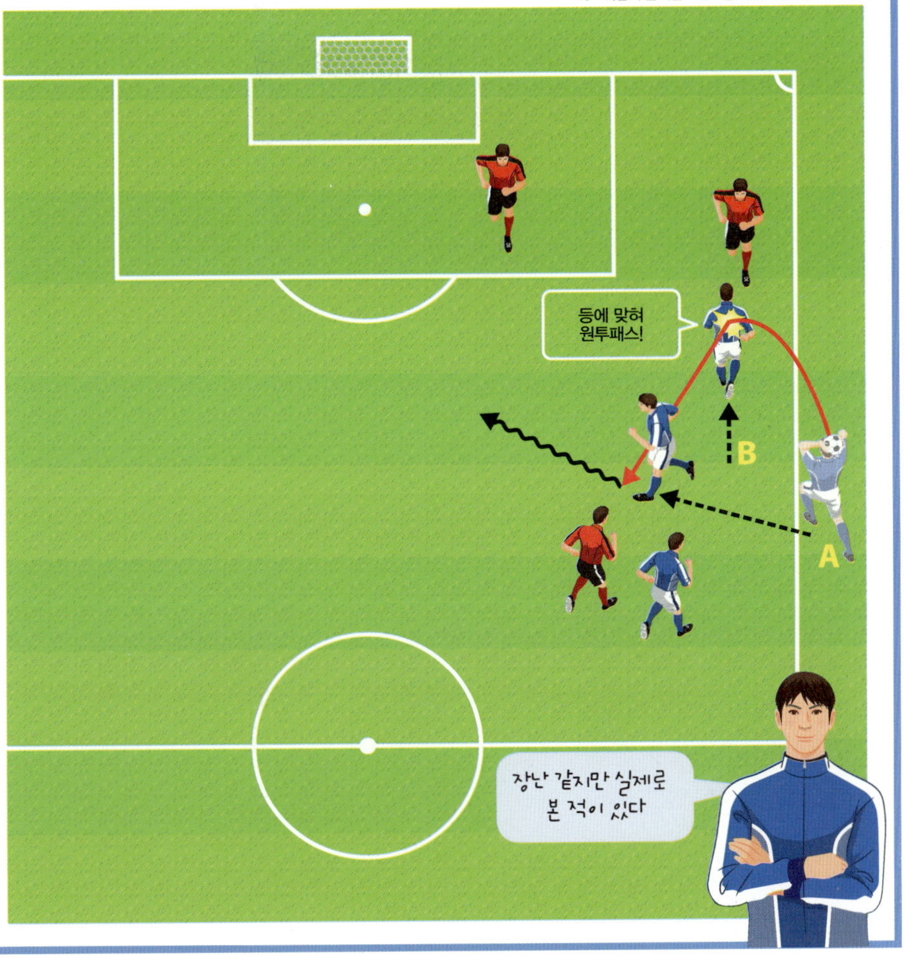

등에 맞혀 원투패스!

장난 같지만 실제로 본 적이 있다

스로어(A)가 공을 던지려 할 때, B가 공을 보지 않는 척하며 앞을 지나가면 상대팀은 안심하게 된다. 이때 A가 B의 등에 공을 던져 맞힌 뒤 튕겨 나온 공을 다시 소유해 공격을 이어가는 전략이다. 허를 찔린 상대팀은 A를 제때 압박하지 못하게 되고, 자유로워진 A는 공격의 시발점이 된다. 특히 이런 플레이는 '수비가 탄탄한 상대를 무너뜨리려면 적극적으로 공격해야 한다'라고 마음먹었을 때 할 수 있다. 승부하는 요령을 터득하자.

상황 판단을 위한 첫걸음

수비 시 스로인의 기본 개념

1. 지역방어의 특징을 이해한다

축구의 수비 방식에는 지역방어와 대인방어가 있다. 지역방어란, 자신이 맡은 지역만을 담당해 수비하는 것이다. 예를 들어, 〈그림 1〉처럼 수비수(A) 옆에 상대팀 선수(Z)가 이동한다면, A는 Z를 쫓지 않고 B에게 수비를 맡기는 것이다. 이런 방어는 선수 배치가 크게 무너지지 않아 스루패스를 잘 당하지 않는 것이 장점이지만 Y와 같이 지역과 지역 사이에 선 선수를 수비하기가 어렵다는 단점이 있다. 이를 극복하려면 수비수를 촘촘히 배치해 선수 간 간격을 좁게 유지해야 한다. 단, 한쪽에 모든 선수가 모여 버리면 상대팀의 사이드 체인지 한 번으로 돌파당할 수 있고, 수비라인이 중앙선까지 올라와 수비진영을 내줄 수 있으므로 조심해야 한다.

지역방어에서 가장 중요한 것은 〈그림 2〉처럼 선수 간의 거리를 균형 있게 만드는 것이다. 공의 위치에서 골대까지의 직선 코스를 중심으로 수비의 밀도를 높이고 백패스에 대비해 라인을 조정할 수 있도록 수비를 배치한다.

▲ Z가 움직이면 A는 B에게 수비를 맡긴다. 단점으로는 Y와 같이 위치를 선정하는 선수는 수비하기 어렵다.

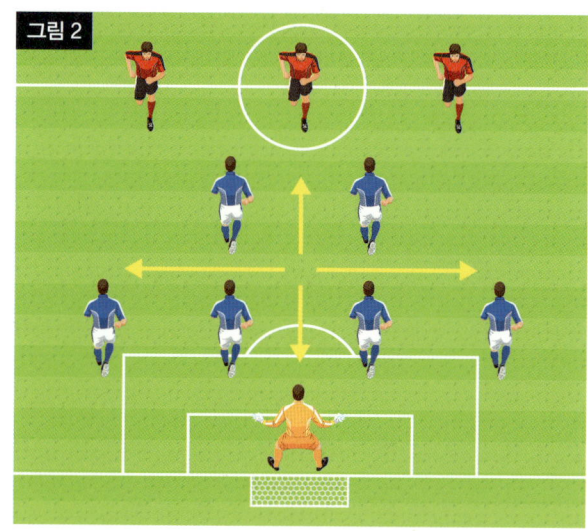

▲ 공의 이동에 따라 라인 전체를 상하좌우로 움직인다.

2. 대인방어의 특징을 이해한다

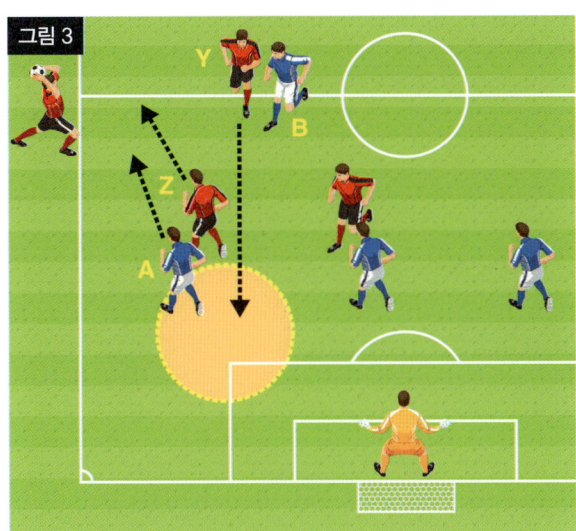

▲ Z가 이동하면 A도 따라간다. 이때 생긴 빈 공간에 Y가 들어올 수 있다.

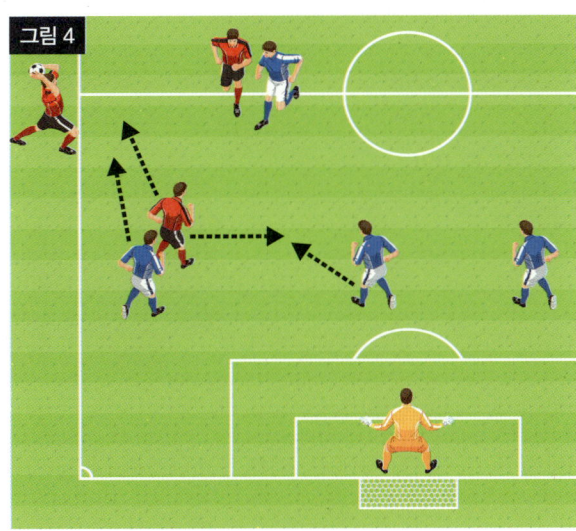

▲ 정면은 대인방어, 측면은 지역방어를 한다.

대인방어는 지역과 상관없이 자신이 맡은 선수를 따라다니며 수비하는 방법이다. 〈그림 3〉처럼 Z가 이동하면, Z를 전담하는 A도 따라간다. 대인방어는 한 선수를 집중해서 수비하기 때문에 완전히 자유로운 선수가 생기지 않는 장점이 있다. 이에 반해 한 선수를 집중적으로 수비하기 때문에 빈 공간이 생길 수 있고, 그 공간을 다른 선수(Y)가 활용할 수 있다는 것이 단점이다. 'B가 Y를 따라가면 되지.'라고 생각할지 모르지만, Y도 수비를 따돌리기 위해 완급을 조절해 움직이기 때문에 B도 Y의 순간적인 움직임을 따라잡지 못하고 공간을 내줄 수 있다.

실제 경기에서는 지역방어와 대인방어를 병행하는 팀이 적지 않다. 스로인할 때 앞쪽은 상대팀의 슈팅 기회로 이어질 수 있으니 대인방어를 하고 옆쪽은 지역방어를 활용하는 것이다. 상대팀의 수비 스타일을 분석해 어떻게 대처할 것인지 확실히 전술을 짜자.

스로인 Throw In

수비 이론 | 수비수의 효율적 배치

플레이 목적 다양한 전략으로 공을 가로챈다.

상황 해석 스로인 전에는 10 대 11이지만, 스로인 후에는 바로 11 대 11이다.

플레이의 흐름

① 공이 터치라인을 나가 상대팀에게 스로인이 주어졌다.
② 상대팀이 공을 던지기 전에 리시버를 일대일로 압박한다.
③ 상대팀의 공격을 막는다.
④ 공을 뺏는다.

> 상황을 제대로 판단할 줄 아는 선수는 시합 중에도 계속 발전한다

Let's 상황 판단 | 상대팀의 공세에 유연하게 대처한다

상대팀이 빨리 시합을 시작할 수 없도록 리시버가 될 수 있는 선수를 확실히 압박해야 한다. 스로인을 시작으로 상대팀이 어떤 공격을 펼칠지 모르기 때문이다. 따라서 여러 가지 공격법을 염두고 수비해야 한다. 공을 길게 패스할 것 같으면 키가 큰 선수를 공이 떨어질 지점에 두는 등 시합 중에도 판단력을 키워가야 한다.

스로인 수비 이론 ①

▶▶스로어에게도 수비수를 붙인다

포인트 수비진영에서 상대팀에게 스로인이 주어졌다면 스로어도 경계해야 한다.

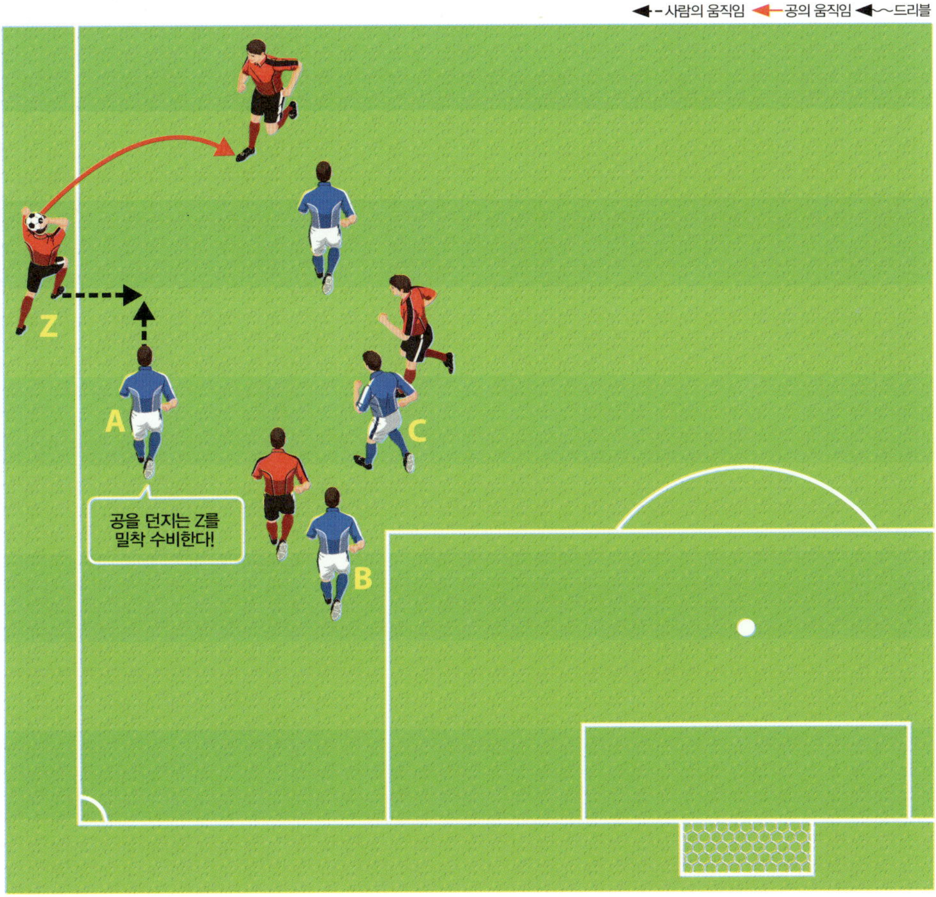

사람의 움직임
공의 움직임
드리블
Z
A
C
B
공을 던지는 Z를
밀착 수비한다!

지도자 MEMO

스로인할 때 필드 안은 10 대 11로 수비 쪽이 수적 우위지만, 스로어(Z)가 공을 던진 후에는 다시 11 대 11로 대등해진다. 이때 스로어(Z)를 수비하지 않으면 Z가 자유롭게 리턴패스를 받게 된다. 하지만 B와 C가 Z를 압박하기 위해 따라가게 되면 계속 수비해오던 선수를 자유롭게 만들어 오히려 상황이 나빠질 수 있다. 그러니 수비진영에서는 Z를 담당할 수비수(A)를 붙여야 한다. 상대팀이 쉽게 골대 앞으로 올 위험을 줄일 수 있다.

스로인 수비 이론 ②

▶▶ 양쪽에서 협공해 공을 뺏는다

포인트 스로어에게 수비수를 붙이면 협공이 가능하다.

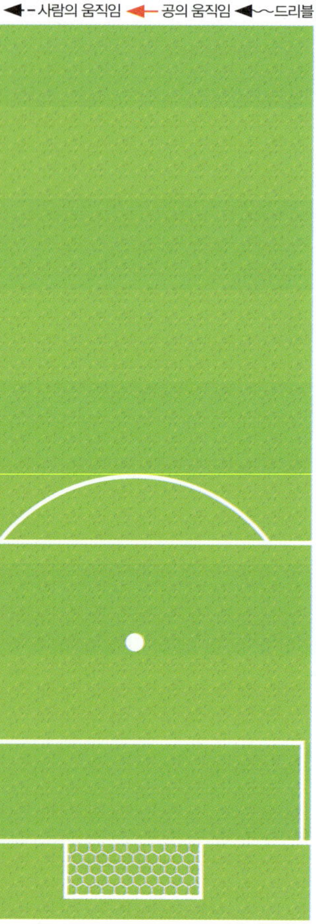

◀─ 사람의 움직임   ◀─ 공의 움직임   ◀∼ 드리블

스로어의 리턴패스를 양옆에서 협공으로 뺏는다

지도자 MEMO 스로어에게 수비수(A)가 붙으면 스로어는 A의 키를 넘긴 공을 던질 수 없다. 그리고 B나 C가 패스를 받은 선수를 협공할 수도 있다. A는 스로어가 리턴패스를 받지 못하도록 뒤로 움직이자. 더욱 공을 뺏기 쉽게 만들 수 있다. 하지만 사이드백이나 디펜스만으로 모든 역할을 해낼 수 없으니, 홀딩 미드필더가 투입되는 등의 대책도 필요하다. 스로어를 수비할 때는 '누가 수비해야 하는가?'를 정확히 판단해야 한다.

스로인 수비 이론 ③
▶▶ 한쪽으로 몰아 압박한다

포인트 공격진영에서 상대팀이 스로인한다면 과감하게 행동한다.

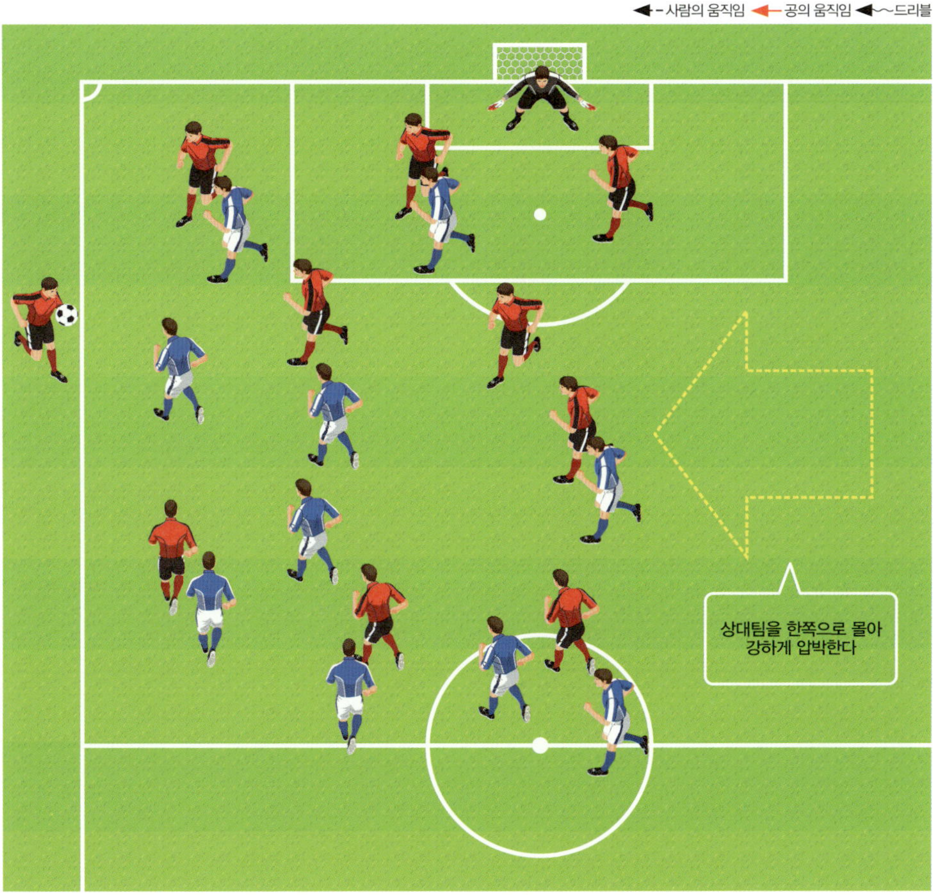

◀— 사람의 움직임   ◀— 공의 움직임   ◀~~ 드리블

> 상대팀을 한쪽으로 몰아 강하게 압박한다

지도자 MEMO

상대팀이 높은 위치에서 스로인할 때는 적극적으로 공을 뺏는다. 네덜란드인 감독 루이스 반 할(Louis Van Gaal) 감독은 공격진영에서 상대팀이 스로인하게 되면 한쪽 필드에 선수 전원이 들어가도록 해 공간이 생기지 않게 하고, 공을 뺏으면 재빨리 넓게 퍼져 공격을 시도했다. 스로인은 공이 날아가는 거리가 한정되어 있기 때문에 이와 같은 과감한 전술을 실행할 수 있다.

원 포인트 레슨
도움닫기를 이용해 패스하기

왜 도움닫기를 하는가?

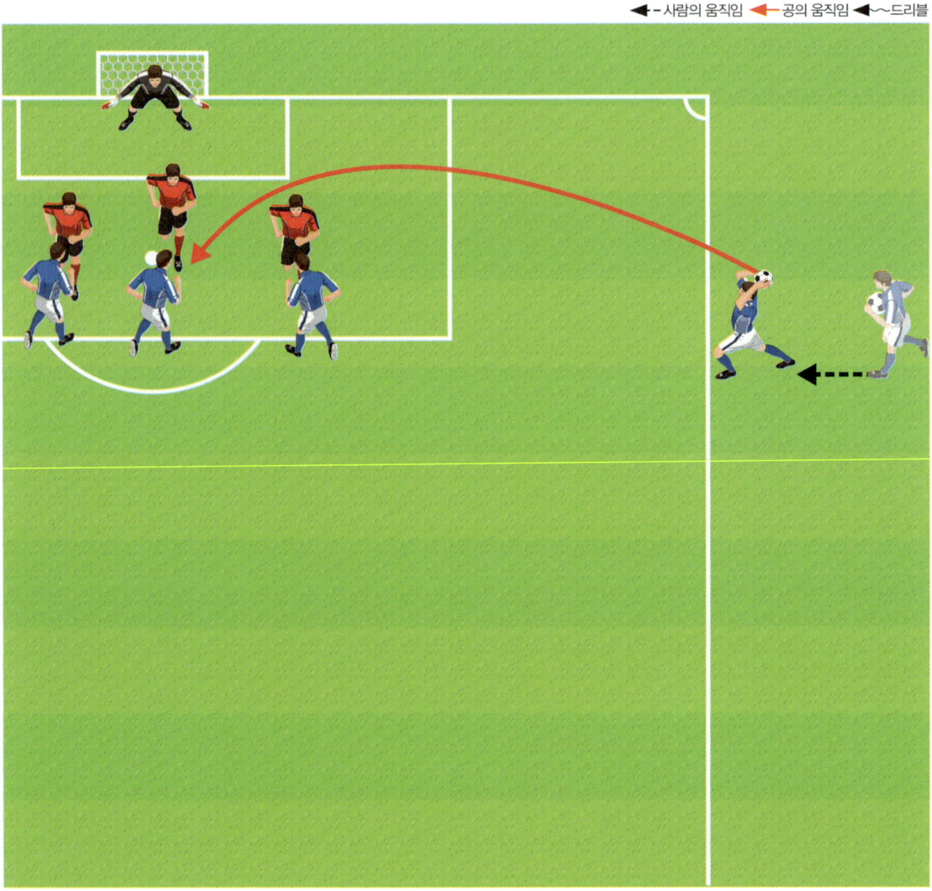

◀— 사람의 움직임   ◀— 공의 움직임   ◀∼ 드리블

레슨 포인트
① 공격진영에서 스로인을 얻었다.
② 멀리서 도움닫기를 하며 골대 앞 중앙으로 공을 던진다.
③ 공이 떨어질 곳에 리시버를 두어 공을 따낸다.

지도자 MEMO

중앙에 키가 큰 선수를 배치할 수 있는 팀은 길게 스로인하는 전술을 활용할 수 있다. 단, 코너킥보다는 속도가 느리니 직접 헤딩하지 않고 세컨드 볼을 잡을 수 있게 선수를 배치하는 것이 좋다. 프리미어 리그에는 일부러 중앙선 부근의 터치라인에서 골대까지 공을 던질 수 있는 선수를 두는 등의 전술을 오래 전부터 활용하고 있다.

도움닫기 방법

레슨 포인트

① 한 손으로 공을 잡고 뒤로 멀리 물러난다.
② 뛰면서 양손으로 공을 잡는다.
③ 상반신을 크게 젖힌다.
④ 젖힌 몸이 되돌아오는 반동을 이용한다.
⑤ 몸이 앞으로 되돌아오는 타이밍과 공을 놓는 타이밍을 맞춘다.

 지도자 MEMO

공을 길게 던지려면 팔의 힘만으로는 부족하니 도움닫기를 해 힘을 모아야 한다. 등을 활처럼 젖혀 그 반동을 이용해 비거리를 높이고, 젖힌 몸이 되돌아오는 타이밍과 공을 놓는 타이밍을 맞추면 공을 빠르고 길게 던질 수 있다. 단, 던질 때 한쪽 다리가 뜨면 반칙이다. 그리고 도움닫기 후에 양발을 모아 던지는 방법도 있다.

Column About the Soccer

스페인에서의 축구 지도 체험기 2

의도적으로 감정 기복을 사용해 팀의 사기를 높인다

팀을 강하게 만드는 것이 교육자의 역할이다

스페인 지도자들은 의도적으로 감정 기복을 사용해 팀을 성장시킨다. 가끔 경기에서 승리하면 팀원 모두 기쁨에 도취해 플레이에 대한 반성을 하지 못하는 경우가 있다. 이때 스페인의 지도자는 불같이 화를 내는 모션을 취하며 "정말 플레이가 만족스러웠는가?"라고 물어 이긴 경기라도 다시 되짚어보게 한다. 스페인에서는 이를 '팀 분석'이라고 한다. 지도자가 화를 내는 경우를 옆에서 보면 매우 흥분한 것처럼 보이는데, 실제로는 그렇지 않다. 오히려 매우 냉정하게 선수들의 반응을 관찰하며 분석한다. 감정을 조절하는 일이 쉬운 것은 아니지만 팀을 강하게 만들기 위해서는 필요한 작업이다. 훈련을 구상하고 정확하게 조언할 수 있는 지도자도 필요하지만 축구선수로서의 인격을 성장시키는 교육자 마인드 또한 가져야 할 지도자의 덕목인 것이다.

남아공 월드컵에서 일본 대표팀을 이끌었던 오카다 다케시 감독은 "팀을 구성하는 것은 딜레마의 연속이다. 하지만 딜레마에 대해 고민하다 보면 서서히 선택을 하게 되고 그때야 비로소 팀이 성장한다."라고 했다. 딜레마를 어떻게 극복할 것인가? 그것은 지도자의 역량에 달린 문제다.

제3장
프리킥

세트피스의 꽃 프리킥!
축구의 역사를 빛내는 골은 대부분 프리킥으로 탄생했다.
골대와 가장 가까운 곳에서 프리킥을 얻으면 직접 슛을 쏘고 싶은 법!
킥커의 능력을 최대치로 끌어올릴 수 있는 전술을 구사하자.

상황 판단을 위한 첫걸음

프리킥 필수 규칙

1. 직접 프리킥이란?

- 상대팀 선수가 불필요하게 밀거나, 과도하게 태클을 했다고 판단했을 때 주어진다.
  → 상대편이 몸으로 막거나, 침을 뱉는 등 비신사적 행동 또는 의도적으로 손이나 팔을 사용해 공을 다루는 등의 반칙을 행하면 주어진다.
- 찬 공이 상대팀 골대로 바로 들어가면 득점으로 인정된다.
- 상대팀의 페널티 지역 밖에서 주어진다(페널티 지역 안에서 주어지는 것은 '페널티킥').

페널티 지역 안에서 반칙하면 상대팀에게 페널티킥이 주어진다

직접 골을 넣을 수 있다

2. 간접 프리킥이란?

- 골키퍼가 페널티 지역에서 아래와 같은 반칙을 했을 때 상대팀에게 주어진다.
  → 공을 손에 들고 6초 이상 처리하지 않았다.
  → 들고 있던 공을 놓은 후 다른 선수가 공을 소유하기 전에 다시 손으로 잡았다.
  → 같은 팀 선수가 찬 공을 손으로 잡았다.
  → 같은 팀 선수가 스로인한 공을 손으로 직접 잡았다.
- 선수가 아래와 같은 행위를 하면 상대팀에게 주어진다.
  → 위험하게 플레이했다.
  → 상대팀 선수의 진행을 방해했다.
  → 규정에 없는 행위로 상대팀 선수에게 경고를 하거나, 퇴장시키기 위해 임의로 플레이를 중단시켰다.

- 찬 공이 바로 상대팀 골대로 들어가도 득점으로 인정되지 않으며 상대팀의 골킥이 선언된다.
- 주심은 한쪽 팔을 머리 위로 올려 간접 프리킥임을 알린다.

페널티 지역 안에서도 똑같이 이루어진다

NG

직접 골은 인정되지 않는다

3. 주의해야 할 규칙

- 플레이가 시작되기 전까지 상대팀 선수는 9.15m 이상 공에서 떨어져야 한다.
  → 단, 수비진영의 페널티 지역에서 간접 프리킥을 내줬을 때는 공과 골대 사이가 9.15m 이하이므로 골라인 위에 설 수 있다.

- 간접 프리킥이 주어지는 반칙이 골 에어리어에서 일어나면 공을 반칙이 일어난 곳에서 가장 가까운 골라인과 평행인 골 에어리어 라인 위에 놓는다.

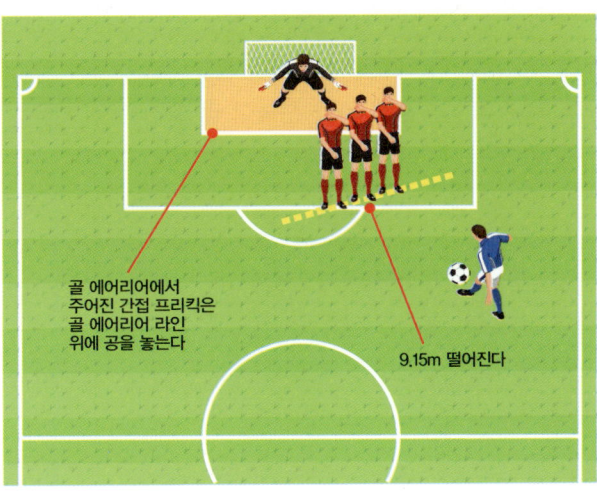

골 에어리어에서 주어진 간접 프리킥은 골 에어리어 라인 위에 공을 놓는다

9.15m 떨어진다

상황 판단을 위한 첫걸음

공격 시 프리킥의 기본 개념

1. 지역을 나눠서 상황을 판단한다

프리킥이 주어지면 아래 그림과 같이 9개 지역으로 필드를 나눠 상황을 판단한다. 프리킥이 주어진 지점에 따라 전술이 달라지기 때문이다.

좋은 지역이다. 전담 선수가 멀리 있다면 공과 가까운 선수가 빨리 찬다. 이는, 수비 지역에서 얻은 프리킥에도 해당되는 내용이다.

① 수비진영
골킥과 비슷해 공격 전개의 기점이 되는 전술을 선택해야 한다. 또한, 측면에서 중앙으로 넘어가는 패스를 인터셉트당하면 실점 위험이 커지니 최대한 주의해야 하는 지역이다.

③ 측면 공격진영
일반적으로 크로스 또는 측면 돌파로 기회를 잡을 수 있는 지역이다. 골대와의 각도가 없어 직접 골을 차려면 뛰어난 킥력을 갖춰야 한다. 상대팀 벽의 위치와 그 이외의 선수 라인을 고려해 어디에 공간이 있는지 파악해 플레이한다.

② 미들진영
시합의 주도권을 잡고 싶다면 상대팀이 전열을 다듬지 못하도록 빨리 시작하는 것이

④ 중앙 공격진영
직접 골을 넣을 수 있는 지역이다. 가능하면 오른발과 왼발을 모두 사용하는 키커를 세워 공을 차려는 방향과 궤도를 골키퍼가 파악할 수 없게 한다. 킥력이 좋은 선수가 있다면 문제없이 골을 넣을 수 있지만 뛰어난 키커가 없다면 여러 가지 전술을 활용해 벽과 골키퍼를 무너뜨려야 한다.

◀ 9개 지역으로 나누고 그에 따라 전술을 선택한다.

2. 프리킥 시 고려해야 할 요소는?

프리킥을 찰 때는 프리킥이 주어진 위치 이외에도 고려해야 사항이 많다. 다음을 살펴보자.

- **잘 사용하는 발을 알아야 한다.**
  → 오른발을 잘 쓰는 선수가 있고, 왼발을 잘 쓰는 선수가 있다.
- **어떤 상황의 공을 잘 차는지 안다.**
- **공중전에 강한 선수를 파악한다.**
  → 헤딩에 강한 선수가 있어 상대팀과 비교해 공중전에 유리할수록 좋다.
- **남은 시간과 점수 차를 고려한다.**
  → 골을 노릴 것인지, 천천히 시간을 사용할 것인지를 판단한다.
- **날씨를 고려한다.**
  → 필드가 젖으면 한번 튄 공이 멀리 날아가므로 골키퍼 앞에서 공이 바운드되도록 찬다.

무조건 골만 노릴 것이 아니라 '사고를 친다'라는 마음으로 플레이를 해보는 것도 의외의 골로 연결될 수 있다. 예를 들어 여러 선수가 모여 있는 곳으로 일부러 공을 차 상대팀 수비수와 골키퍼를 당황하게 만드는 것이다. 그러면 다시 좋은 위치로 공이 오거나 그대로 자책골을 하게 만들 수 있다. 공중전에서 이기기 힘들다면 발상을 전환해보자.

프리킥 Free Kick

공격 이론 수비진영에서의 프리킥 전술

플레이 목적 패스를 통해 공격을 전개한다.
예상 위험 공을 뺏기면 실점할 수 있다.

플레이의 흐름
① 반칙, 오프사이드 등으로 수비진영에서 프리킥을 얻었다.
② 킥커가 공을 찬다.
③ 패스를 받아 공을 지키면서 상대팀 골대를 향한다.

> 플레이 속도를 어떻게 제어할 것인가?

Let's 상황 판단 팀 스타일과 상황에 맞춰 플레이한다

패스 위주로 공격하는 팀이라면 플레이의 흐름이 끊기지 않도록 공과 가장 가까운 선수가 빨리 차야 한다. 그러나 팀 배치를 다듬거나 시합 전개에 따라 시간을 벌고 싶을 때는 일부러 천천히 시작해도 된다. 또한, 바람이 불어 볼 컨트롤이 힘들 것 같다면 골키퍼의 롱패스로 상대팀 수비수의 허를 찌르는 등 상황에 맞춰 플레이하자.

프리킥 공격 이론 ①

▶▶ 센터백이 공을 찬다

포인트 사이드백은 높이 올라가고 센터백이 패스한다.

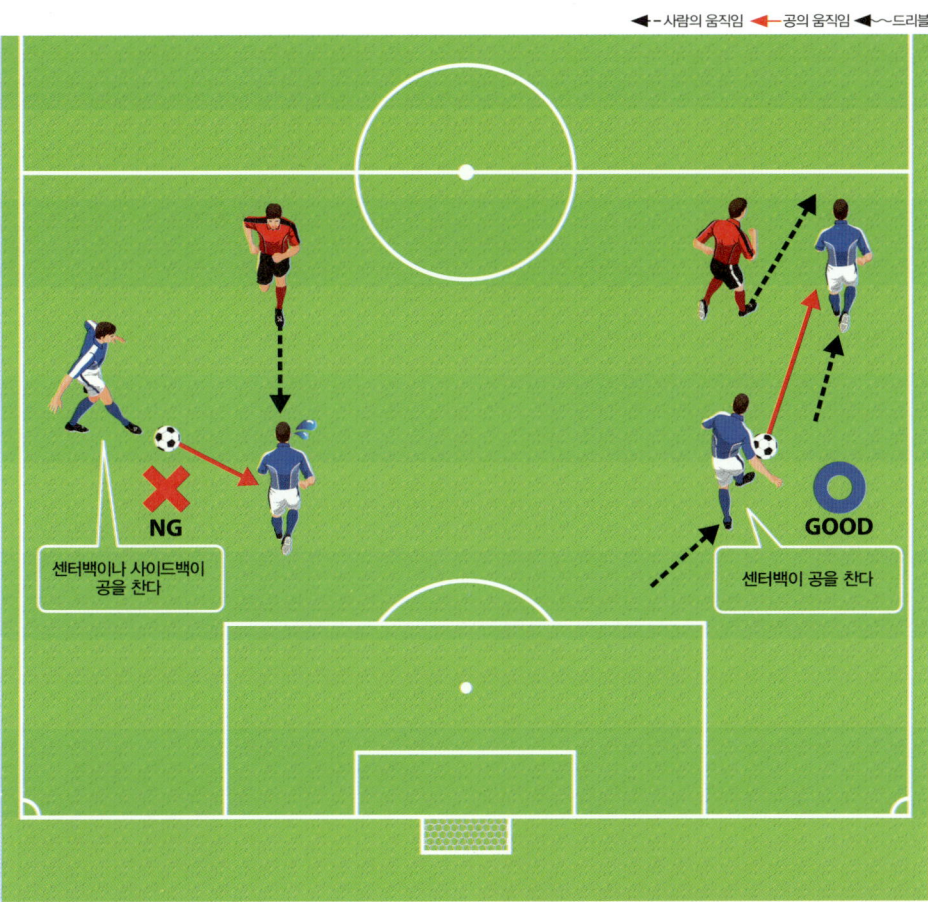

GOOD 플레이

일부러 시간을 들여 올라가서 찰 때는 센터백이 공을 차고 사이드백은 옆으로 퍼지며 위로 올라가 패스를 받는다. 실수를 해도 센터백이 지원할 수 있어 위험부담이 줄어들기 때문이다. 단, 공을 놓는 위치가 터치라인과 너무 가까워 센터백이 찼을 때 직선으로 밖에 찰 수 없다면 공을 받기 어려우니 이때는 사이드백이 차도 좋다.

NG 플레이

전방에 자유로운 선수가 있어 전진 패스를 할 수 있다면 사이드백이 차도 괜찮다. 그러나 그런 선수가 없다면 뒤쪽 중앙에 있는 센터백에게 패스하게 된다. 하지만 이때 볼 컨트롤에 실패하면 실점할 수 있다. 꼭 프리킥이 아니어도 수비진영 측면에서 중앙으로 패스하는 것은 항상 위험하다. 100% 패스가 성공한다는 보장이 없다면 하지 말자.

프리킥 Free Kick

공격 이론: 중원에서의 프리킥 전술

플레이 목적 골대와의 거리와 각도를 계산해 가장 효율적인 플레이를 한다.

상황 해석 상대팀이 가장 싫어할 플레이를 생각한다.

플레이의 흐름
① 반칙, 오프사이드 등으로 중원에서 프리킥을 얻었다.
② 프리킥 위치가 골대와 가까운 곳인지, 중앙인지, 측면인지를 따져 가장 좋은 플레이를 선택한다.
③ 패스하면서 상대팀 골대로 공을 가져간다.

팀 스타일과 선수의 특징에 따라 선택할 수 있는 플레이가 무한하다

Let's 상황 판단 상대팀이 쉬지 못하게 빨리 시작한다

수비진영에서 프리킥할 때와 마찬가지로 상대팀이 수비 전열을 다듬기 전에 빨리 공을 차 빈 공간을 노리는 것이 좋다. 반칙으로 흐름이 끊겨 긴장이 풀린 상대팀 선수를 정신적으로 압박하는 효과도 노릴 수 있다. 만약 골대 앞까지 공을 찰 수 있는 거리라면 크로스를 올려 헤딩에 강한 선수를 활용하는 것도 방법이다.

프리킥 공격 이론 ②

▶▶비스듬히 패스한다

포인트 비스듬히 패스하면 압박을 피할 수 있다.

◀- 사람의 움직임 ◀— 공의 움직임 ◀〜드리블

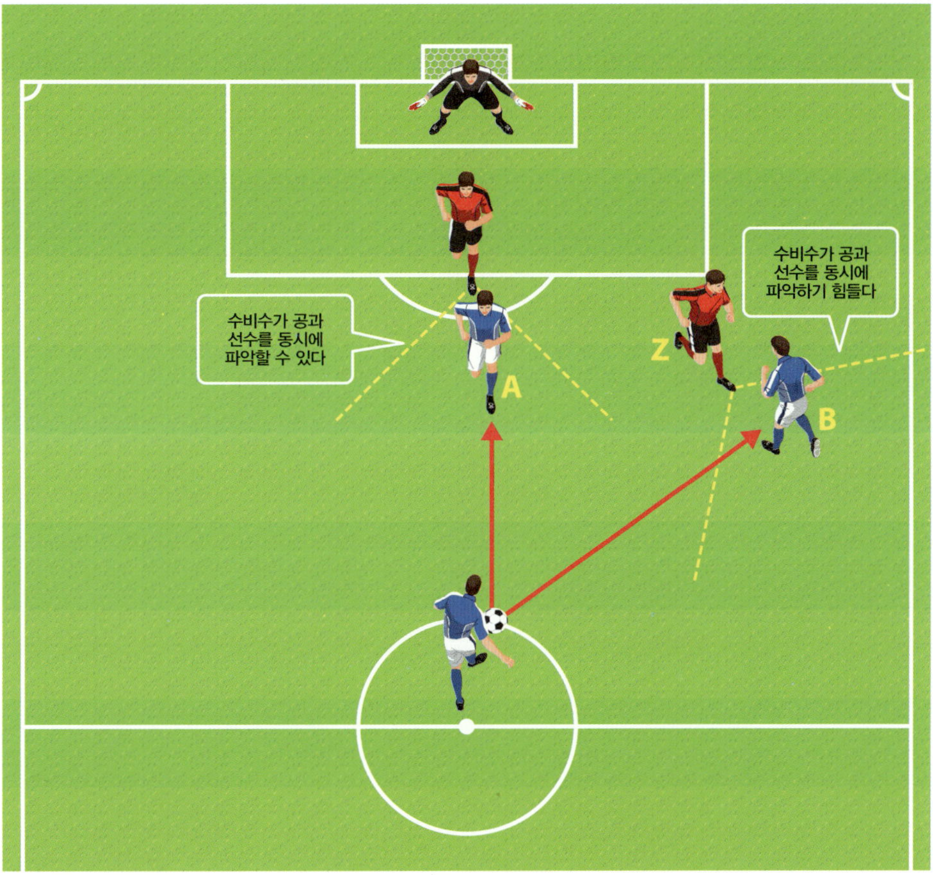

수비수가 공과 선수를 동시에 파악할 수 있다
수비수가 공과 선수를 동시에 파악하기 힘들다
Z
A
B

지도자 MEMO

공을 직선으로 패스하면서 골대를 향하는 것보다 중앙에서 측면, 측면에서 중앙으로 비스듬히 패스하는 것이 좋다. 이유는 무엇일까? 수비수는 골대로 향하는 최단거리를 우선적으로 지키기 때문에 똑바로 패스하면 상대 포백이나 스리백에게 심한 압박을 받을 수 있다. 그리고 직선으로 패스하면 골대와 수직이 되어 패스를 받는 선수(A)가 플레이하기 어렵다. 하지만 비스듬히 선수(B)에게 패스하면 상대팀 수비수(Z)가 B를 봐야 하기 때문에 반대쪽을 볼 수 없다. 즉, Z의 수비를 제치기 쉬운 것이다. 물론 이는 일반적인 경우다. 중앙에 공간이 생겼다면 빠른 원투패스나 드리블로 돌파하는 것이 좋다.

프리킥 Free Kick

공격 이론 | 공격진영 측면에서의 프리킥 전술

플레이 목적 프리킥을 슈팅 기회로 만든다.
필요한 기술 골키퍼의 장단점을 파악해야 한다.

플레이의 흐름

① 공격진영의 페널티 지역 근처 측면에서 프리킥을 얻었다.
② 왼발잡이와 오른발잡이 선수가 공 옆에 선다.
③ 상대팀 골키퍼의 특징을 생각한다.
④ 골대 앞으로 크로스를 올리거나 바로 슈팅한다.

축구에 정답은 없다.
때에 맞는 플레이를 펼치자

Let's 상황 판단 정확도가 높은 크로스를 기대할 수 있다

페널티 지역 주변에서 프리킥을 얻었을 때는 크로스를 올려 중앙으로 보내는 것이 일반적이다. 킥커가 압박을 받지 않아 공을 정확히 찰 수 있기 때문이다. 하지만 측면이라고 해서 반드시 크로스할 필요는 없다. 크로스를 올리는 척하다가 바로 슈팅하거나 땅볼로 중앙으로 패스해 다른 선수가 중거리 슛을 하게 하는 것도 가능하다.

프리킥 공격 이론 ③

▶▶ 골대에서 멀어지는 공? 골키퍼에게 다가가는 공?

포인트 골키퍼의 특징을 생각해 어떻게 찰 것인지 결정한다.

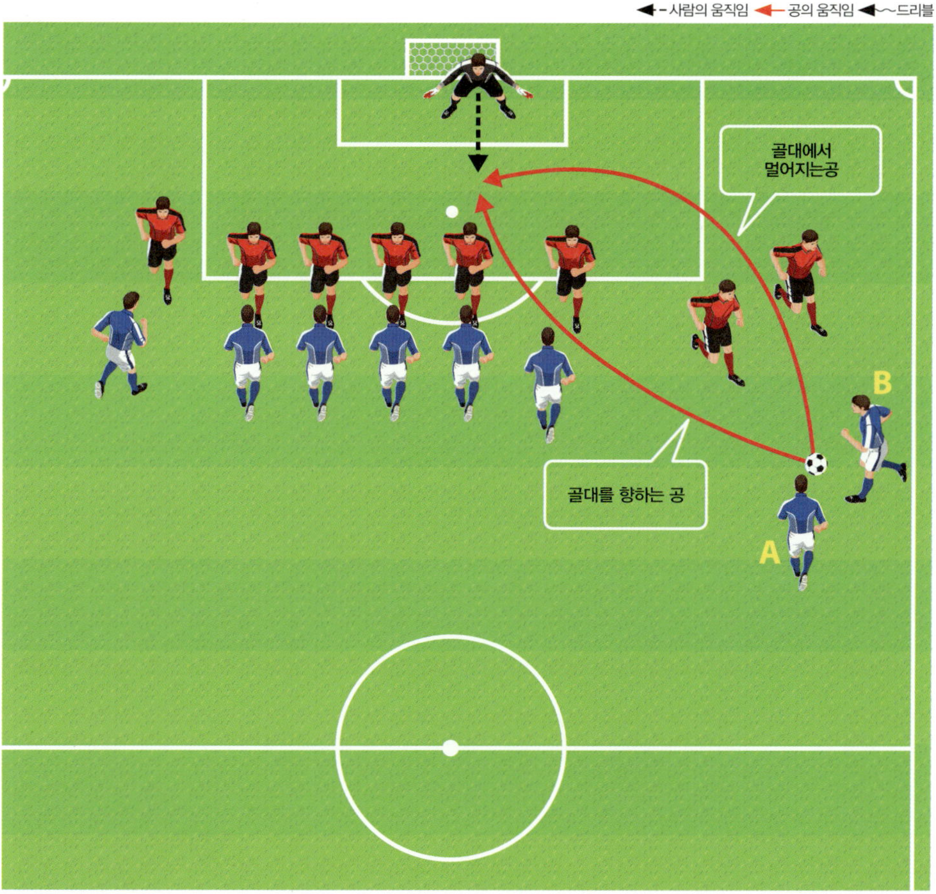

◀― 사람의 움직임 ◀― 공의 움직임 ◀～ 드리블

골대에서 멀어지는 공

골대를 향하는 공

B

A

프리킥이 주어졌을 때 골대 앞으로 크로스를 올릴 때는 상대팀 골키퍼의 특징을 고려해 공을 찬다. 상대팀 골키퍼가 적극적으로 앞으로 나와 공을 걷어내려 할 때는 일반적으로 골대에서 멀어지게(A가 오른발로 공을 찼을 때의 궤도) 차야 우리 팀이 경합해 공을 따낼 가능성이 크다. 그러나 반대로 골대로 향하는 공(B가 왼발로 공을 찼을 때의 궤도)을 차기도 한다. 골대 앞이 복잡해지기 때문이다. 이런 경우 실제로는 아무도 골대로 향하는 공을 터치하지 못해 그대로 골이 되는 경우도 많다.

프리킥 Free Kick

공격 이론 골대 가까이에서의 프리킥 전술

플레이 목적 직접 골을 노린다.

필요한 기술 벽과 골키퍼와의 밀고 당기기에서 이겨야 한다.

플레이의 흐름

① 골대 정면과 가까운 곳에서 프리킥을 얻었다.
② 왼발잡이와 오른발잡이 선수가 공 옆에 선다.
③ 여러 가지 전술을 사용해 골키퍼와 벽 사이를 노린다.
④ 슈팅 또는 패스로 골을 넣는다.

세트피스에서 팀의 완성도를 엿볼 수 있다!

Let's 상황 판단 중요한 것은 슈팅의 정확도

골대 정면과 가까운 곳에서 얻은 프리킥은 직접 공을 넣을 수 있는 기회다. 상대팀은 이에 대비해 벽을 만드는 등의 수비 대책을 세우므로 여러 가지 전술을 활용하자. 그러나 아무리 전술이 좋아도 킥커의 기술이 좋지 않으면 골을 넣을 수 없다. 140~143쪽의 원 포인트 레슨을 참고해 킥의 정확도를 높이자.

프리킥 공격 이론 ④

▶▶ 슈팅 타이밍을 속이는 페인트모션을 취한다

포인트 골키퍼가 빨리 반응할 수 없도록 공을 찰 타이밍을 속인다.

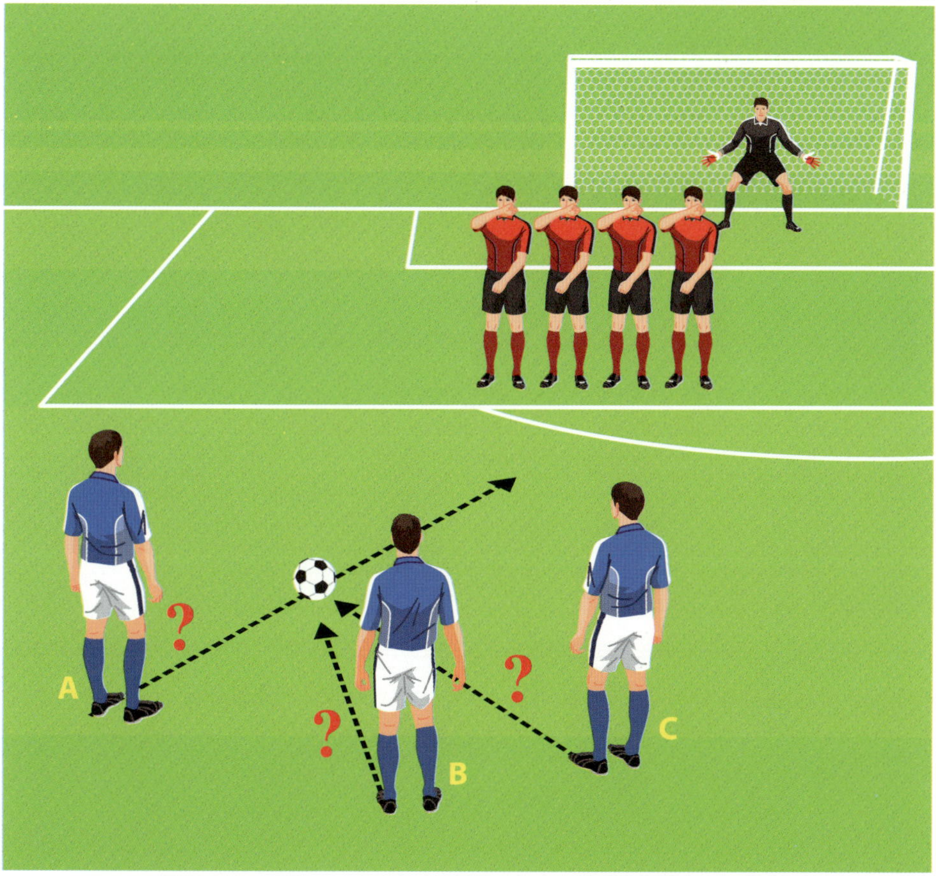

◀— 사람의 움직임   ◀— 공의 움직임   ◀~ 드리블

골키퍼는 킥커의 도움닫기에 맞춰 몸의 중심을 낮췄다가 차는 순간 튀어나와 공에 달려들 자세를 취하게 된다. 따라서 공을 차는 타이밍을 속이면 골키퍼는 자세를 잡지 못해 공을 막을 수 없다. 킥커는 여러 가지 방법으로 찰 타이밍을 속일 수 있는데, 두 명 이상의 킥커가 공 앞에 서는 방법이 가장 일반적이다. A가 프리킥을 차는 척하는 페인트모션으로, A가 공에 달려들다 그대로 지나친 뒤 B가 차거나, 다시 A가 차는 방법이다. 또는 A와 B 모두 지나치고 뒤에서 C가 달려와 차기도 한다. 이렇게 하면 골키퍼는 누가 공을 찰지 몰라 타이밍을 맞출 수 없으며, 쉬운 코스로 차도 들어갈 가능성이 높다.

프리킥 공격 이론 ⑤

▶▶ 휘는 공을 이용한 페인트모션을 취한다

포인트 어떻게 휘는 공의 특징을 살려 골을 노릴 것인가?

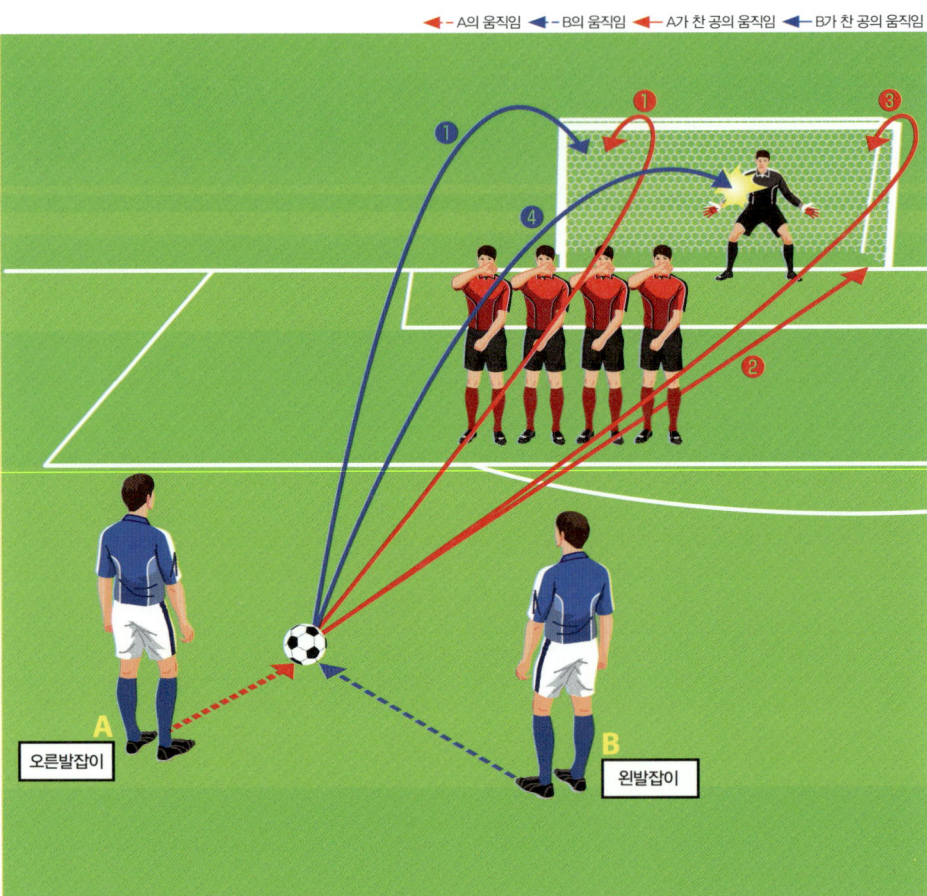

지도자 MEMO

킥커가 똑바로 뚝 떨어지는 공을 차면 벽에 부딪히고 만다. 따라서 골대를 향해 휘면서 비스듬히 떨어지는 공(①)을 차는 것이 일반적이다. 그런데 휘는 공은 속도가 떨어지므로, 벽을 넘어 킥커와 가까운 골대 쪽으로 떨어지는 공을 차는 척하면 효과적이다. 그런 다음, 킥커와 먼 골대 쪽으로 쭉 뻗어 나가는 강력한 슈팅(②)을 하자. 또한, 자주 사용하는 발에 따라 차기 쉬운 곳이 다른데, 그림과 같이 왼쪽으로 치우친 곳이라면 오른발잡이(A)는 휘는 공으로 골대에서 가까운 쪽과 먼 쪽 모두를 노릴 수 있지만(③), 왼발잡이(B)는 자신과 먼 쪽 골대를 휘는 공(④)으로 노리면 골키퍼에게 막히기 쉽다. 그러나 호베르투 카를로스(Roberto Carlos, 전 브라질 대표선수)와 같은 킥력을 갖춘 선수라면 변형 슈팅 등 상식을 뛰어넘는 킥을 할 수 있을 것이다. 다양한 공을 찰 수 있는 선수가 프리킥에 유리하다.

프리킥 공격 이론 ⑥
▶▶ 벽을 제치고 찬다

포인트 적절한 페인트모션으로 공을 움직인 뒤 벽을 피해 슈팅한다.

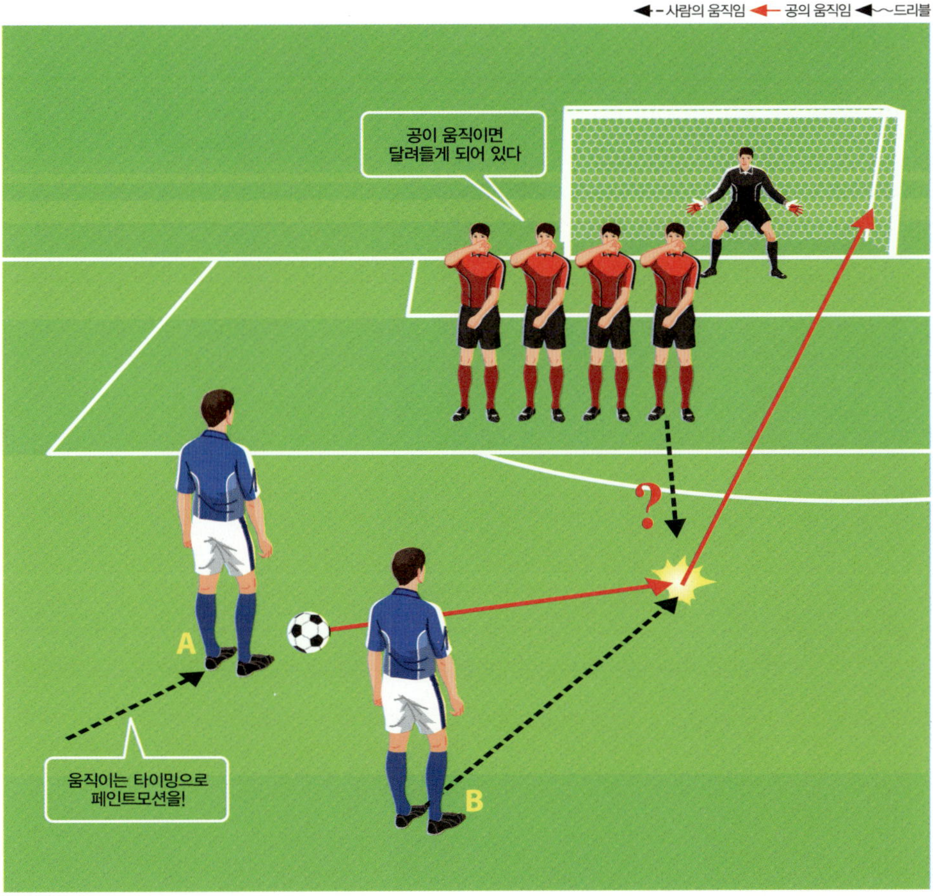

◀─ 사람의 움직임 ◀─ 공의 움직임 ◀∼ 드리블

공이 움직이면 달려들게 되어 있다

A

움직이는 타이밍으로 페인트모션을!

B

지도자 MEMO 상대팀 벽을 킥 기술로 넘길 수 있으면 좋지만, 키커의 기량이 좋지 않거나, 프리킥 지점이 골대와 너무 가까워 휘는 공이 완전히 떨어지지 않을 것 같을 때는 그림과 같이 A가 공을 움직이고 B가 슈팅하는 허를 찌르는 방법을 활용해도 좋다. 물론 상대팀도 우리 팀의 목적을 알기 때문에 A가 공을 움직인 순간에 벽에서 여러 선수가 뛰어나와 슈팅을 막으려고 할 것이다. 이를 제치려면 A가 페인트모션으로 공을 움직이거나 공을 차는 것처럼 도움닫기를 하면서 발바닥으로 공을 살짝만 이동하는 등 상대팀 벽과의 밀고 당기기가 필요하다. 또는 벽 앞에 우리 팀 선수를 세워 상대팀 선수가 뛰어나올 코스를 막는 것도 좋은 방법이다.

프리킥 공격 이론 ⑦

▶▶ 벽 안에 우리 팀 선수를 넣는다

포인트 상대팀이 만든 벽 안에 우리 팀 선수가 들어갔다가 차는 순간 빠진다.

◀— 사람의 움직임　◀— 공의 움직임　◀〜〜 드리블

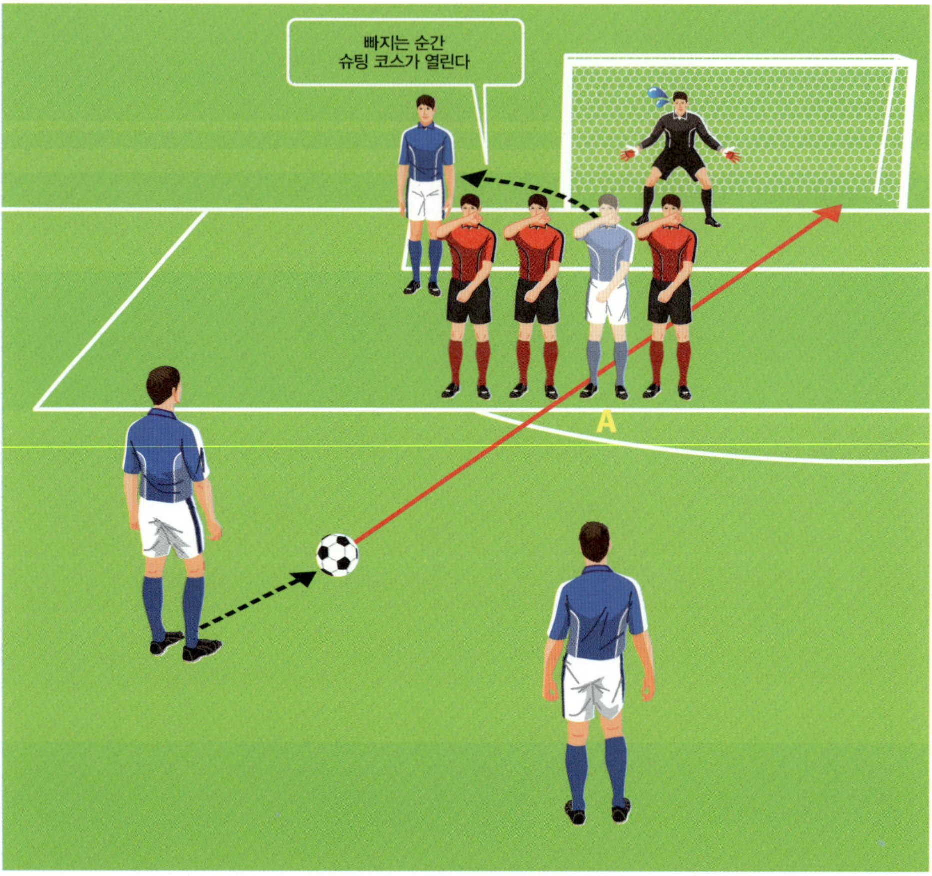

빠지는 순간 슈팅 코스가 열린다

A

지도자 MEMO　상대팀 벽 안에 우리 팀 선수(A)가 들어갔다가, 킥커가 차는 순간에 벽에서 빠져 틈 사이로 공을 넣도록 하는 패턴이다. 사실 슈팅은 꼭 깨끗하게 벽 사이를 지나갈 필요는 없다. 벽으로 선 상대팀 선수에게 맞아 골이 터지는 수도 있기 때문이다. 하지만 벽 안에 들어간 우리 팀 선수가 힘으로 밀려나는 경우도 많으며 골로 연결시킬 수 있는 비법(123쪽 참고)도 있으니 다양한 대책을 세워두자.

프리킥 공격 이론 ⑧

▶▶ 튕겨 나온 공의 방향을 예측하는 힘을 기른다

포인트 공의 종류와 코스에 따라 공이 어디로 흘러나올지를 예측한다.

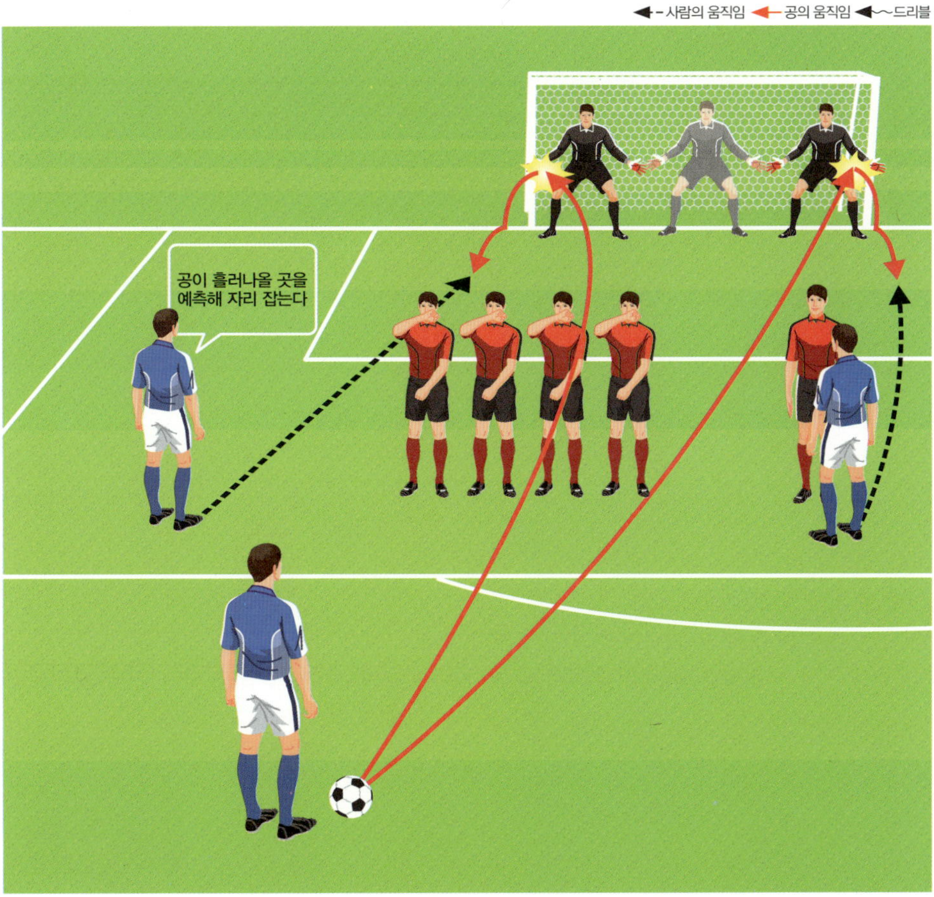

◀— 사람의 움직임   ◀— 공의 움직임   ◀〜 드리블

공이 흘러나올 곳을 예측해 자리 잡는다

지도자 MEMO

남아공 월드컵에서 일본과 덴마크가 시합할 때 혼다 게이스케는 프리킥을 차기 전 선수들에게 바깥쪽으로 들어가 있을 것을 지시했다. 프리킥이 실패할 경우 공이 흘러나올 곳을 예측한 것이다. 보통 골키퍼가 오른쪽으로 뛰어올라 쳐낸 공은 오른쪽으로 흐르기 쉬우며, 골키퍼는 중앙으로 공을 떨어뜨리지 않도록 주의하기 마련이다. 이를 바탕으로 보면 골대와 가까운 쪽으로 공을 찼을 때와 먼 쪽으로 찼을 때, 세컨드 볼이 흘러나오기 쉬운 곳은 그림과 같다. 필리포 인자기(Filippo Inzaghi, 이탈리아)는 이런 감이 예민한 걸로 유명한데, 득점 가능성을 높이기 위한 노력이 더해져 빛을 발하는 것이다.

테크닉 | 프리킥(공격)

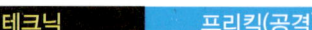

상대팀 선수를 블로킹한다

포인트 수비수의 진로를 막아 같은 팀 선수를 자유롭게 한다.

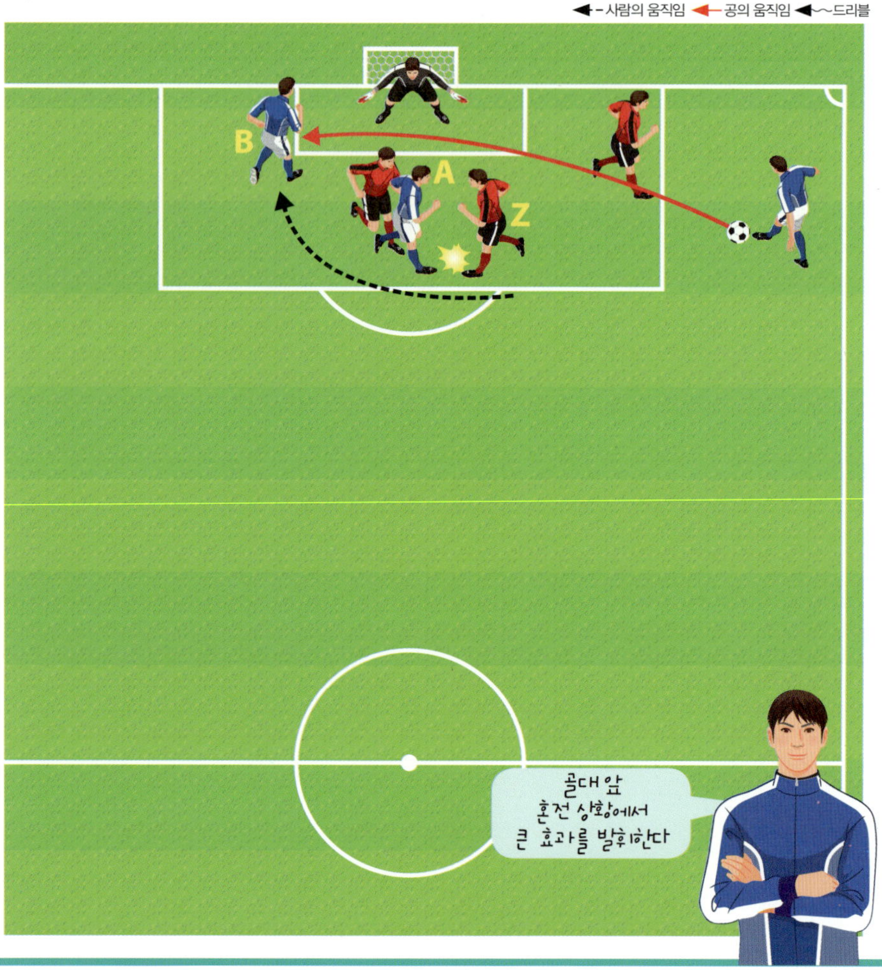

- 사람의 움직임
공의 움직임
드리블
B
A
Z
골대 앞
혼전 상황에서
큰 효과를 발휘한다

지도자 MEMO 농구에서 자주 사용하는 기술로 B를 수비하는 Z를 A가 몸으로 막아 B를 자유롭게 만드는 것이다. 특히 상대팀이 일대일로 수비하는 대인방어 시에 유용하다. 상대팀의 수비 스타일을 알고 있다면 미리 움직일 방향을 예측해 막을 위치를 맞춰둘 수 있다. 공과 관련 없는 곳에서 블로킹을 하면 반칙이 되지만 골대 앞에 선수가 밀집된 혼전 상태에서는 유니폼을 당기거나 잡지만 않으면 휘슬이 울리지 않는 경우가 많다.

| 테크닉 | 프리킥(공격) |

벽 위치와 수비라인의 틈새를 노린다

포인트 상대팀이 어떻게 위치를 선정했는지 파악해 공략 방법을 찾는다.

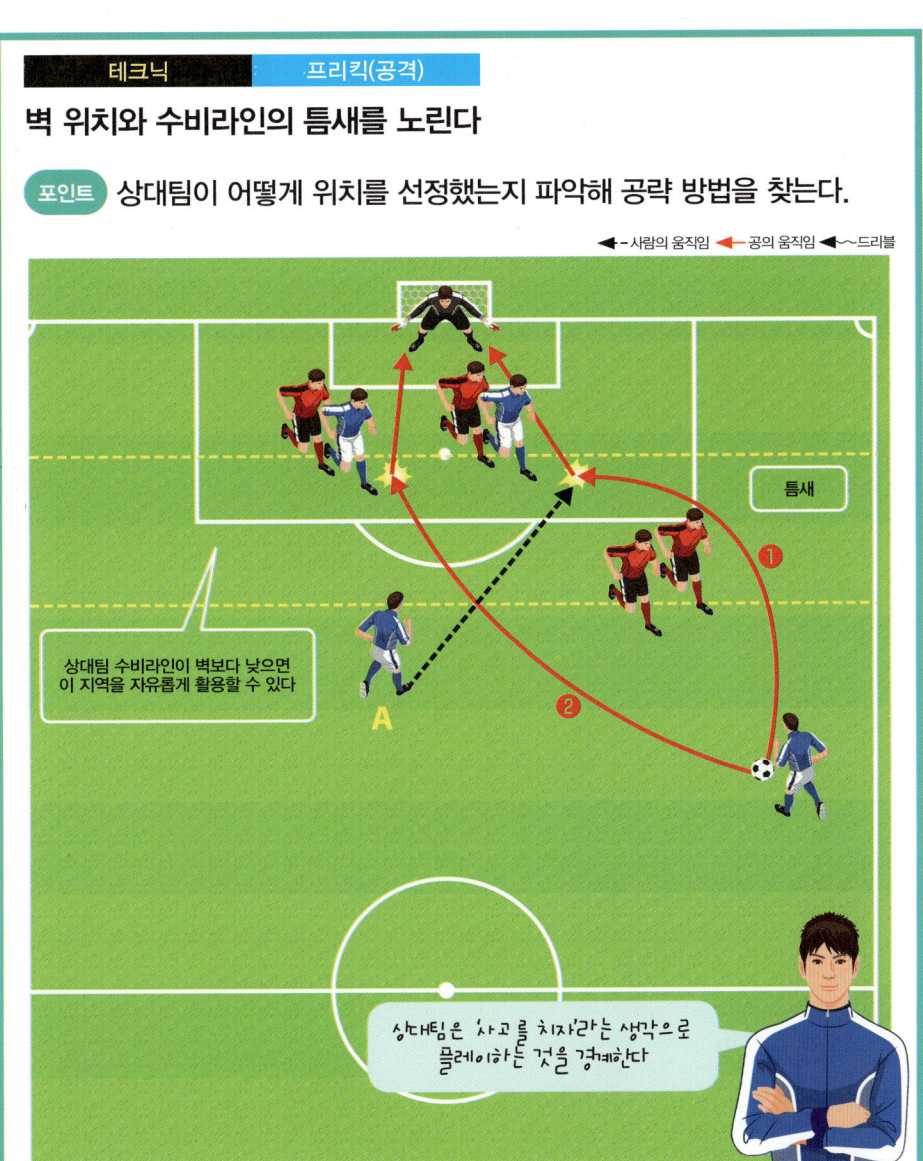

◀─ 사람의 움직임 ◀─ 공의 움직임 ◀〜 드리블

틈새

상대팀 수비라인이 벽보다 낮으면 이 지역을 자유롭게 활용할 수 있다

상대팀은 사고를 치자라는 생각으로 플레이하는 것을 경계한다

지도자 MEMO

'상대팀의 벽과 수비라인이 어떻게 위치해 있는가?'를 파악하자. 대부분은 그림과 같이 벽과 수비라인 사이에 틈이 생기기 마련이다. 이처럼 수비라인이 낮으면 골대 앞으로 빠르게 달려들어도 오프사이드 판정을 받지 않는다. 그림처럼 A가 벽과 수비라인 틈새로 달려들고, 킥커가 벽 위를 넘겨 공을 넘겨 주면(①), A는 골키퍼가 잡기 힘든 슛을 쏠 수 있다. 또한 상대팀이 대인방어로 나올 때도 일부러 공을 부드럽게 차면(②) 혼전 상태가 되어 골대 근처에서 생각지도 못한 플레이로 득점이 되기도 한다.

벽 앞에 우리 팀 선수가 앉는다

포인트 골키퍼가 공을 볼 수 없도록 선수들이 커튼이 된다.

> **지도자 MEMO**
> 골키퍼는 벽으로 선 선수들의 다리 사이로 공을 보고 킥커의 찰 타이밍을 예측한다. 이때 공격 쪽이 벽 앞에 앉아 상대팀 골키퍼가 공을 볼 수 없도록 방해하는 방법이다. 킥커는 차는 척만 하거나 공을 옆으로 조금 이동시켜 교란시키는데, 골키퍼는 찰 타이밍을 읽을 수 없어 반응이 늦어지게 된다. 또한, 골대의 먼 쪽을 노릴 때 낮은 공을 차는 방법도 있다. 공이 낮으면 벽 옆을 지나칠 때까지 골키퍼에게 공의 궤도를 감출 수 있으며, 벽 앞에 선수가 앉아 있을 경우 더욱 효과적이다.

테크닉 | 프리킥(공격)

다리 사이로 통과시키는 재치 만점 슈팅

포인트 벽을 피해 슈팅할 때는 타이밍 페인트모션이 효과적이다.

◀— 사람의 움직임   ◀— 공의 움직임   ~~드리블

- 공을 움직이면 뛰쳐나온다
- 다시 놓는 척하면서 공을 B의 다리 사이로 통과시킨다
- 슈팅하는 척한다
- 재치 있는 플레이도 생각해보자!

지도자 MEMO

공 근처에서 A와 B가 서로 마주본다. 이 상태에서 A가 몸을 구부려 공을 손으로 다시 놓는 척하면서 B쪽으로 공을 찬다. 공이 움직이면 벽에 섰던 상대팀 선수는 당황해서 뛰쳐나올 것이다. 여기까지는 105쪽에서 소개한 것과 비슷하다. 다른 점은 페인트모션이 계속 이어지는 것이다. B는 자신에게 온 공을 다리 사이로 통과시키고, 제3의 킥커(C)가 강하게 슈팅을 한다. 다음과 같은 두 번의 페인트모션은 상대편의 벽을 무너뜨리고 혼선을 준다. 단, 한 시합에서 여러 번 사용할 수 있는 기회가 오는 것은 아니니 반드시 골이 되는 슛을 차야 한다. 골대와 너무 가까운 지점이라 벽을 넘어 뚝 떨어지는 공을 찰 수 없을 때 추천한다.

실제로 있었던 전술 스페인리그

시합 재개를 방해하는 상대팀을 공으로 맞힌다

포인트 재빠르게 시작하려는 것을 방해하려는 상대팀과 밀고 당기기를 한다.

◀— 사람의 움직임　◀— 공의 움직임　◀~~ 드리블

> 원래는 9.15m 떨어져야 한다

> 재개를 저지하려는 상대팀 선수에게 공을 맞힌다

> 스페인에서는 유용한 수단이지만…

지도자 MEMO

프리킥을 얻으면 시합이 빨리 재개되는 것을 막기 위해 상대팀이 공을 정면에서 막을 때가 있다. 이때 방해하려는 선수를 공으로 맞힌 사례가 있다. 규정상 상대팀 선수는 공에서 9.15m 떨어져야 하기 때문인데, 맞은 선수도 한번 더 옐로카드를 받으면 퇴장이기 때문에 주의하게 된다. 이런 장면은 스페인이나 유럽에서 자주 볼 수 있다. 하지만 일본에서는 상대팀 선수가 가까이 있지만 방해하는 의도가 보이지 않으면 반칙을 주는 경우가 드물고, 오히려 공으로 맞히면 비신사적 행위로 간주되어 옐로카드를 받기도 한다. 이럴 땐 "상대팀 선수가 공에서 9.15m 떨어지지 않았다." 라고 심판에게 강하게 주장하자.

실제로 있었던 전술 스페인리그

의견이 맞지 않는 척하며 제3의 선수가 슈팅!

포인트 같은 팀 선수끼리 다투는 척 하는 사이에 다른 선수가 슈팅한다.

◀— 사람의 움직임 ◀— 공의 움직임 ◀∼드리블

 공을 놓고 A가 달려오더니 그냥 지나친다. 다음으로 B가 달려오더니 그대로 지나친다. A와 B는 화를 내며 "네가 차!", "네가 차라니까!"라며 말다툼을 시작한다. 이런 모습에 상대팀이 당황해 집중력을 잃으면, 제3의 킥커(C)가 홀연히 나타나 강하게 공을 찬다. 비겁한 방법 같지만 스페인에서는 실제로 이와 같은 방법을 쓰기도 한다. 페인트모션에도 면역이 되는 것이 좋다.

상황 판단을 위한 첫걸음

수비 시 프리킥의 기본 개념

1. 빠르게 재개하려는 것을 저지한다

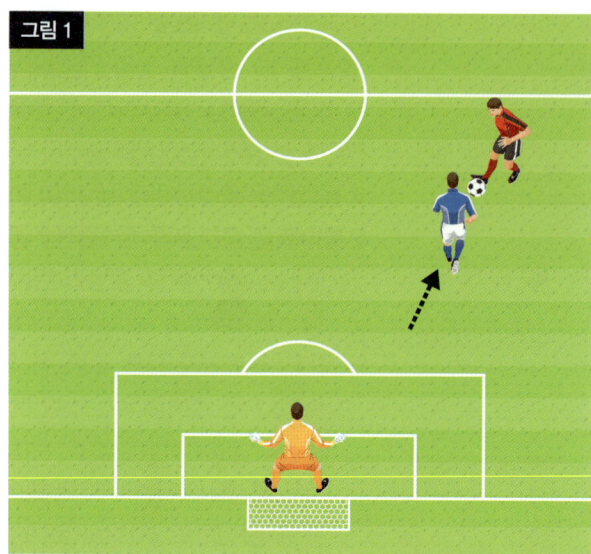

▲ 반칙을 했다면 공 바로 앞에 선다.

어느 진영에서나 해당되는 내용으로, 프리킥을 내주게 되면 공과 골대 사이에 서서 상대팀이 빠르게 시합을 재개하는 것을 막아야 한다. 최악의 상황은 심판에게 불만을 늘어놓을 때 다시 시작되는 것이다. 그러니 휘슬이 울렸어도 집중력을 잃지 말아야 한다. 또한 다리를 뻗거나 공을 찌르는 등의 방해 행위를 하면 옐로카드를 받을 수 있으니 주의하자.

2. 대인방어와 지역방어의 역할을 확실히 정한다

다른 세트피스 상황에도 해당되는 내용으로 상대팀이 직접 골로 연결될 수 있는 공격을 해올 때는 그에 대비한 수비 전술을 반드시 준비해야 한다. 대인방어를 할 건지, 지역방어를 할 건지 아니면 두 가지를 조합할 것인지 팀의 특징을 고려해 전술을 짜자. 아래는 각 전술의 특징이다.

① 대인방어〈그림 2〉

벽을 만들 선수 이외에는 각자 수비할 선수를 결정해 그대로 따라붙는 전술이다. 맡은 선수만 수비하기 때문에 비교적 실수가 생기지 않는다는 장점이 있다. 하지만 상대팀이 움직이는 대로 따라가다 보면 수비라인이 무너져 오프사이드 전술을 사용하기 힘든 점도 있다. 또한 수비를 따돌리려는 움직임과 블로킹으로 돌파당할 수도 있다. 기본적으로 상대팀의 움직임을 따라가는 수비는 상대팀 선수에게 휘둘려 정신적인 에너지 소모가 크다.

② 지역방어〈그림 3〉

벽을 만들 선수 이외에는 골대와 가까운 위험한 공간을 중심으로 각자 수비할 지역을 정해서 자기 앞으로 온 공을 처리하는 전술이다. 상대팀의 움직임과 관계없이 주체적으로 수비하기 때문에 심리적으로 우위에 설 수 있는 장점이 있다. 높은 공에 강한 선

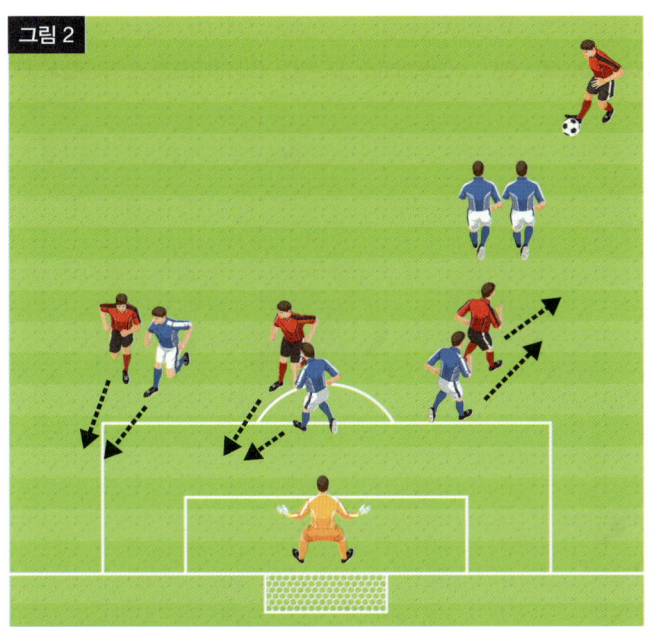

▲ 대인방어(수비할 상대를 정해서 따라간다)

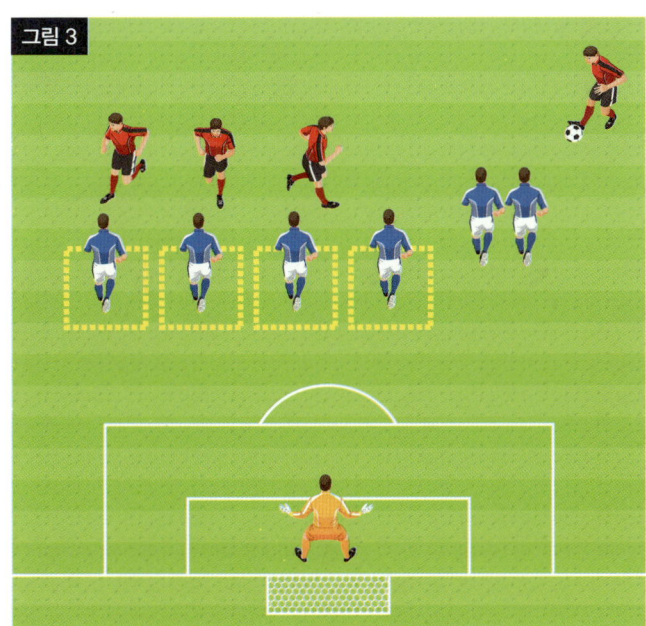

▲ 지역방어(골대를 중심으로 각각의 지역을 결정한다)

수가 많은 팀에 유리한 전술이기도 하다. 그러나 상대팀이 공의 위치를 옮겼을 때 어떻게 수비라인을 움직일 것인지를 정해야 하기 때문에 선수는 반드시 전략을 짜 놓아야 한다. 게다가 지역과 지역 사이에 상대팀에게 좋은 공이 오면 대처가 늦어지게 되니, 지역 배치와 수비수 간의 거리를 확실히 설정해야 한다.

③ 조합수비

대인방어와 지역방어를 조합한 전술이다. 특정 선수를 따라붙는 선수와 지역을 지키는 선수를 조합해 수비한다. 일반적인 방법으로는 중앙 쪽 선수는 일대일 대인방어로 수비하고, 골대 쪽에는 그곳에 들어온 공을 처리하는 지역방어 선수를 둔다.

프리킥 Free Kick

수비 이론: 수비진영 측면에서의 프리킥 대비

플레이 목적 측면에서 올라오는 크로스 공격을 막는다.

상황 해석 상대팀 킥커가 잘 쓰는 발을 알고 벽과 수비라인을 배치한다.

플레이의 흐름
① 수비진영 측면에서 반칙을 범해 상대팀에게 프리킥이 주어졌다.
② 벽을 만든다.
③ 중앙 쪽 수비라인을 다듬는다.
④ 골키퍼와 협력해 상대팀의 크로스를 막는다.

> 세트피스 해석이 전술 이해도를 높인다

Let's 상황 판단: 상대팀 선수가 골대 앞에 모이는 것을 막는다

프리킥을 내준 곳이 그림과 같이 측면이면서 수비진영의 페널티 지역에서 떨어진 곳일 때는 빠른 크로스에 대처할 수 있게 수비라인을 설정하고 상대팀이 골대 앞에 모이지 못하도록 막아야 한다. 시합 중에 크로스가 올라오는 상황과 크게 다르지 않으므로 이때의 대처 방법 그대로 크로스 대처에 활용할 수 있다.

프리킥 수비 이론 ①

▶▶ 벽과 수비라인을 일직선으로 둔다

포인트 수비라인을 구성해 상대팀의 크로스를 처리한다.

◀─ 사람의 움직임   ◀─ 공의 움직임   ◀~ 드리블

> 벽을 치는 수비 인원은 킥커 수와 동일하게!

> 벽 위치에 수비라인을 놓는다

지도자 MEMO

일반적으로 직접 골이 될 위험이 적은 곳에서 프리킥을 할 때는 상대팀 킥커와 같은 인원의 선수를 벽으로 세운다. 상대팀 킥커가 두 명인데 한 명만 벽으로 두면 쇼트패스로 시합이 재개된 후 2 대 1로 수적으로 불리해 무너지기 때문이다. 그리고 중앙 수비는 그림과 같이 자기 팀 벽에 선을 맞춘다. 이때 자주 볼 수 있는 NG 플레이는 상대팀 킥커가 준비 동작에 들어가기 전부터 상대팀 선수를 따라 나와 전체 라인이 내려가는 것이다. 이렇게 되면 오프사이드 판정을 얻어내기 힘들고 골대 앞이 혼잡해져 우리 팀의 골키퍼와 수비진이 부딪힐 수 있다. 수비라인은 상대팀 킥커가 공을 차는 순간까지 기다렸다가 차는 것과 동시에 빨리 내려와 공을 걷어내는 것이 좋다.

프리킥 Free Kick

수비 이론 수비진영 중앙에서의 프리킥 대비

플레이 목적 직접 골을 막는다.

상황 해석 킥커의 수를 보고, 벽과 수비라인을 설정한다.

플레이의 흐름

① 직접 슈팅해 골을 넣을 수 있는 곳에서 반칙을 범해 상대팀에게 프리킥이 주어졌다.
② 공의 위치에 맞춰 벽을 만든다.
③ 벽에 들어가지 않는 선수도 공의 이동에 맞춰 위치를 잡는다.

> 두 번 말해도 과하지 않다.
> 축구에 정답은 없으니,
> 상황에 맞게 대처한다

Let's 상황 판단 벽을 만드는 방법이 포인트다

수비진영 중앙에서의 프리킥은 직접 골을 내줄 수 있는 위치이므로, 벽을 잘 만들어 실점을 막는 수밖에 없다. 앞으로 소개할 이론이 유일한 정답이라고 할 수는 없지만, 상대팀 킥커의 특징, 우리 팀 선수의 특징, 골키퍼의 특징을 고려해 상황에 맞게 대처하자.

프리킥 수비 이론 ②

▶▶ 벽을 만들 선수를 결정한다

포인트 상대팀의 위치를 파악해 벽을 만들 선수와 그 외의 선수 배치를 결정한다.

◀ – 사람의 움직임　◀ – 공의 움직임　◀∼드리블

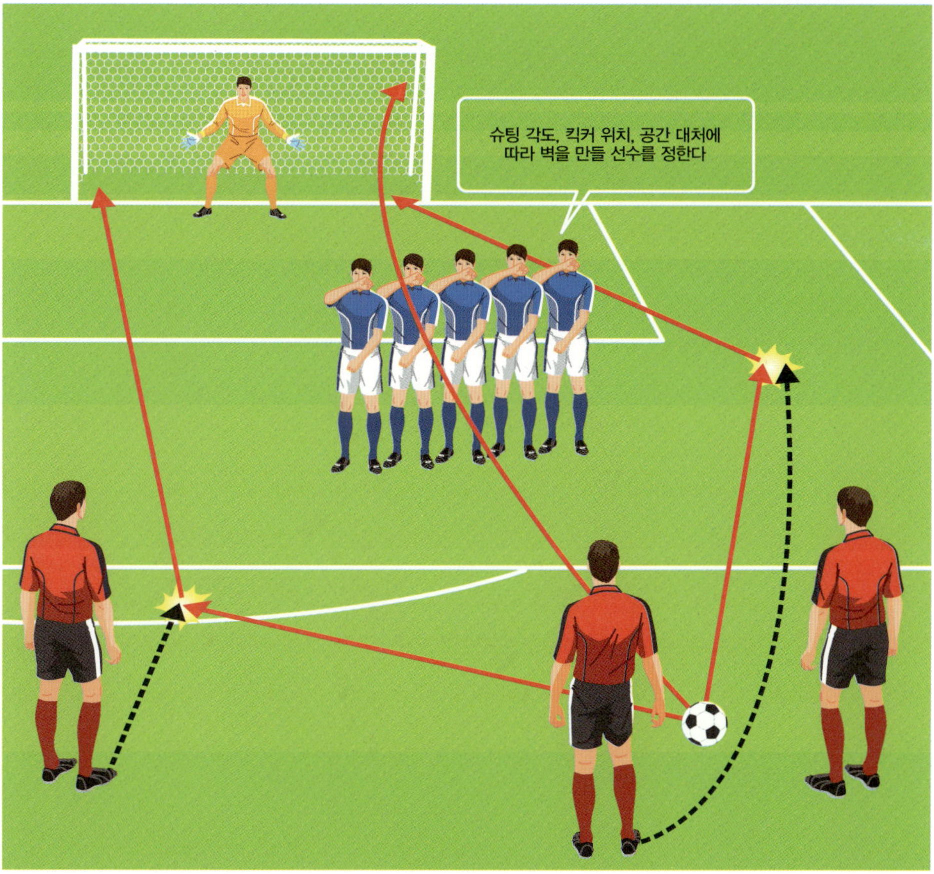

슈팅 각도, 킥커 위치, 공간 대처에 따라 벽을 만들 선수를 정한다

직접 슈팅할 수 있는 곳에서 프리킥을 내주었다면 일반적으로 4~7명이 벽을 만든다. 정확한 인원을 결정하는 요인으로는 슈팅 각도, 킥커 수, 틈을 노리는 상대팀의 전략을 들 수 있다. 정면 프리킥은 노릴 수 있는 각이 넓은 만큼 벽이 길어야 한다. 또한 공 주변에 킥커가 3명 이상이라면 직접 슈팅하지 않고 앞에서 설명한 재치 있는 플레이(111~113쪽 참조)를 할 확률이 크다. 이런 경우 벽을 맞고 나온 공을 상대팀이 차지하지 못하도록 미리 1~2명의 선수를 더 두고, 상대팀이 어떤 공격 전술로 나와도 확실히 대처할 수 있도록 벽을 세워야 한다.

프리킥 수비 이론 ③

▶▶ 키가 가장 큰 선수를 기준으로 삼는다

포인트 벽을 만들 때 가장 키가 큰 선수는 어디에 둘 것인가?

◀— 사람의 움직임   ◀— 공의 움직임   ◀〜 드리블

장신의 선수를 끝에 두지 않는다

지도자 MEMO 슈팅 코스를 없애려면 팀에서 키가 가장 큰 선수를 기준으로 벽을 만들어야 하므로, 키 큰 선수를 끝에 세우는 것은 NG다. 끝에 선 선수는 언제든 다시 수비를 하러 나갈 가능성이 있기 때문이다. 예를 들어, 상대팀 킥커가 두 명일 때 Z가 차는 척하다가 패스하고 빠져 버리면 A는 Z를 방어하러 나가야 한다. 또는 Z가 중앙으로 움직여 슈팅하려 한다면 B가 나와 방어해야 한다. 즉, A와 B 위치에 키가 큰 선수를 두면 벽을 지킬 키 큰 수비수가 빠지게 되는 것이다. 키가 큰 수비수는 벽의 역할에 알맞은 선수이다.

프리킥 수비 이론 ④
▶▶ 벽에 틈을 만들지 않는다

포인트 공이 벽 사이를 통과하지 못하도록 촘촘히 벽을 만든다.

◀— 사람의 움직임　◀— 공의 움직임　◀～ 드리블

틈 사이로 골이 들어갈 수 있다

NG

지도자 MEMO

벽을 만들 때 선수 사이에 틈이 생겨서는 안 된다. 공이 벽 사이를 통과하거나 선수를 맞고 방향이 바뀌면 골키퍼가 대처할 수 없기 때문이다. 그러므로 벽에 선 선수는 공을 무서워하면 안 된다. 틈이 생겨서 공이 들어와 버리면 골키퍼는 당황하기 마련이다. 그러나 예외적으로 정면에서 오는 프리킥을 막을 때, 좌우로 벽을 만들고 빈 중앙을 아예 골키퍼가 담당하는 경우도 있다.

프리킥 수비 이론 ⑤

▶▶벽이 점프를 해야 할까?

포인트 벼이 된 선수가 점프하면 위로 오는 슈팅을 막을 수 있다.

◀— 사람의 움직임　◀— 공의 움직임　◀～ 드리블

앞으로 비스듬히 뛰면 각도를 좁힐 수 있다

점프에도 장점과 단점이 있다

축구에는 정답이 없다. 벽이 점프를 할지, 안 할지는 지도자의 생각에 따라 다르다. 중요한 것은 점프의 장점과 단점을 이해하는 것이다. 점프를 하면 벽을 넘어 뚝 떨어지는 공을 막을 수 있지만, 상대팀이 땅볼 슈팅을 한다면 막을 수 없다. 상대팀 키커, 공의 위치, 필드 상태에 따라 점프를 할지 말지에 대해 판단해야 하는 것이다. 만약, 점프를 한다면 비스듬히 앞으로 뛰어야 슈팅 각도가 좁아져 막기 쉽다. 점프를 하지 않을 때도 한 발 앞으로 나가면서 발끝으로 서면 슈팅 코스를 조금이나마 줄일 수 있다.

프리킥 수비 이론 ⑥

▶▶ 상대팀 선수가 벽 사이로 들어올 수도 있다

포인트 상대팀 선수가 벽 사이에 들어왔다면 그 뒤에 우리 팀 선수를 세운다.

◀─ 사람의 움직임 ◀━ 공의 움직임 ◀∼∼ 드리블

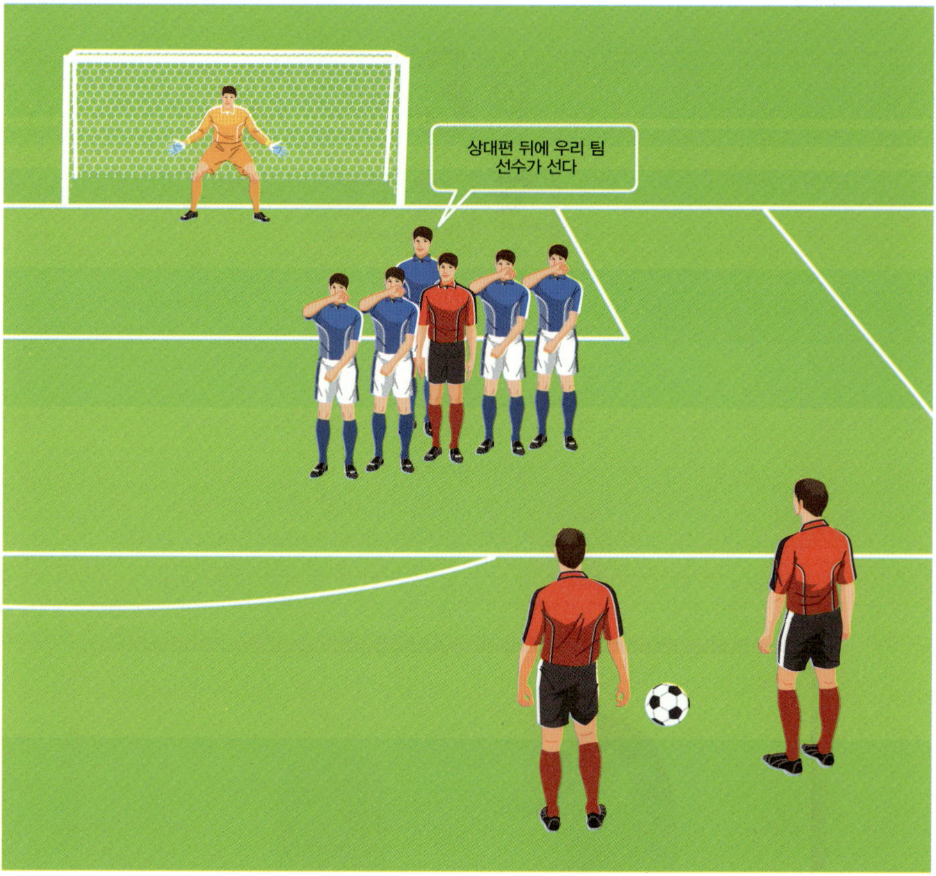

> 상대편 뒤에 우리 팀 선수가 선다

MEMO 벽을 만들 때면 상대팀 선수가 벽 사이로 들어오려고 해 자리 쟁탈전이 나기 마련이다. 벽에 있다가 킥커가 공을 차는 순간, 몸을 피해 틈을 만들려는 것이다. 이때 수비는 어떻게 해야 할까? 보통은 선수를 밖으로 내보내려고 치열하게 몸싸움을 하는데, 다른 방법도 있다. 벽에 들어온 선수 뒤에 우리 팀 선수를 세워 벽에 틈이 생기는 것을 막는 것이다. 그리고 상대팀 선수가 벽 안에 있어도 벽의 일부인 이상 맞으면 공을 튕겨내기 때문에 무리하게 쫓아낼 필요가 없다.

세트피스 전술 01 프리킥 예제 ①

측면에서의 프리킥(수비)

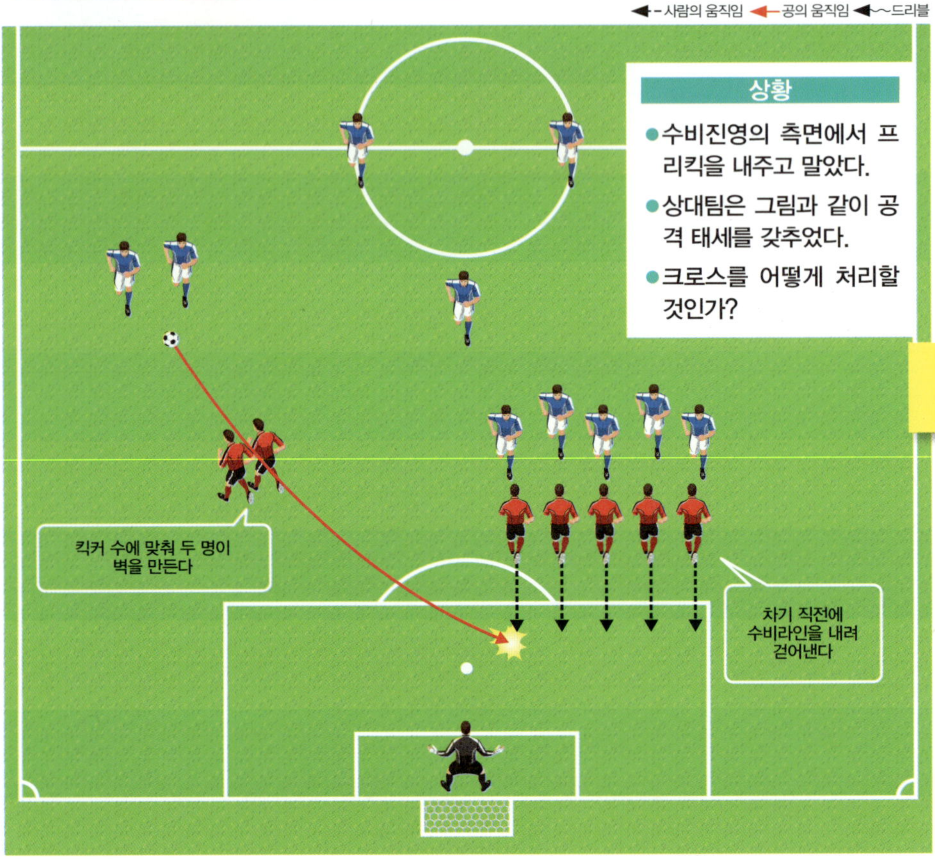

◀— 사람의 움직임　◀— 공의 움직임　◀∼ 드리블

상황

- 수비진영의 측면에서 프리킥을 내주고 말았다.
- 상대팀은 그림과 같이 공격 태세를 갖추었다.
- 크로스를 어떻게 처리할 것인가?

킥커 수에 맞춰 두 명이 벽을 만든다

차기 직전에 수비라인을 내려 걷어낸다

수비 목적 킥커 수에 맞춰 두 명이 벽을 만든다. 중앙 수비수 5명은 킥커가 공을 차면 똑바로 골대 쪽으로 내려가 걷어내는 지역방어를 구사한다. 대인방어는 상대팀에 맞추는 전술이기 때문에 순간적인 움직임과 페인트모션에 휘둘려 전체 라인이 점점 내려가기 쉽다. 이때는 지역을 나눠 선수마다 공이 자신의 머리를 넘지 않도록 경합하고, 가장 바깥쪽에 있는 선수의 머리를 넘어갔을 때는 그대로 수비라인을 내려 위치를 선점한다. 가장 중요한 것은 서로의 거리이다. 자, 그럼 어떻게 공격할 것인가?

프리킥 예제 ②

공격 대책 변형을 주어 상대팀을 돌파한다

목적
- 지역방어하는 상대팀을 무너뜨린다.
- 적절한 페인트모션으로 상대팀을 교란시킨다.

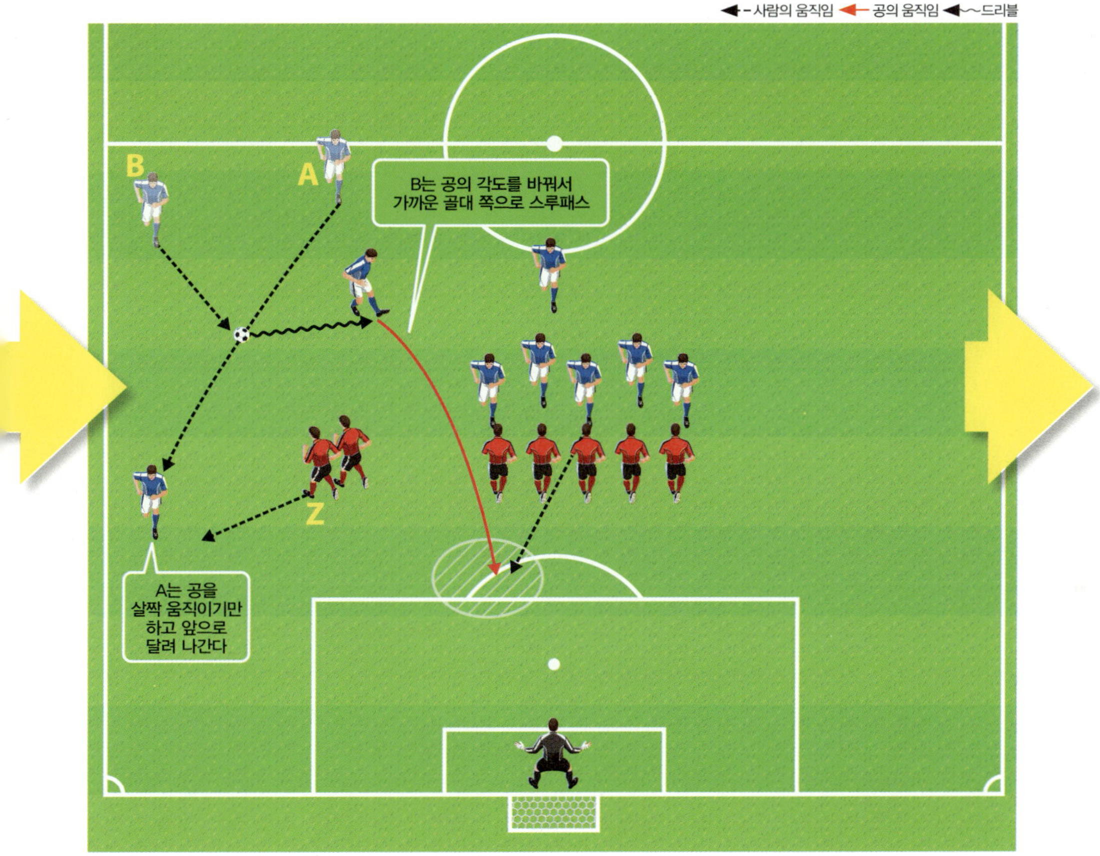

◀─── 사람의 움직임   ◀─── 공의 움직임   ∼∼∼ 드리블

B는 공의 각도를 바꿔서 가까운 골대 쪽으로 스루패스

A는 공을 살짝 움직이기만 하고 앞으로 달려 나간다

공격 목적 상대팀 전열이 다듬어져 있으니 단순하게 패스하지 말고 아크 부근 공간을 뚫는 전략이다. 먼저 킥커(A)가 뛰어오다 공을 살짝 건드리기만 하는 페인트모션만 취한 후 그대로 앞으로 달려 Z가 수비하게 만든다. 벽을 얇게 만들려는 의도이다. 이때 B는 패스와 크로스 말고도 드리블로 상대팀을 끌어낼 수 있으므로, 타이밍과 각도를 바꿔 공을 골대와 가까운 지역으로 좋은 공을 보낸다. 지역방어는 공의 위치를 보고 수비하므로 각도를 바꾸면 무너지게 되어 있다. 자, 이제 어떻게 수비할 것인가?

프리킥 예제 ③

수비 대책: 지역방어 선수를 배치한다

문제점
- 상대팀이 크로스하는 척하면서 변형을 줄 경우 대처가 힘들다.
- 상대팀이 골대와 가까운 쪽 공간을 돌파하려 할 것이다.

◀— 사람의 움직임 ◀— 공의 움직임 ◀∼ 드리블

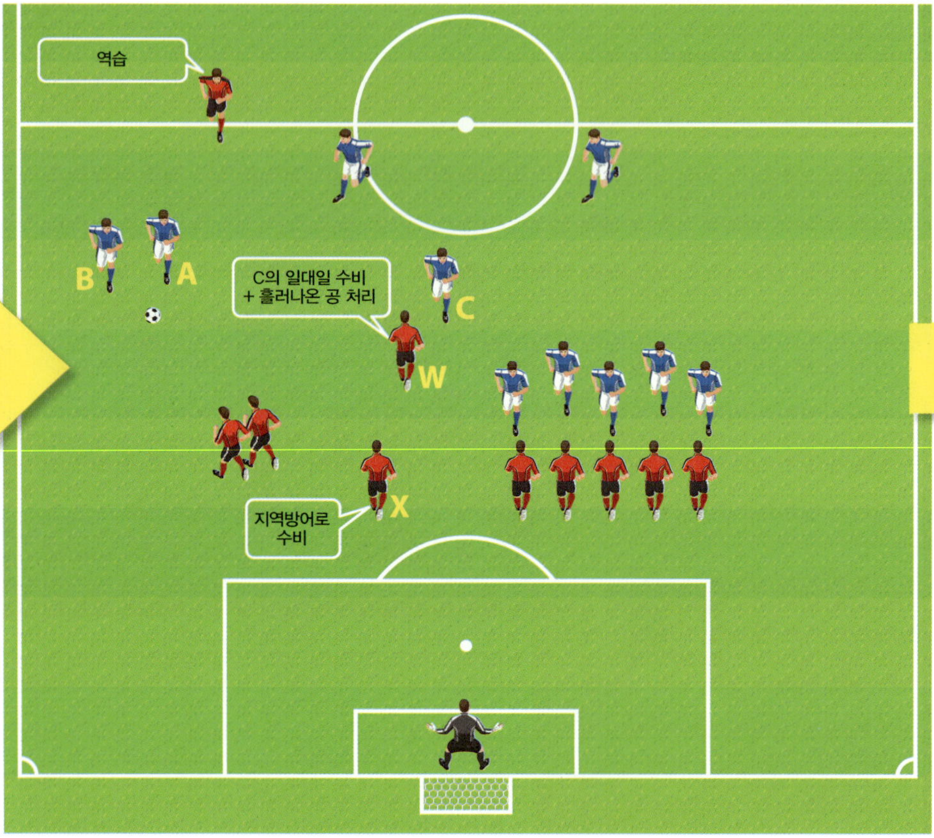

역습

B A

C의 일대일 수비 + 흘러나온 공 처리

C

W

지역방어로 수비

X

수비 목적: 킥커(A와 B)를 수비하는 두 명의 벽이 점프를 하면 A와 B가 크로스를 올리는 척하면서 짧게 패스했을 때 즉시 대처할 수 없다. 또한 상대팀이 골대와 가까운 쪽 공간을 돌파하는 것을 막으려면 지역방어를 하는 X를 놓아 스루패스를 막아야 한다. 이와 동시에 X와 수비라인 5명 이외에 W를 놓으면 상대팀의 두 번째 줄에서 나오는 C를 수비하고, 상대팀이 크로스를 올렸을 때 흘러나오는 공을 주울 수 있다. 크로스를 올리는 척하다가 패스나 드리블로 공격해 오는 것을 대처할 수도 있다. 이때는 어떻게 공격할 것인가?

프리킥 예제 ④

공격 대책 중앙으로 들어가는 척하다가 측면을 돌파한다

목적
- 중앙은 어려우니 측면을 돌파한다.
- 스루패스가 성공하기 쉬운 각도에서 원터치로 패스한다.

◀— 사람의 움직임　◀— 공의 움직임　◀~ 드리블

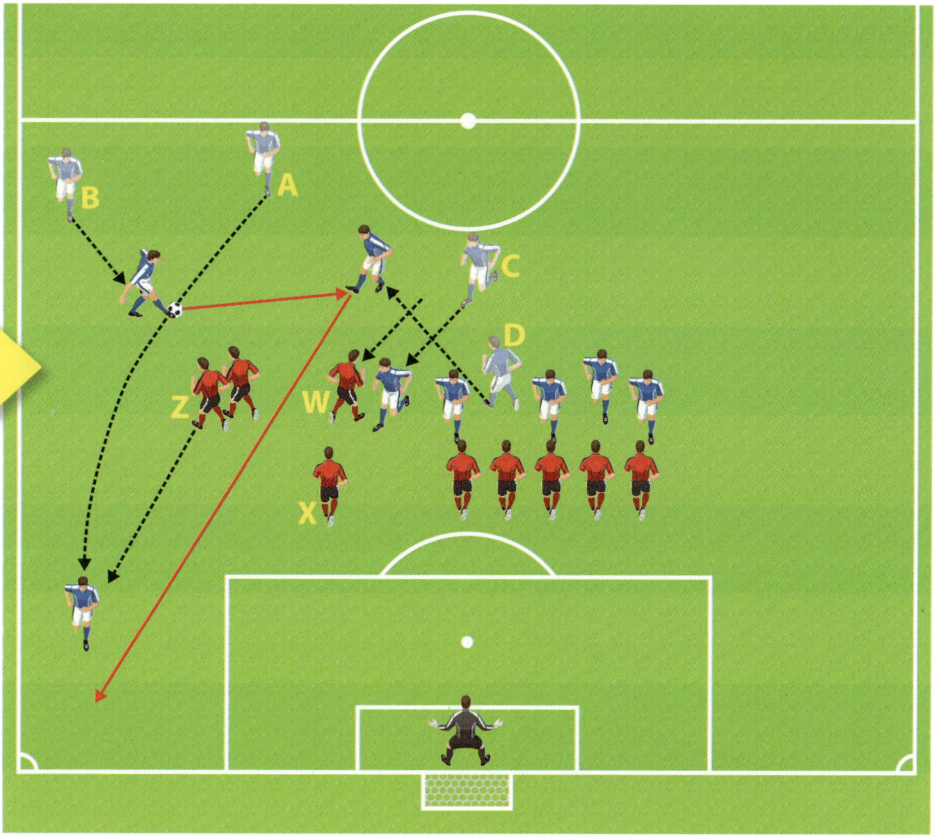

공격 목적 골대와 가까운 쪽에 X가 있기 때문에 변형을 줘 중앙으로 스루패스하는 것이 어렵다. 따라서 A가 지나치면서 발바닥으로 공을 건드린 후(125쪽 참조)에 중앙의 D가 C와 교대하며 내려와 B에게 패스를 받는다. D는 원터치로 오른쪽 코너 부근으로 공을 차 A를 공격진영으로 올라가게 한다. 이때 B가 아니라 D가 패스하면 수비수(Z)가 A를 한눈에 볼 수 없어 압도적으로 A가 유리해진다. 측면 돌파에 성공하면 슈팅 기회가 늘어난다.

세트피스 전술 02 프리킥 예제 ①

골라인 옆에서 프리킥(공격)

◀--사람의 움직임   ◀— 공의 움직임   ◀~드리블

상황
- 각도는 코너킥과 비슷하지만 슈팅과 땅볼패스의 위험도가 높다.
- 킥커가 왼발잡이다.

왼발잡이

공격 목적 코너킥보다 짧은 거리이므로 왼발잡이 킥커라면 직접 골을 노릴 수 있는 위치다. 벽은 보통 두 명이므로 오른발로 똑바로 슈팅하면 벽에 걸릴 가능성이 크다. 그리고 상대팀 골키퍼 앞에 A와 B를 놓으면 골키퍼를 방해할 수 있다. 여기에 상대팀 수비수까지 앞에 있으면 골키퍼는 더욱 움직이기 어렵게 된다.

프리킥 예제 ②

수비 대책 수비의 위치를 세밀하게 조정한다

 문제점
- 단순하게 두 명으로 벽을 만들면 공이 넘어가기 쉽다.
- 어떻게 골키퍼가 활약하기 쉬운 상태를 만들 것인가?

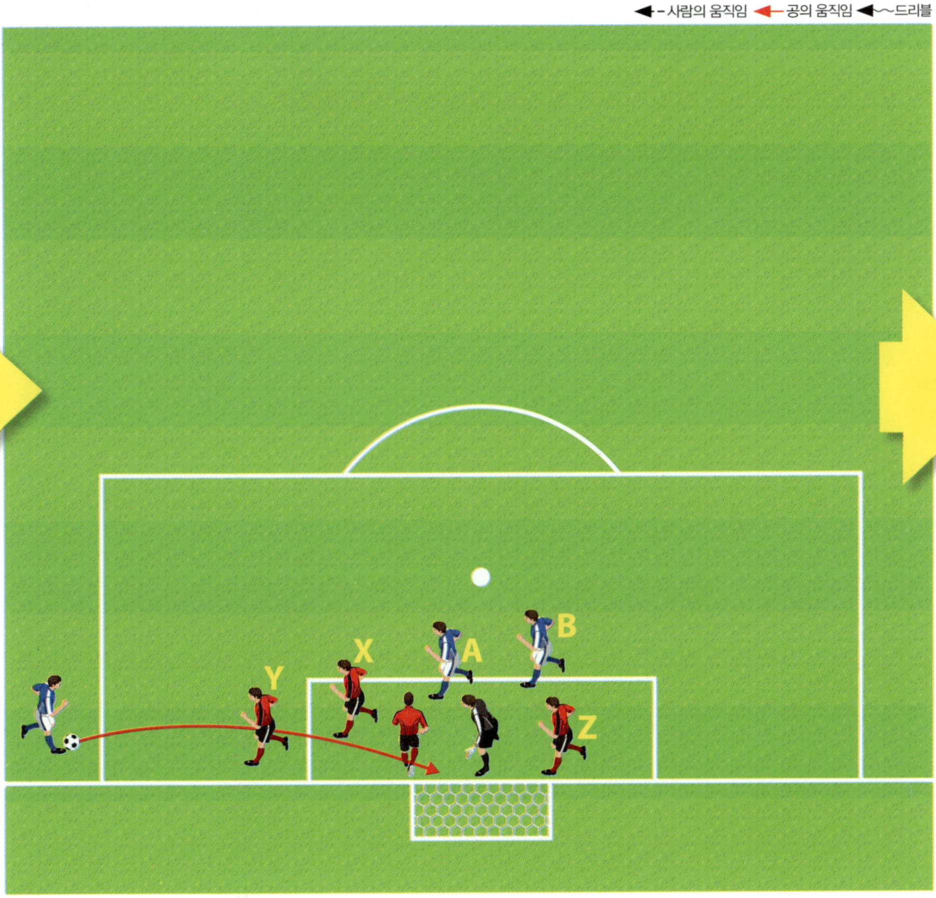

◀— 사람의 움직임　◀— 공의 움직임　◀∼ 드리블

수비 목적 골키퍼가 활약하기 좋은 수비를 구축한다. 코너킥보다 공이 골대까지 오는 시간이 짧기 때문에 골키퍼는 보통 때보다 50cm~1m 정도 킥커와 가까운 위치에 선다. 그리고 골키퍼 뒤쪽으로 공이 올 수 있으니, 킥커와 먼 골대 쪽에 수비수(Z)를 놓는다. 여기에 벽의 경우 머리를 넘어 오는 공이 올 수 있으니 Y는 앞으로, X는 뒤로 서 입체적인 벽을 만들도록 한다. 이렇게 전략을 실행했는데도 골이 들어간다면 다음 플레이에 집중하자.

프리킥 예제 ③

공격 대책 허를 찌르는 땅볼패스를 구사한다

목적
- 골대앞을 단단히 지키는 수비의 허를 찌른다.
- '직접 슈팅'과 '백패스→슈팅' 두 종류의 슛을 준비한다.

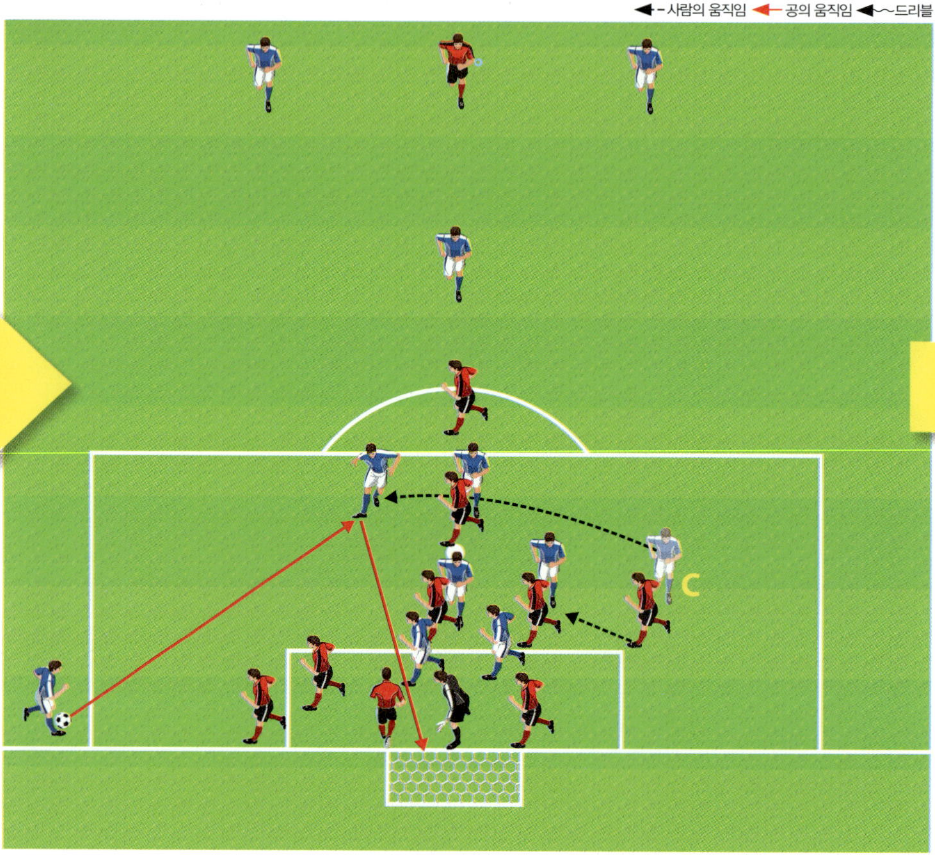

◀— 사람의 움직임　◀— 공의 움직임　◀~~ 드리블

공격 목적 왼발잡이 키커가 선 곳 주변에 수비수가 많아져 수비가 견고해졌다. 그러면 다른 곳에 빈 틈이 생기기 마련이다. 이때는 왼발잡이 키커가 직접 슈팅하는 척하다 페널티 지역 주변으로 땅볼 백패스를 하고, 가장 바깥쪽에 있던 C가 중앙으로 달려와 공을 받아 빠르게 슈팅한다. 그리고 나머지 선수들은 골대 쪽으로 가서 상대팀 선수를 막는다. 이때 C는 왼발잡이인 것이 좋은데, 전체가 골대에서 1m 정도 떨어진 방향에 자리에 위치하기 때문이다.

프리킥 예제 ④

 수비 대책 킥커가 선 지역 부근의 수비를 강화한다

목적
- '백패스→슈팅' 공격을 막는다.
- 상대팀의 방법에 맞춰 포진한다.

◀— 사람의 움직임　◀— 공의 움직임　◀〜 드리블

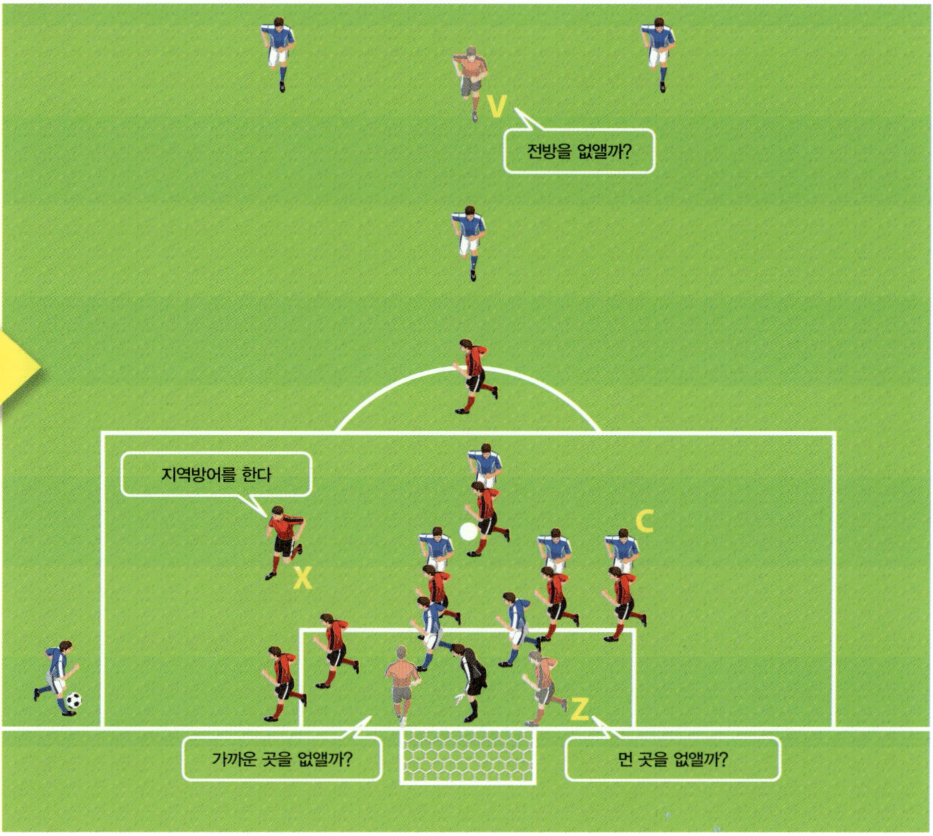

전방을 없앨까?

지역방어를 한다

X

C

가까운 곳을 없앨까?

Z

먼 곳을 없앨까?

수비 목적 상대팀이 블로킹으로 C를 자유롭게 만들어 공격해오면, 중앙에서 일대일로만 막기는 어렵다. 따라서 지역방어를 하는 X를 놓아 뒤로 가는 백패스를 차단한다. 하지만 이 위치에 선수를 놓으면 다른 곳에 틈이 생겨 결정이 어렵다. 만약 상대팀의 왼발이 위력적이지 않거나, 우리 팀 골키퍼가 뒷걸음을 치면서도 빠르게 반응할 수 있다면, Z를 두지 않아도 된다. 하지만 이가 어렵다면 전방의 V를 데려와 역습 대비를 포기하고 철통 수비를 하는 것도 하나의 방법이다. 상황과 상대팀 능력을 종합적으로 판단해 선수를 배치하자.

세트피스 전술 03 프리킥 예제 ①

골대 앞 지점에서 직접 프리킥(수비)

◀— 사람의 움직임   ◀— 공의 움직임   ◀〜〜 드리블

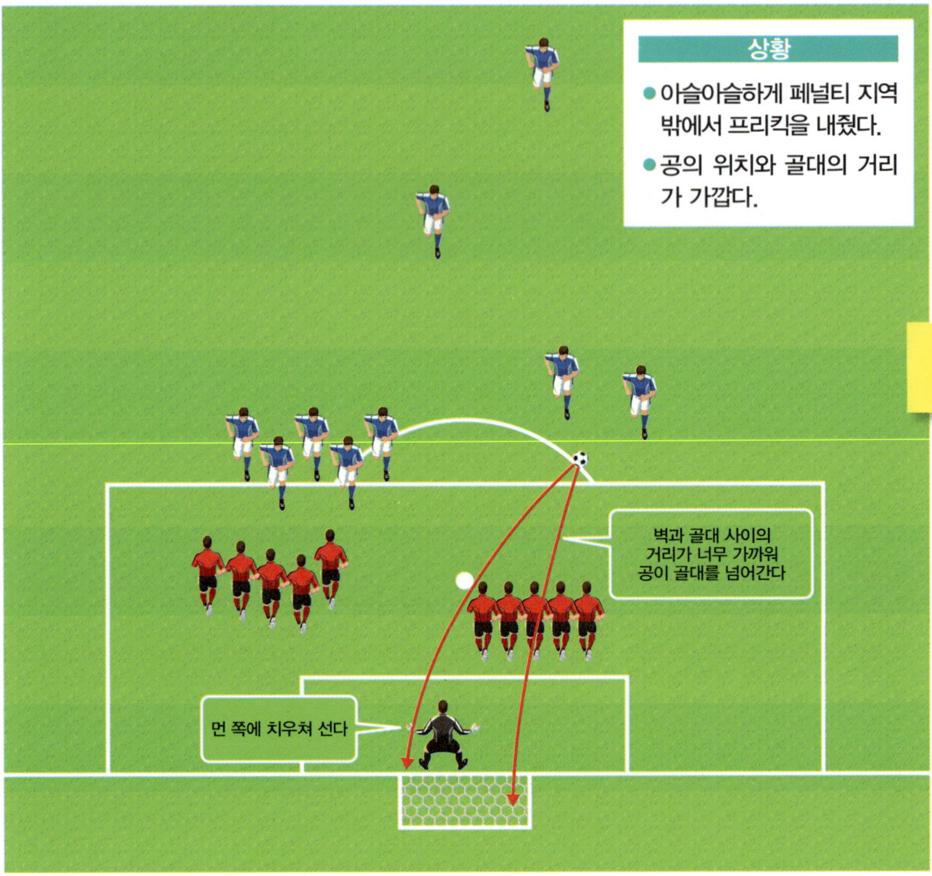

상황

- 아슬아슬하게 페널티 지역 밖에서 프리킥을 내줬다.
- 공의 위치와 골대의 거리가 가깝다.

벽과 골대 사이의 거리가 너무 가까워 공이 골대를 넘어간다

먼 쪽에 치우쳐 선다

수비 목적 이런 상황에서 킥커와 가까운 쪽 골대 앞에 벽을 두면 벽을 넘어간 공이 완전히 떨어지지 못하고 골대 위를 넘어가는 경우가 대부분이다. 그러므로 예리한 공이 올 가능성이 적다. 골키퍼는 그림과 같이 먼 쪽, 즉 벽 옆으로 오는 슈팅을 중심으로 위치를 선정하는 것이 유리하다. 물론, 이런 수비 전술을 무용지물로 만드는 무회전에다 뚝 떨어지는 공이 온다면 어쩔 수 없다. 킥커의 실력을 칭찬하자.

프리킥 예제 ②

공격 대책 벽 뒤로 뜬 공을 패스해 슈팅한다

목적
- 직접 골을 노릴 수 있는 킥커가 없다면 다른 방법을 생각한다.
- 상대팀 벽을 무력화한다.

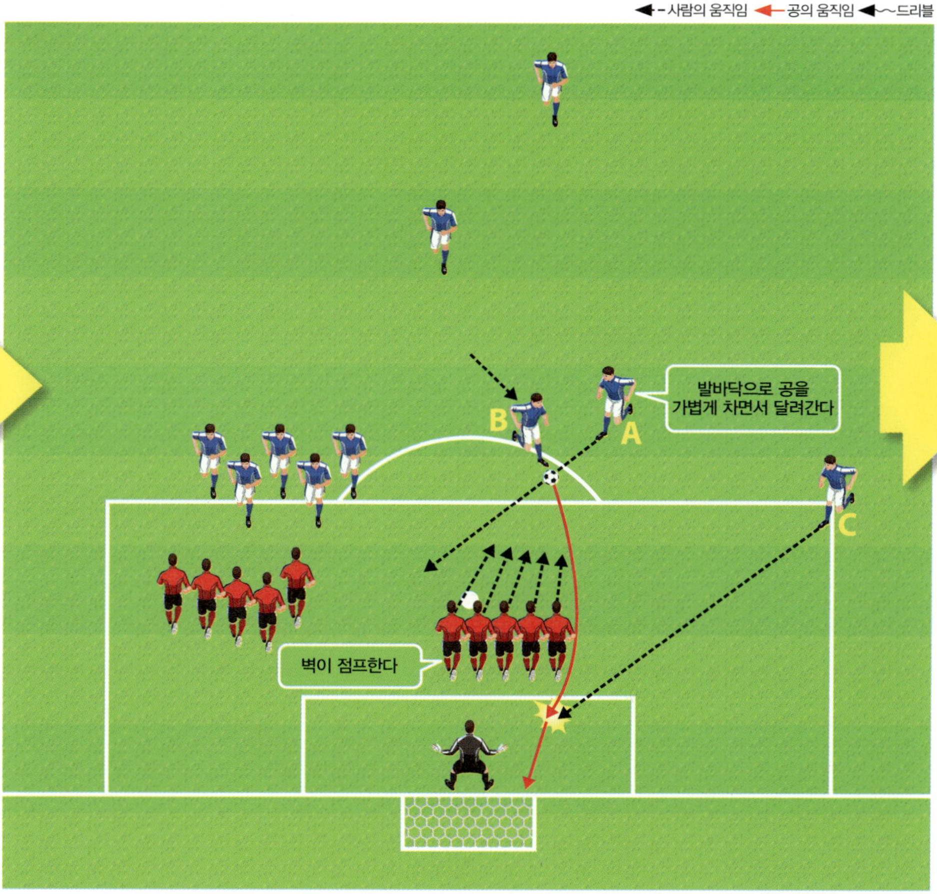

◀—사람의 움직임   ◀— 공의 움직임   ◀~~드리블

- 발바닥으로 공을 가볍게 차면서 달려간다
- B, A, C
- 벽이 점프한다

공격 목적 골대와 거리가 가까우므로 벽만 무너뜨리면 골이 들어갈 수 있다. 우선 A가 슈팅할 것처럼 달려들어 발바닥으로 살짝 공을 차고 그대로 앞으로 나간다. 그러면 플레이가 시작되어 벽에 있던 상대팀 선수가 뛰어 나오게 되는데, 이 틈을 타서 B가 벽 뒤로 뜨는 공을 패스한다. 그리고 킥커(C)가 달려들어 원터치로 슈팅까지 가져간다. 흘러나온 공을 노리는 C가 상대팀의 허를 찔러 슈팅하는 것이다. 이는 1998 FIFA 프랑스 월드컵에서 아르헨티나 대표팀이 사용한 방법이다.

프리킥 예제 ③

수비 대책 벽과 중앙 수비수의 역할을 세밀하게 결정한다

 문제점 ● 상대팀이 공격에 변화를 줬을 때 대처하는 방법을 미리 정해야만 틈이 생기지 않는다.

◀— 사람의 움직임　◀— 공의 움직임　◀〜 드리블

수비 목적 상대팀의 킥커가 좋은 자리에서 공을 찬다고 해도 수비는 다른 선수에게도 20% 정도는 신경을 써야 한다. A가 발바닥으로 공을 건드려 플레이가 시작될 것을 생각하고, 공에 뛰어드는 것은 벽에 있던 Z로 미리 약속을 한다. 밖에서 쇄도하는 C는 Y가 수비한다. 페널티 지역 내에서 수적으로 불리하면 상당히 위험하므로 반대쪽에 5명의 선수가 있다면 우리도 5명으로 벽을 둔다. 정면이라면 모르지만 이 정도의 각도에서는 충분하다. 이때 지도자는 위치에 따라 몇 명의 수비수가 필요한지 잘 생각해야 한다.

프리킥 예제 ④

공격 대책: 두 가지의 페인트모션을 구사한다

목적
- C에게 수비수가 붙으면 어떨까?
- 벽 옆에서 슈팅한다.
- 뛰어나온 5명의 위치에 주의한다.

◀─ 사람의 움직임 ◀── 공의 움직임 ◀∼ 드리블

공격 목적 C에게 수비가 붙었다면 A는 공을 지나치며 앞으로 나가고 B는 C에게 패스하는 척하면서 A에게 다시 비스듬히 땅볼패스한다. 그리고 A는 공을 받아 벽 옆에서 원터치로 슈팅한다. 페인트모션을 벽 뒤에서 차는 것(133쪽 참조)과 지금 소개한 것처럼 옆에서 차는 것, 두 가지로 상대팀을 더욱 혼란시킬 수 있다. 이때 공격쪽의 5명의 선수는 그대로 먼 쪽으로 파고들어 골대에서 가까운 쪽을 일부러 열어두는 것이 좋다. 골대쪽으로 오면 수비수들과 함께 골대 앞을 혼란스럽게 만들 수 있기 때문이다.

이럴 땐 어떻게 하지?

세트피스 전술 04 프리킥 예제 ①

골대 가까운 거리에서 간접 프리킥(수비)

◀─ 사람의 움직임   ◀── 공의 움직임   ◀～드리블

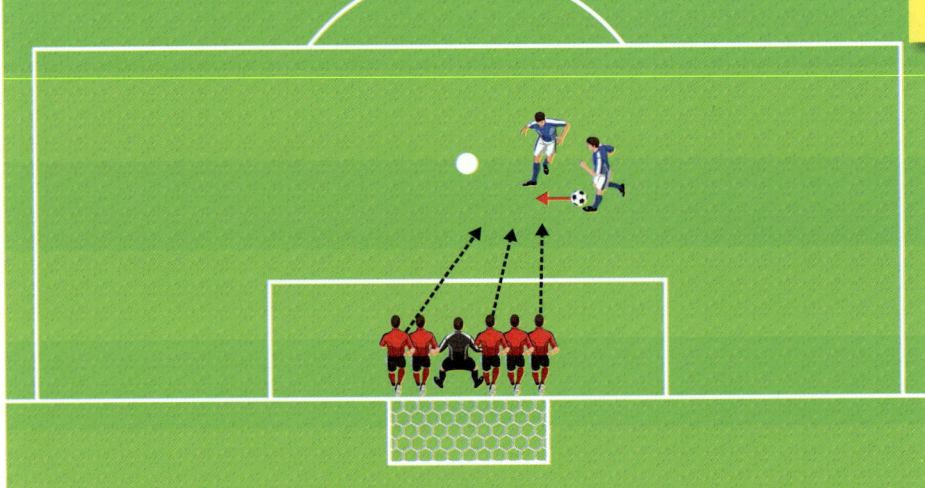

상황

- 골키퍼가 백패스된 공을 손으로 잡는 반칙을 저질러 골대에서 가까운 위치에서 간접 프리킥을 내줬다.
- 간접 프리킥으로 찬 공은 바로 골대로 들어가도 골로 인정되지 않는다.

수비 목적 공과 골대의 거리가 9.15m보다 짧을 때는 골라인에 골키퍼를 포함한 벽을 세운다. 간접 프리킥 시에는 키커가 공을 차자마자 빨리 공을 향해 뛰어야 하므로 특히 발 빠른 선수를 공과 가까운 위치에 배치하는 것이 유리하다. 공이 무서워서 등을 보이거나 주저앉는 선수, 점프하면서 블로킹하려는 선수가 많은데, 그러면 공이 선수 사이를 통과하거나 페인트모션에 속기 쉬우므로 주의하자. "공에 맞으면 좋은 일이 생긴다."라는 주문을 외워 공포심을 없앤다.

프리킥 예제 ②

공격 대책 다가가는 타이밍과 코스를 달리한다

- 뛰어오는 수비수를 제치고 슈팅한다.
- 볼에 뛰어들지 못하게 방해한다.

◀— 사람의 움직임　◀— 공의 움직임　◀〜〜 드리블

스루!

공을 감춘다

뛰어나오기 힘들게 벽 앞에 선다

공격 목적 골대와 상당히 가까운 위치지만 상대팀 수비의 집중력이 높아서인지 의외로 골이 들어가지 않는 상황이다. 킥커 말고도 다른 선수에게 공이 닿아야 하므로 상대팀 선수가 쉽게 다가오지 못하게 해야 한다. 공 앞에 5명이 쪼그리고 앉아 상대팀 선수가 공을 볼 수 없게 감추거나 상대팀 벽 앞에 우리 팀 선수를 세워 앞으로 나오지 못하게 방해하면 된다. 또는 공을 차려던 선수가 공을 그냥 지나치면 바깥쪽에서 달려온 선수가 차는 등 수비를 뚫을 수 있는 여러 가지 방법을 생각한다.

프리킥 예제 ③

수비 대책 골키퍼도 함께 나온다

문제점
- 골키퍼가 돌파당하면 슈팅을 막을 선수가 없다.
- 골키퍼의 능력을 알아야 한다.

◀— 사람의 움직임   ◀— 공의 움직임   ◀〜 드리블

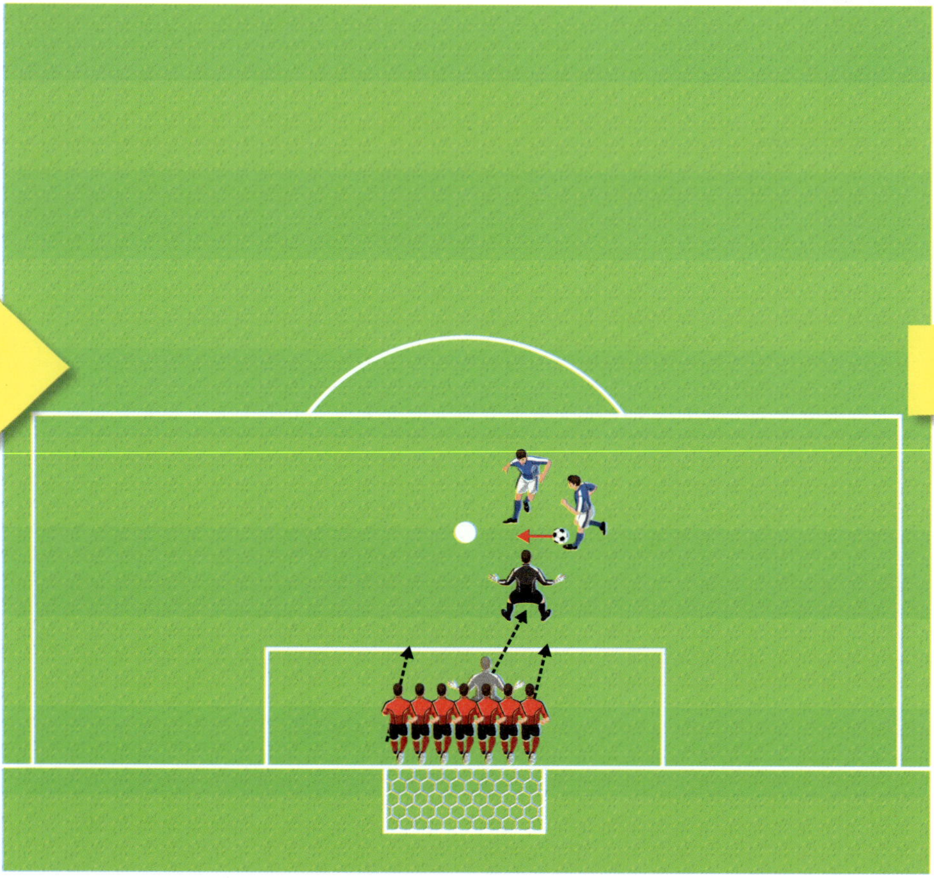

수비 목적 키커가 이동시킨 공을 막기 위해 수비가 벽에서 뛰어나올 때 일반 필드 플레이어보다 수비 범위가 넓은 골키퍼도 함께 뛰어나온다. 수비 선수에게 맞고 골대로 들어가는 공은 골키퍼도 막기 어려우므로 이럴 땐 차라리 골키퍼도 함께 압박하는 것도 좋은 방법이다. 단, 골키퍼가 돌파당하면 골라인에는 필드 플레이어밖에 없어 슈팅을 막을 수 없으므로 골키퍼의 능력을 고려해 방법을 활용한다.

프리킥 예제 ④

공격 대책 찬 공을 벽에 맞춰 골대에 넣는다

목적
- 공이 어딘가에 맞고 골대로 들어가도 골이다. 패스 이외의 방법도 생각한다.
- 고양된 상대팀을 이용한다.

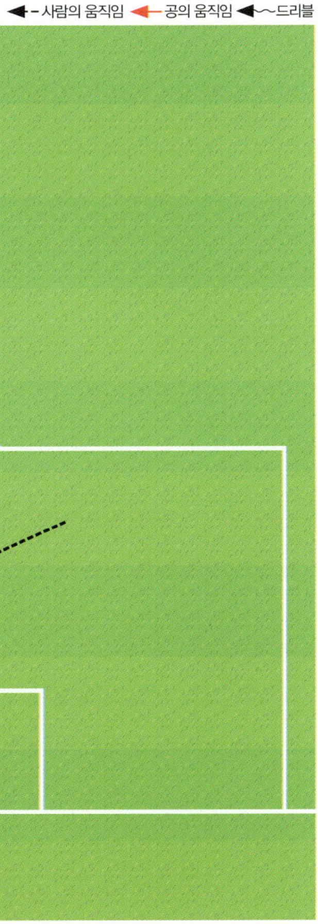

◀─ 사람의 움직임   ◀─ 공의 움직임   ◀~ 드리블

공격 목적 키커 이외의 선수에게 공이 닿아야 하기 때문에 대부분은 패스 후 슈팅을 노리지만 그림과 같이 골대까지의 거리가 무척 가깝다면 직접 슈팅하는 방법도 좋다. 슈팅이 그대로 들어가면 노골이지만 벽에 맞고 들어가면 골이 인정되니 가능성이 있다. 특히 상대팀의 골키퍼에게 차는 것 보다는 '반드시 막겠다!'라는 생각으로 고양된 수비수를 노리는 것이 더 좋다.

원 포인트 레슨

벽을 넘겨 뚝 떨어지는 공 차기

벽을 넘겨 뚝 떨어지는 공의 장점

레슨 포인트

① 공격진영의 페널티 지역 앞이다.
② 상대팀이 벽을 만들었다.
③ 벽 위를 넘어 뚝 떨어지는 킥으로 골을 노린다.

지도자 MEMO

그림과 같이 약간 왼쪽에서 차는 프리킥은 오른발잡이 선수가 차야 골을 노리기 쉽다(104쪽 참조). 골대와 가까운 쪽으로 차면 골키퍼에서 멀어지는 공이 되고 먼 쪽으로 차면 골대 밖에서 들어와 골키퍼의 손이 닿기 어려우니, 어느 쪽이든 골키퍼가 막기 어렵다.

차는 법

레슨 포인트

① 공의 바로 옆으로 달려든다.
② 축이 되는 다리로 지면을 밟는다.
③ 공을 확실히 본다.
④ 공을 문질러 올리듯 찬다.
⑤ 충분히 다리를 뻗는다.

지도자 MEMO 보통 공을 날아가는 방향으로 찰 때는 다리를 똑바로 휘두르지만, 뚝 떨어지는 공을 찰 때는 공을 회전시켜 다리를 쭉 뻗어 문지르듯 찬다. 이렇게 차면, 회전이 강하게 걸려 떨어지는 폭은 넓어지고 속도는 떨어진다. 골대와의 거리에 맞춰 문지르는 정도를 조정하자.

✗ NG

레슨 포인트

① 몸 전체에 힘이 너무 많이 들어갔다.
② 너무 강하게 공을 발로 문질렀다.

지도자 MEMO 몸에 힘을 줘 공을 문지르듯 차면 자세가 무너지는 원인이 된다. 간결한 폼으로도 공을 차는 다리의 각도만 달리하면 회전력을 조절할 수 있다.

원 포인트 레슨
무회전 킥 익히기

예측이 불가능한 무회전 공 차는 법

레슨 포인트
① 공격진영의 페널티 지역 앞이다.
② 상대팀이 벽을 만들었다.
③ 무회전 킥으로 벽 위를 넘어공이 흔들리면서 골대로 들어가도록 한다.

지도자 MEMO

'무회전 공'과 '흔들리는 공'의 의미는 다르다. 무회전은 문자 그대로 회전하지 않는 공이지만 무회전 공이 흔들릴지는 공 표면의 소재, 공의 무게 등에 좌우된다. 즉, 공이 흔들릴지 아닐지는 공을 찬 사람도 상대팀 골키퍼도 알 수 없다. 따라서 세컨드 볼을 밀어 넣는다고 생각하자.

인스텝킥과 인사이드킥 차는 법

▶ 인스텝킥

레슨 포인트

① 공에 달려든다.
② 무릎 관절을 사용하지 않고 인스텝의 조금 아래, 엄지발가락과 발의 경계 주변에 공을 똑바로 맞춰 찬다.
③ 다리를 쭉 뻗지 않는다.

지도자 MEMO 차는 방법은 여러 가지가 있지만 중요한 점은 공에 회전을 걸지 않는 것이다. 다리를 쭉 뻗어 차면 공에 회전이 걸리므로 공을 찬 다리를 끌어내린다는 생각으로 쭉 뻗지 않고 찬다.

▶ 인사이드킥

레슨 포인트

① 공 뒤쪽의 비스듬한 위치에서 달려온다.
② 인스텝킥처럼 다리를 뒤로 올린다.
③ 차는 순간 무릎 관절을 열고 인사이드(발의 안쪽 면)로 공을 찬다.
④ 찬 다리를 쭉 뻗지 않고 내린다.

지도자 MEMO 공의 중심을 똑바로 차야 공이 회전하지 않는다. 감각이 있어야 찰 수 있으니 기본적인 인스텝킥부터 연습하자.

Column About the Soccer

스페인에서의 축구 지도 체험기 3

1-1과 4-1 훈련, 어느 쪽이 어려운가?

간단한 훈련부터 시작해 서서히 난이도를 높인다

우수한 지도자는 선수의 상태를 살펴가며 훈련의 난이도를 조절한다. 공격 쪽에서 봤을 때 '1-1과 4-1 훈련(공격이 4명, 수비가 1명)' 중에 어느 쪽이 더 어려울까? 4-1 훈련의 경우, 수비수의 표적이 4명으로 분산된다. 공격수는 수비수가 압박할 때 패스를 하면 되는 것이다. 만약 압박하지 않는다면 드리블로 파고들어 슈팅해도 좋다. 그러나 '1-1 훈련'에서 수비수의 표적은 항상 한 명으로 정해져 있기 때문에, 공격수는 돌파하는 기술이 필요하다. 즉, 어려운 훈련은 1-1 훈련이다.

축구를 처음 배우는 선수에게 1-1 훈련이나 2-2 훈련은 어렵다. 그래서 먼저 리프팅(발로 공을 다루는 기술)이나 콘 드리블(장애물을 세워 두고 하는 드리블 연습) 같은 반복 훈련으로 기술을 가르치는 경우가 많은데, 이는 자칫 축구를 처음 접하는 선수에게 흥미를 잃게 할 수 있다. 스페인에서는 보통 처음 축구를 접하는 선수에게 4-1 훈련과 같이 수적으로 유리한 상황에서 훈련을 시킨다. 그러다가 선수가 공을 가졌을 때 당황하지 않게 되면 수비를 더해 4-2로 훈련하는 등 서서히 난이도를 높이게 된다. 그러면 트래핑, 공을 지키는 기술 등도 하나씩 익히게 되어, 슛의 성공률을 높이고 상황을 판단하는 능력까지 생겨 기술 훈련이 용이하다. 물론 1-1 훈련은 체력, 정신력, 기술, 지구력을 기르는 매우 중요한 훈련 메뉴다. 하지만 더 중요한 것은 훈련의 목적과 난이도의 균형을 맞추는 것이다.

과도한 훈련은 안 하느니만 못하다

제4장
코너킥

코너킥은 득점률이 낮은 편이지만 프리킥보다 자주 따낼 수 있다. 선수들의 역량보다 전술을 짜는 지도자의 능력을 엿볼 수 있는 기회로써 잘 구사하면 경기의 흐름을 지배할 수 있다!

상황 판단을 위한 첫걸음

코너킥 필수 규칙

1. 직접 골을 넣을 수 있다

- 공이 나온 지점과 가까운 쪽 코너에 공을 놓는다.
- 코너 아크 안 어디에 놓아도 좋다. 라인 위도 OK.
- 코너 깃발을 이동하면 안 된다.
- 직접 골이 들어가면 득점으로 인정된다.

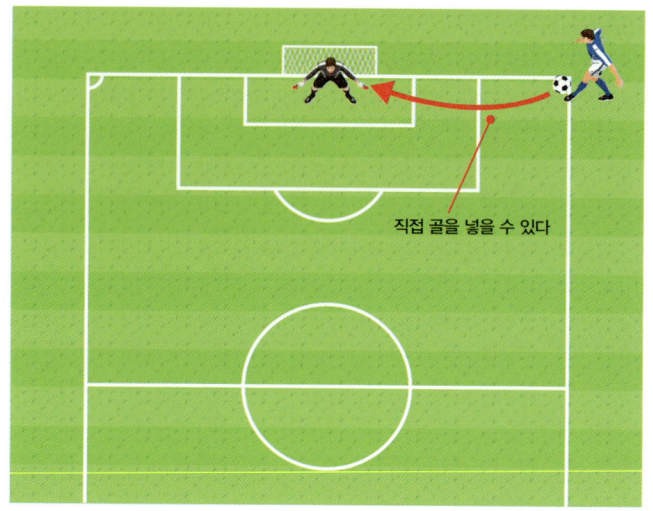

직접 골을 넣을 수 있다

2. 수비는 9.15m 안에 들어올 수 없다

- 수비 선수는 코너 아크에서 9.15m 이상 떨어져야 한다.

→ 정규 필드에는 코너 아크에서 9.15m 이상 떨어진 지점을 나타내는 표시가 있다. 상대팀 선수가 표시가 있는 곳 안으로 들어오면 주심과 부심에게 확실히 항의할 수 있다.

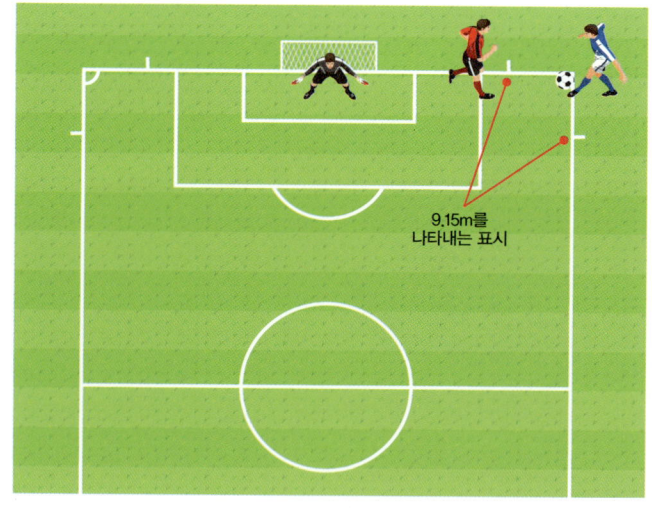

9.15m를 나타내는 표시

3. 오프사이드가 없다

● 코너킥에는 오프사이드가 적용되지 않는다.

→ 코너킥에는 오프사이드가 없다. 하지만 공을 짧게라도 차서 시합이 재개된 순간부터는 오프사이드가 적용된다. 예를 들어, 짧게 코너킥을 한 다음에 킥커가 다시 패스를 받았을 때 상대팀 최종 수비라인이 올라오면 오프사이드 판정을 받을 수 있으니 주의해야 한다.

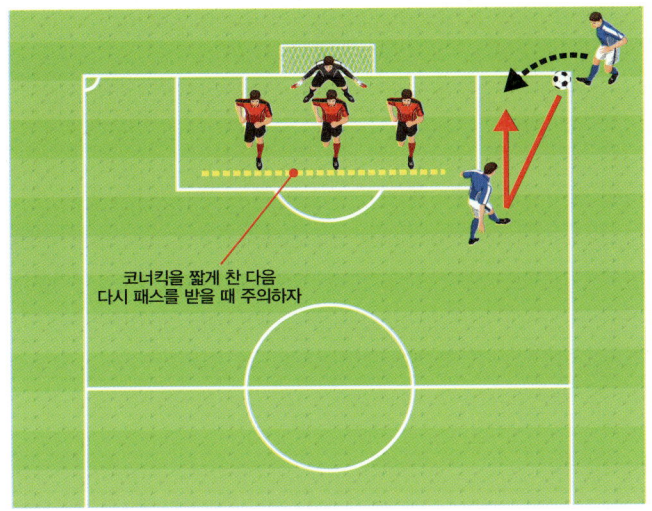

코너킥을 짧게 찬 다음 다시 패스를 받을 때 주의하자

상황 판단을 위한 첫걸음

공격 시 코너킥의 기본 개념

1. 제한적인 프리킥이라 생각한다

코너킥은 공을 놓는 곳이 두 곳으로 제한된 프리킥이라 할 수 있다. 아무 생각 없이 무조건 크로스를 올리는 팀이 많은데 무조건 골대 앞으로 공을 보낸다는 생각보다는 '자유롭게 크로스를 올릴 수 있는 곳'이라는 생각으로 크로스 이외의 방법으로 다양하게 훈련하는 것이 좋다. 상황이 제한적인 만큼 프리킥과 비교해 방법을 정리하기 쉬우며, 사인(Sign) 플레이와 같이 지도자가 활용할 수 있는 전술이 많은 것도 특징이다. 사실 프리킥은 킥커만 좋으면 전술 없이도 골을 결정할 수 있지만 코너킥은 그렇지 않다. 그러므로 지도자의 수완을 엿볼 수 있기도 한데, 가끔 지도자끼리 코너킥에 대해 이야기를 하다보면 격렬해질 때가 많다. 시합 중 상대팀의 세트피스에 제대로 대처하기 위해서도 지도자의 상황 판단력을 높일 수 있는 좋은 과제라 할 수 있다.

2. 킥커와 골대 앞 거리 차이를 이해한다

크로스를 노린다면 〈그림 1〉처럼 킥커와 가까운 쪽 골대 앞 공간과 먼 쪽 골대 앞 공간으로 나눠서 공을 찬다. 가까운 쪽은 수비수가 적기 때문에 좋은 타이밍에 상대팀 선수 앞으로 뛰어들 수 있는 민첩성과 궤도를 바꿀 수 있는 헤딩 기술이 필요하다. 먼 쪽은 공이 떨어질 때까지 시간이 걸리므로 높이 뛰어올라 공을 밑으로 떨어뜨릴 수 있는 선수가 필요하다.

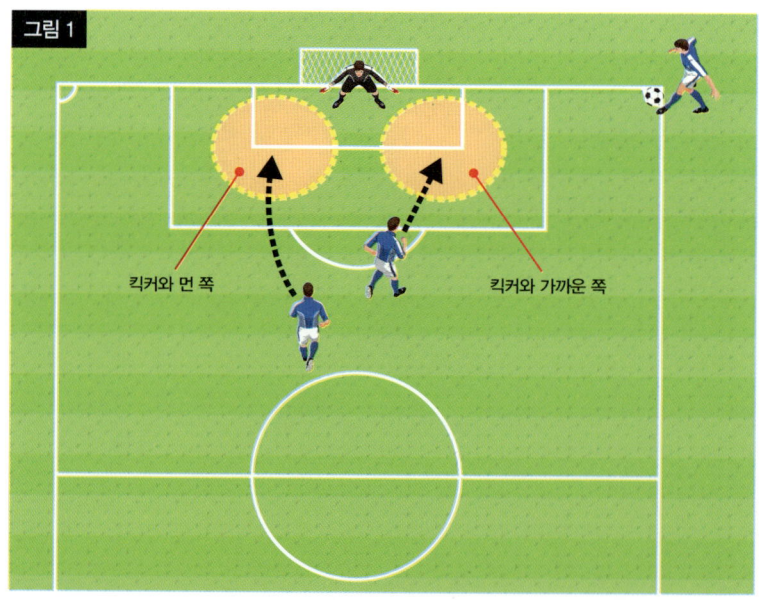

그림 1

킥커와 먼 쪽　　　　킥커와 가까운 쪽

◀ 상황에 맞춰 킥커와 가까운 쪽과 먼 쪽을 구분해 활용한다.

3. 골대로 향하는 공과 멀어지는 공을 이해한다

골대로 향하는 공은 〈그림 2〉와 같은 궤도를 그린다. 오른쪽 측면에서는 왼발 인프런트킥(엄지발가락 부분을 이용해 차는 킥), 왼쪽 측면에서는 오른발 인프런트킥을 찼을 때 공이 골대로 향한다. 이때 직접 공이 골대로 빨려 들어가지 않을 수도 있으니 중앙에 있던 선수는 빠르게 전방으로 뛰어들어야 한다.

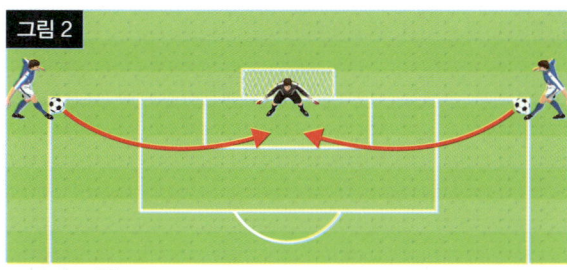
▲ 골대로 휘는 공

골대에서 멀어지는 공은 〈그림 3〉과 같은 궤도를 가진다. 중앙에 있는 킥커가 공을 가지는 형태이므로 상대팀과 비교했을 때 공중전에서 유리하거나, 골키퍼의 실력이 좋아 골을 한번에 막을 가능성이 클 때 사용한다.

일반적으로 수비 쪽은 공의 궤도를 예측해 수비 위치를 1m 정도 조정한다. 이때 우리 팀은 상대팀의 허를 찌르는 위치에서 직선으로 공을 차는 것도 재밌는 방법일 것이다.

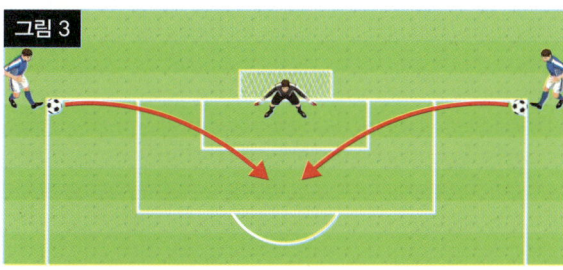
▲ 골대에서 멀어지는 공

코너킥 Corner Kick

공격 이론 기본 플레이

플레이 목적 골을 결정한다.

상황 해석 공을 놓는 위치가 제한된 프리킥이라 생각한다.

플레이의 흐름

① 공이 상대팀 선수에게 맞고 골라인을 나갔다.
② 각 선수가 골대 앞, 짧은 코너킥, 역습 등 역할에 맞춰 자기 자리로 간다.
③ 키커는 코너 아크에 공을 놓는다.
④ 크로스, 패스, 슈팅으로 공략한다.

상황에 맞게 대처한다

Let's 상황 판단 항상 골대 앞으로 공을 보내야 한다는 생각을 버린다

코너킥은 상대팀 선수가 9.15m 이상 떨어진 상태에서 자유롭게 측면 공격을 할 수 있는 것이라 생각하자. 공격 방법은 크로스, 패스, 슈팅 등을 사용해 다양하게 전략을 짤 수 있다. 그러므로 무조건 골대 앞으로 공을 보내야 한다는 생각을 버리는 것이 좋다.

코너킥 공격 이론 ①
▶▶ 짧은 코너킥을 사용한다

포인트 확실한 2 대 1 훈련을 통해 수적 우위를 살리는 플레이를 한다.

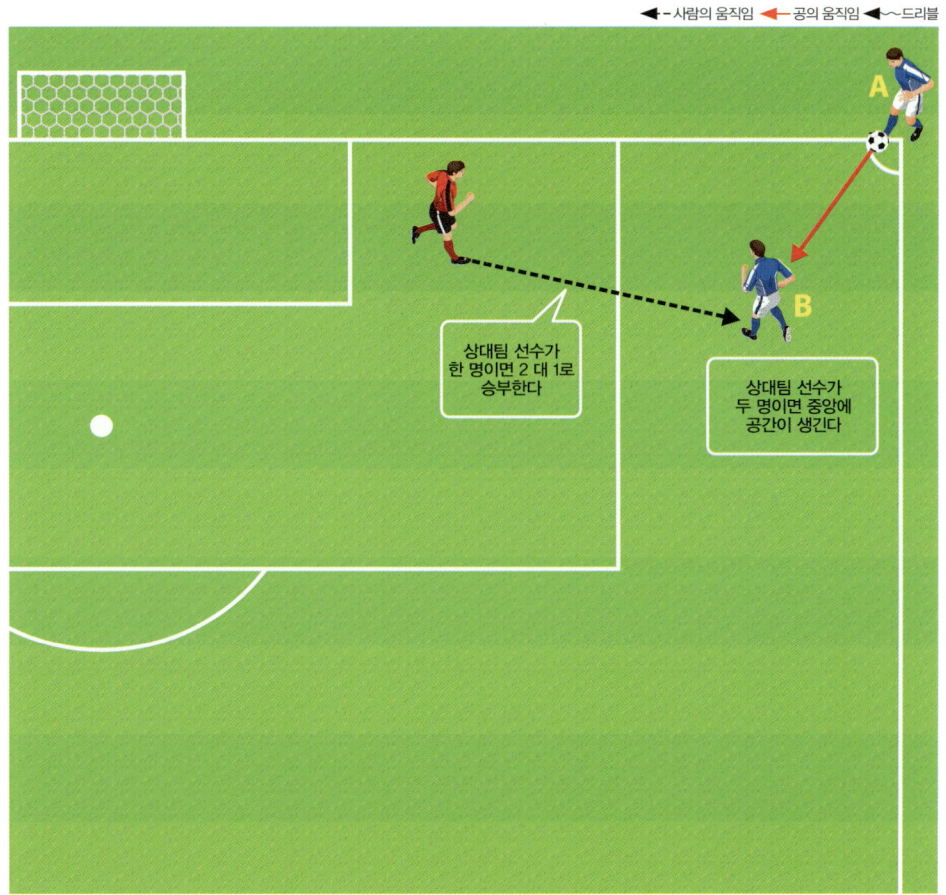

지도자 MEMO 킥커(A)와 리시버(B)를 수비하는 선수가 한 명이라면 2 대 1의 수적 우위를 점할 수 있다. 그러므로 교대, 원투, A가 유인하고 B가 드리블로 돌파해 슈팅하는 등 측면에서 공격하는 방법을 다양하게 활용할 수 있다. 그리고 이런 플레이를 하다보면 상대팀의 중앙 수비수가 다가오기 마련인데, 이때는 공백이 생기는 중앙을 이용해 크로스를 올리는 것이 좋다. 측면의 2 대 1은 코너킥 이외에도 측면 공격 시에 나올 수 있는 플레이지만 제대로 살리지 못하는 팀이 많은 것 같다. 반복 훈련으로 여러 가지 방법을 익히자.

코너킥 공격 이론 ②

▶▶ 직접 크로스를 올린다

포인트 무조건 차지 말고, 조금이라도 골 가능성이 높은 방향으로 찬다.

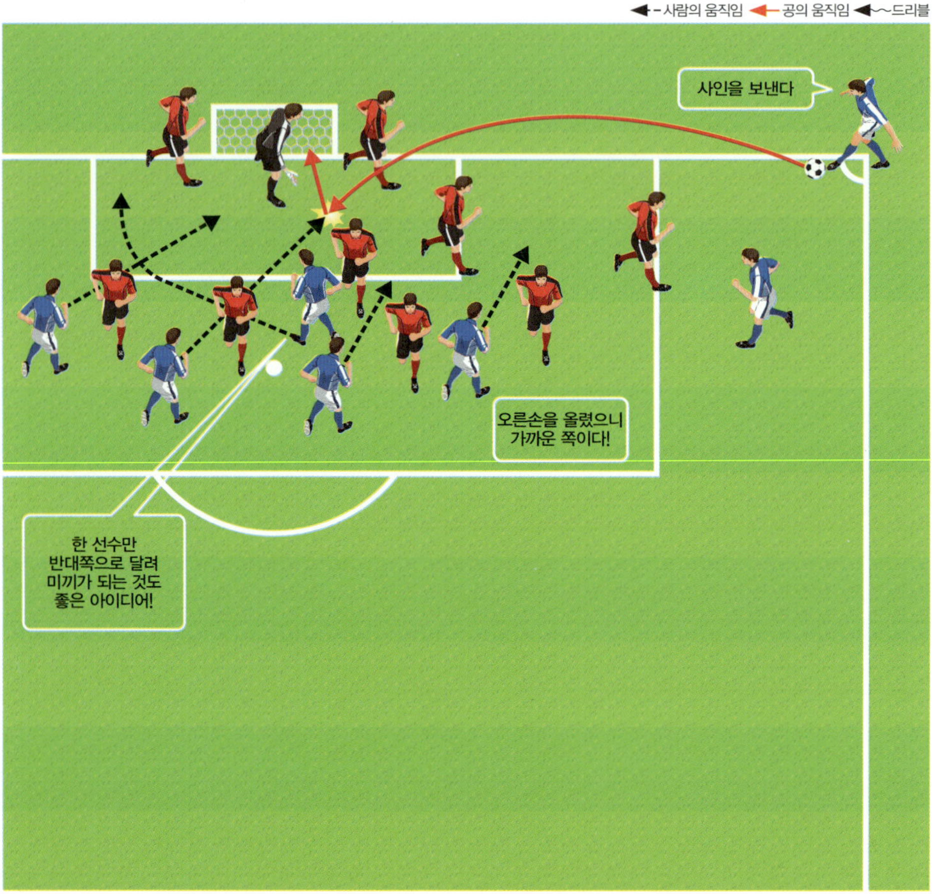

◀— 사람의 움직임 ◀— 공의 움직임 ◀〜 드리블

사인을 보낸다

오른손을 올렸으니 가까운 쪽이다!

한 선수만 반대쪽으로 달려 미끼가 되는 것도 좋은 아이디어!

지도자 MEMO
상대팀보다 키가 큰 선수가 많다면 처음부터 크로스를 올려 골대 앞으로 공을 보내는 것이 좋다. 상대팀이 짧은 코너킥 대비책을 확실히 준비했을 때도 마찬가지다. 중요한 것은 킥커와 중앙에 있는 우리 팀 선수와 생각이 같아야 한다는 것이다. 킥커가 골대 가까운 곳으로 찼는데 선수들이 먼 곳으로 몰려가서는 의미가 없다. 킥커는 공을 차기 전에 약속한 사인을 보내자. 왼손을 올렸다면 먼 쪽, 오른손을 올렸다면 가까운 쪽이라는 식으로 말이다. 스페인에서는 유소년 때부터 이렇게 플레이한다. 가까운 쪽과 먼 쪽 이외에 중앙을 선택할 수도 있지만 이곳은 골키퍼가 나오기 쉬워 슈팅 기회가 적다. 물론 지도자에 따라 견해가 다른 부분이긴 하다.

코너킥 공격 이론 ③

▶▶ 슈팅을 노린다

포인트 골보다는 상대팀의 실수 타이밍을 놓치지 않는다.

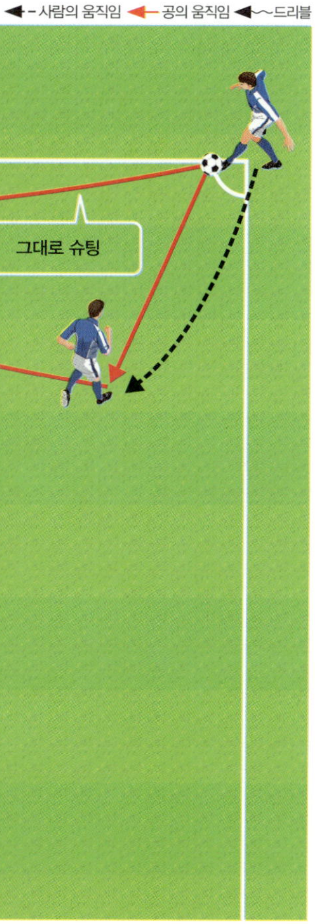

◀ – 사람의 움직임 ◀ – 공의 움직임 ◀ ～ 드리블

그대로 슈팅

각도를 바꿔서 슈팅

지도자 MEMO

코너킥에서의 슈팅은 직접 골이 잘 되지 않지만, 바람이 강하게 부는 등 골키퍼가 플레이하기 힘든 환경이라면 직접 골이 되기도 한다. 또한 상대팀 수비수의 머리에 맞고 들어가는 자책골을 생각할 수도 있다. 상대팀의 실수를 유발하려면 킥커와 가까운 쪽 골대 앞에 선수를 집중시키자. 골키퍼의 시야를 막을 수 있다. 더욱이 그림과 같이 짧은 코너킥으로 공을 뒤로 이동시키면 슈팅 각도가 생겨 유리해진다. 하지만 상대팀이 골대 쪽에 선수를 두지 않는다면 오프사이드가 되기 쉬우니 주의한다.

코너킥 Corner Kick

공격 이론: 방어 약점 파고들기

플레이 목적 지역방어와 대인방어의 약점을 파고 들어 골을 결정한다.

필요한 기술 시합 전에 상대팀의 수비 전술을 알아 두어야 한다.

플레이의 흐름

① 공이 상대팀 선수에게 맞고 골라인을 나갔다.
② 각 선수가 골대 앞, 짧은 코너킥, 역습 등 역할에 맞춰 자리로 간다.
③ 킥커는 코너 아크에 공을 놓는다.
④ 상대팀의 수비 전략을 파악해 공격한다.

수비 전략에는 반드시 장점과 단점이 있다

Let's 상황 판단: 각 방어의 약점을 파악하고 공격법을 개시한다

수비는 크게 지역방어, 대인방어 그리고 조합수비로 나뉜다. 실제로 조합수비 시스템은 많은 팀이 활용하는데 이런 수비 전략에 대항하는 방법은 기본적으로 코너킥이든 플레이 중이든 똑같다. 각각의 장점과 단점을 파악해 전술 짜고, 선수들의 전술 이해도를 높이는 것이 바람직하다.

코너킥 공격 이론 ④

▶▶ 상대팀이 지역방어를 한다면 짧은 코너킥으로 대비한다

 크로스가 올라올 것을 대비해 짧은 코너킥으로 무너뜨린다.

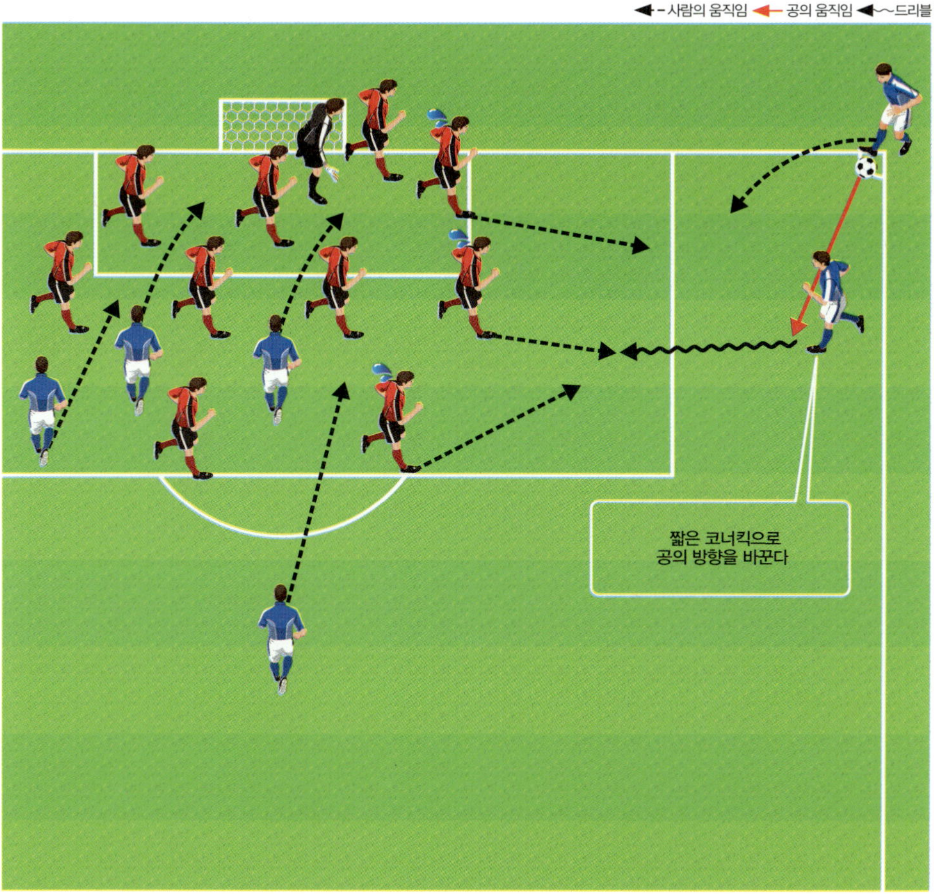

◀─ 사람의 움직임   ◀─ 공의 움직임   ◀∼ 드리블

짧은 코너킥으로 공의 방향을 바꾼다

 지역방어로 포진한 팀은 각 지역을 담당해 공이 오면 대처한다. 이 전술은 키가 큰 선수가 많아 중앙으로 오는 크로스를 잘 처리할 수 있는 팀이 자주 쓰는데, 이런 전략을 무너뜨리는 것이 바로 짧은 코너킥이다. 상대팀은 크로스가 올라올 것을 대비해 개인의 수비진영을 미리 정해 놓았기 때문에 짧은 코너킥으로 공의 방향을 바꾸는 것만으로도 우왕좌왕하게 된다. 상대팀의 대처가 늦어지면 드리블로 돌파해 슈팅하거나 골대와 가까운 위치에서 짧게 크로스를 올리는 등 다양한 공격 방법을 쓸 수 있다. 상대팀은 이런 식으로 돌파당하면 손발이 맞지 않게 되어 있다. 무조건 크로스를 올리면 상대팀의 작전에 그대로 말려드니 유의하자.

코너킥 공격 이론 ⑤

▶▶ 상대팀이 대인방어를 한다면 블로킹을 활용한다

포인트 다른 선수를 블로킹해 우리 팀 선수를 자유롭게 만든다.

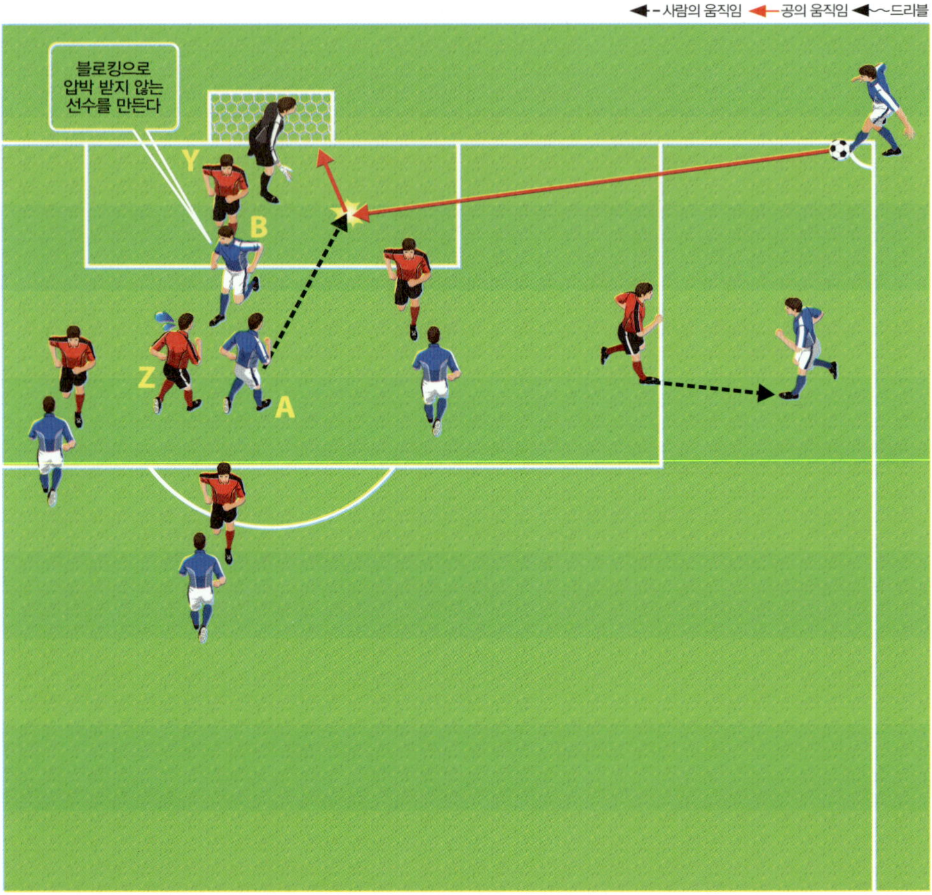

◀─ 사람의 움직임   ◀── 공의 움직임   ◀∼ 드리블

블로킹으로 압박 받지 않는 선수를 만든다

대인방어는 각 선수가 수비할 선수를 결정해 그대로 따라붙는 전술이다. 수비할 선수가 확실한 만큼 짧은 코너킥 등 변형적인 전술에 적응이 빠르지만 그 이외의 움직임을 파악할 수 없다는 것이 최대의 약점이다. 공격 쪽은 이런 약점을 공략하자. 그림과 같이 일대일로 A를 수비하는 Z를 B가 몸으로 막으면 A가 압박에서 자유로워진다. 이론적으로는 Y와 Z가 수비를 교대하면 대처할 수 있지만 대인방어는 자신이 수비하는 선수의 움직임만 쫓기 때문에 이 상황을 파악하는 데는 시간이 걸린다. 이때 A에게 크로스나 패스가 오면 자유롭게 슈팅할 수 있다.

코너킥 공격 이론 ⑥

▶▶ 상대팀이 조합수비를 한다면 우리 팀의 장점을 활용한다

포인트 수비의 장단점을 파악해 장점을 살릴 수 있는 곳을 공략한다.

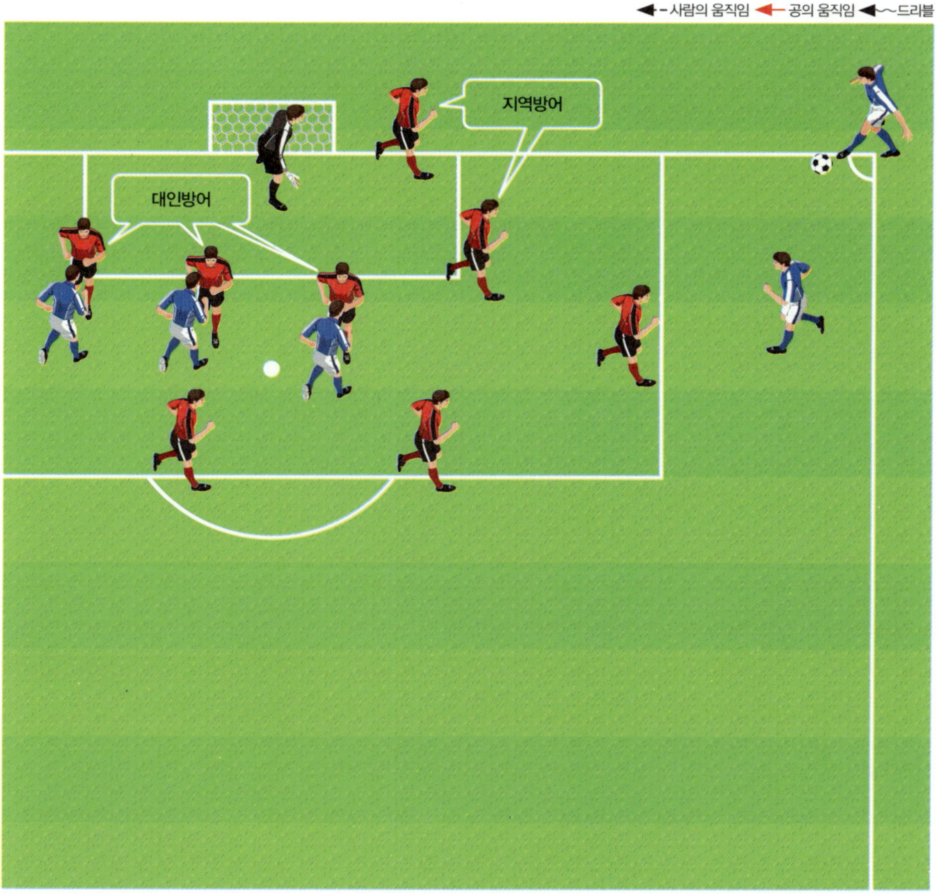

◀─ 사람의 움직임   ◀── 공의 움직임   ◀~~~ 드리블

(지역방어)
(대인방어)

가장 많이 활용되는 수비법은 지역방어와 대인방어를 조합한 것이다. 두 방법의 장단점이 혼합되어 있으므로 어느 쪽을 공략해야 좋을 지 파악하며 공격하자. 만약 킥커와 가까운 골대 쪽에 지역방어를 하는 선수는 있으나 짧은 코너킥을 처리할 선수가 없다면 그곳을 중점적으로 공략한다. 또는 짧은 코너킥으로 백패스했을 때 상대팀 수비라인이 올라오다가, 대인방어를 담당한 한 선수만 올라오는 게 늦다면 2선에서 뛰쳐나와 공격할 수 있다. 이처럼 상대팀의 약점을 우리 팀의 장점(공중전에 유리하다, 중거리 슛이 정확하다 등)을 활용해 집중 공략한다.

코너킥 Corner Kick

공격 이론 상황에 따른 전략 플레이

플레이 목적 상황에 따라 코너킥을 유용한다.
필요한 기술 시합의 흐름을 읽고 지금 팀에 필요한 것을 생각하는 능력이 필요하다.

플레이의 흐름
① 공이 상대팀 선수에게 맞고 골라인을 나갔다.
② 시합의 흐름을 읽고 상황을 판단해 위치를 선정한다.
③ 킥커는 코너 아크에 공을 놓는다.
④ 다양한 방법으로 공략한다.

> 지금 팀에 필요한 것이 무엇인지를 생각하자!

Let's 상황 판단 시합의 흐름에 맞춰 플레이한다

코너킥에 한한 것은 아니지만, 전술 이해도가 높은 선수는 시합의 흐름을 읽고 그 순간 가장 필요한 플레이를 한다. 빠르게 시합을 재개할 것인지, 시간을 들일 것인지, 혼전 상황에서는 어떻게 대처할 것인지를 판단하는 것이다. 기본적인 이론을 소개한다.

코너킥 공격 이론 ⑦
▶▶ 공격을 빠르게 재개한다

포인트 상대팀과 우리 팀의 전열이 다듬어져 있는가?

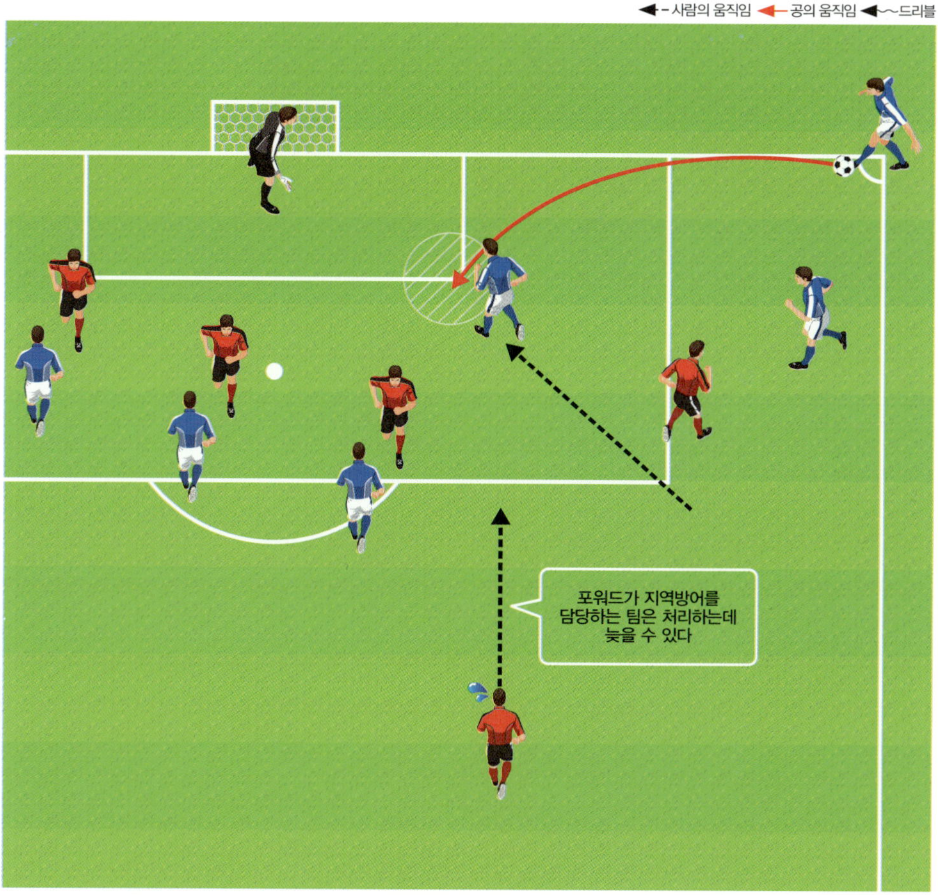

◀— 사람의 움직임　◀— 공의 움직임　◀～드리블

> 포워드가 지역방어를 담당하는 팀은 처리하는데 늦을 수 있다

공이 골라인을 나간 후, 상대팀 수비가 다듬어지기 전에 빠르게 시합을 시작해 허를 찌른다. 특히 상대팀이 킥커와 가까운 쪽 공간에 지역방어를 위해 포워드를 배치했을 때 빨리 시작하면, 포워드가 자신의 수비 위치에서 내려오기 전에 공격할 수도 있다. 하지만 이 이론은 수비 쪽이 포워드를 정말로 그곳에 배치할 것인지에 대해서도 지도자에 따라서 의견이 갈린다(166~167쪽 참조). 주의해야 할 것은 상대팀의 전열이 다듬어져 있지 않을 때는 우리 팀도 마찬가지일 수 있다는 것이다. 무조건 빨리 시작하는 게 좋은 것은 아니다. 어떤 것이 좋고 나쁜지를 판단하자.

코너킥 공격 이론 ⑧

▶▶측면에 여러 명의 선수를 둔다

포인트 적어도 3명의 선수가 짧은 코너킥에 가담해 상대팀의 수비를 휘젓는다.

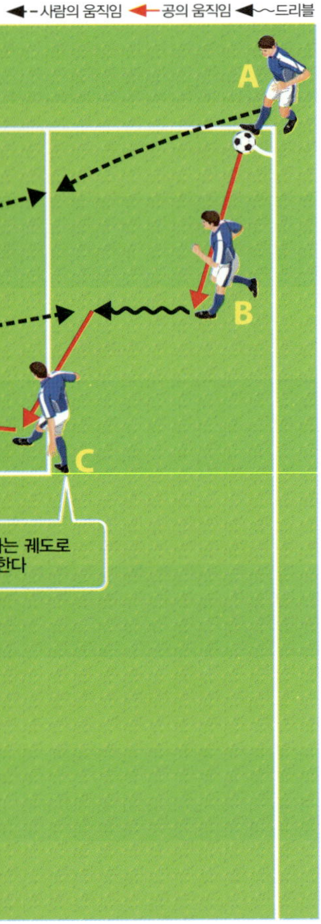

◀―사람의 움직임　◀― 공의 움직임　◀～드리블

골대로 향하는 궤도로 슈팅한다

짧은 코너킥은 보통 킥커(A)와 리시버(B)로 이루어지는데, 두 명의 수비수가 따라온다면 수적으로 우위를 점할 수 없다. 이때 선수(C)를 더 가담시키자. 경험상 대부분의 팀은 두 명에서 대처하는데, A와 B가 돌파하는 척하고, C가 페널티 지역 모서리 부근에서 자신과 먼 골대 쪽으로 슈팅 또는 크로스로 공을 노리는 것도 좋다. 물론 흘러나온 공을 넣을 수도 있다. 만약 수비수가 3명이라면? 위와 같은 플레이는 어렵지만 중앙이 비어서 다른 선수가 움직이기 쉽기 때문에 크로스로 골이 탄생할 수도 있다.

코너킥 공격 이론 ⑨

▶▶이기고 있다면 코너 부근에서 시간을 번다

포인트 수비수를 블로킹하는 선수를 활용해 공을 지킨다.

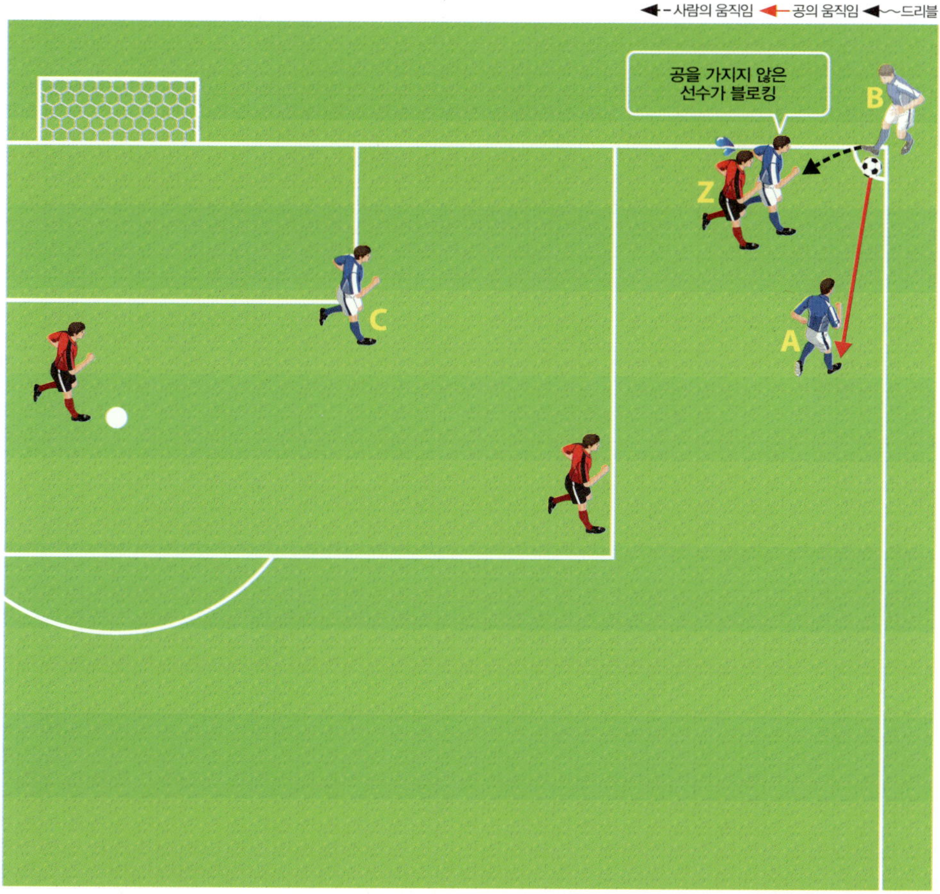

사람의 움직임
공의 움직임
드리블
공을 가지지 않은
선수가 블로킹
B
Z
C
A

지도자 MEMO

시합 종료 5분 전, 이기고 있는 팀은 시간을 벌면서 시합을 끝내야 한다. 하지만 일부러 시간을 벌려고 하면 심판도 상대팀이 반칙했을 때 휘슬을 불지 않는 등 상대팀에 유리한 판정을 하는 것이 암묵적 규칙이다. 이럴 땐, 그림과 같이 A에게 패스하고 B가 Z를 블로킹하자. 공과 상관없이 계속 블로킹을 하면 반칙이 될 수 있으니 오프사이드에 신경 쓰면서 A와 한 번 정도 패스를 교환하면 심판도 반칙을 주지 않는다. 그리고 상대팀 선수가 공에 몰려든다면 중앙에 있는 C에게 패스를 해 골을 노려도 좋다. 3명이서 역할을 나눠서 시간을 벌면 공을 지키기 쉽다.

테크닉	코너킥(공격)

수비수가 물을 마시는가? 골대를 잡고 있는가?

포인트 상대팀 선수가 틈을 보이는지 주의 깊게 관찰한다.

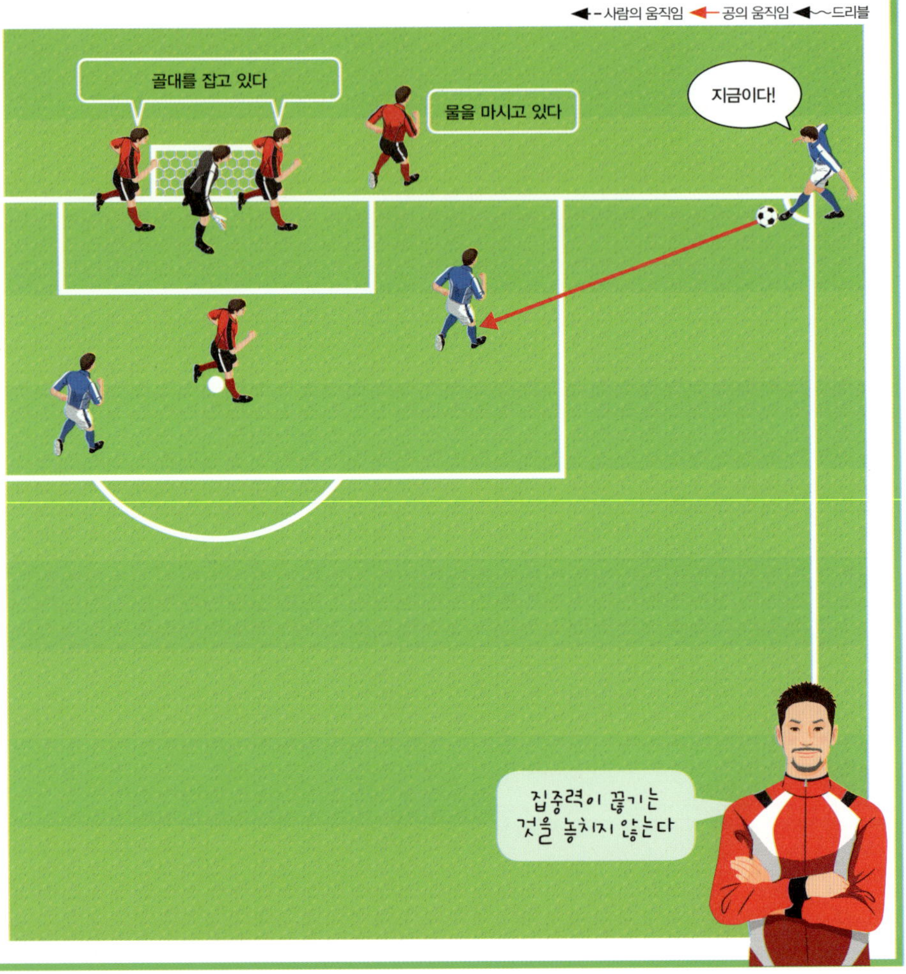

상대팀 선수가 잠시 휴식을 하는 의미로 물을 마신다면 이때 빨리 공격을 재개하자. 이럴 땐 공을 차도 느리게 반응하기 마련이다. 참고로 2008년 베이징 올림픽에서 일본 대표팀을 이끌었던 소리마치 야스하루 감독은 선수들에게 코너킥을 수비할 때 절대 물을 마시지 말 것을 지시한 적이 있다. 우리 팀 선수가 일부러 물을 마시러 가 상대팀 선수가 물을 마시도록 유도할 수도 있다. 골대를 잡는 것 또한 휴식을 취한다는 의미에서 스페인 지도자도 "골대를 잡지 마"라고 선수들에게 말한다. 상대팀의 심리적 상태를 관찰하는 것도 축구에서는 중요하다.

테크닉 | 코너킥(공격)

상대팀이 공에서 눈을 뗐다면 빠르게 시합 재개!

포인트 상대팀이 우왕좌왕할 때 빠르게 시작한다.

◀─ 사람의 움직임 ◀─ 공의 움직임 ◀～ 드리블

"네 위치 선정이 안 좋았어!"

"빠르게 재개!"

"그런 실수 하지 마!"

"상대팀의 흔들림을 놓치지 않도록!"

지도자 MEMO

상대팀의 실수로 코너킥을 얻었을 때는 빨리 재개하는 것이 좋다. 실수한 선수는 기분을 전환하기 위해 뭔가 말을 하거나 심할 때는 같은 팀 동료와 말다툼을 하며 위치 파악을 게을리할 수 있기 때문인데, 이때 빠르게 공을 패스하면 상대팀은 더욱 혼란스러워진다. 또한 심판 판정에 불만을 보이는 등 상대팀이 공에서 눈을 뗐을 때도 빨리 플레이를 시작하는 것이 좋다. 세계 최고의 선수인 사비 에르난데스(Xavier Hernandez, 스페인)와 안드레스 이니에스타(Andres Iniesta, 스페인)의 플레이를 보면 그들이 항상 이런 순간을 노린다는 것을 알 수 있다.

실제로 있었던 전술 스페인리그

킥커를 교체하는 척하며 시작!

포인트 킥커를 교체하는 척하면서 그대로 시작한다.

◀─ 사람의 움직임　◀── 공의 움직임　◀∼ 드리블

킥커를 교대하는 척하면서 공을 패스한다

이와 같은 작전도 있다는 것을 알아 두자

지도자 MEMO

코너에 공을 놓은 A가 같은 팀 B와 교대하는 척하면서 공을 차는 작전으로 스페인에서 자주 볼 수 있다. 실제로는 짧은 코너킥을 차는 것이다. 그리고 B는 받은 공을 그대로 드리블해 상대팀의 허를 찌른다. 이때 연기력이 중요하다. 코너 아크로 공을 옮길 때 발을 사용하고, 공을 놓은 상태에서는 집중하지 못한 듯 힐킥(발뒤꿈치로 차는 킥)으로 공을 차 상대팀이 시합이 시작된 것을 눈치채지 못하게 한다. 또한 심판이 공을 제대로 놓은 것을 확실히 알 수 있도록 부심 쪽 코너에서 하는 것이 포인트다. 심판에 따라 다시 차야할 경우도 있다.

실제로 있었던 전술 스페인리그

시선을 뺏어 한눈을 팔게 한 후 찬다

포인트 눈에 띄는 행동으로 시선을 끌고 다른 선수를 활용해 허를 찌른다.

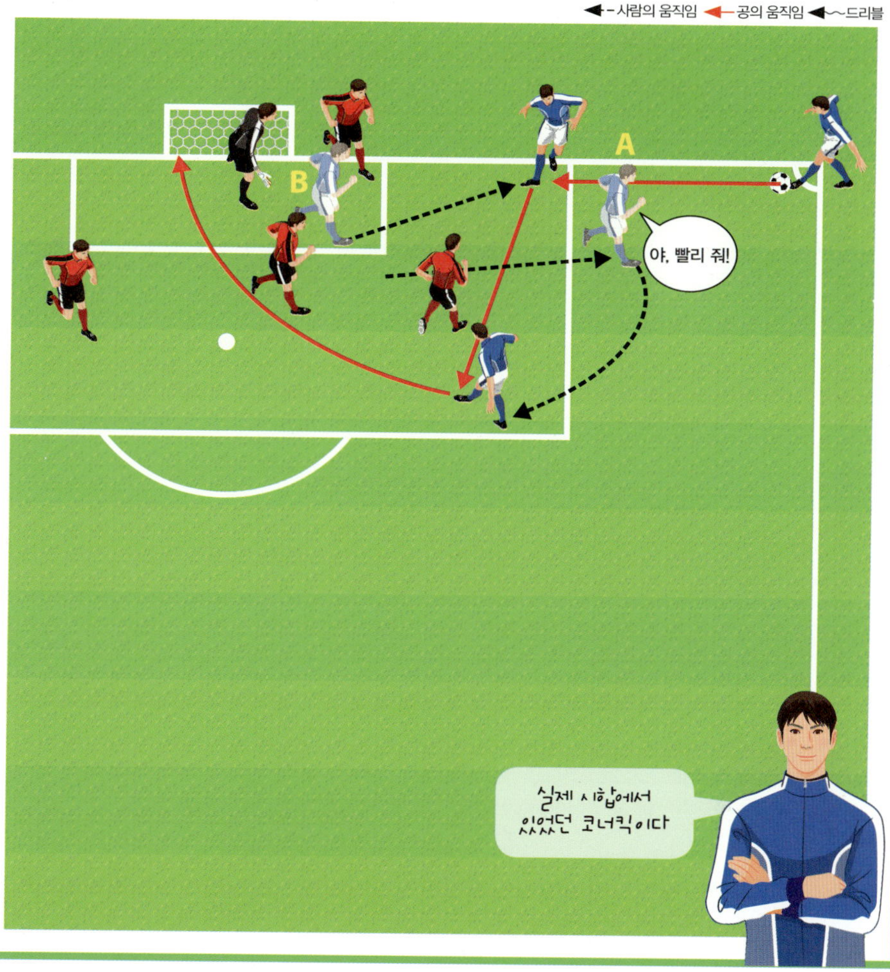

◀— 사람의 움직임 ◀— 공의 움직임 ◀~ 드리블

야, 빨리 줘!

실제 시합에서 있었던 코너킥이다

이것도 스페인에서 실제로 있었던 플레이다. A가 짧은 코너킥을 받으러 공에 다가가지만 밀착 수비 때문에 킥커에게 패스받기 힘든 상황이다. 이에 화가 난 A가 "빨리 줘!"라고 큰소리치고 불만스럽게 골대 앞으로 되돌아가는 것이다. 그러면 대부분의 수비수가 A에게 신경을 쓰게 되는데 그 순간 B가 올라가 패스를 받아 버린다. 공에서 눈을 떼고 방심했던 수비수는 당황해 B를 쫓게 되고, 이때 B는 골대 앞으로 돌아가 있던 A에게 재빨리 패스해 슈팅으로 연결시킨다. A 자리의 선수는 주로 사용하는 다리를 고려해 원터치로 슈팅할 수 있는 선수를 배치하는 것이 좋다.

상황 판단을 위한 첫걸음

수비 시 코너킥의 기본 개념

1. 각도가 없는 크로스 대처

수비의 기본은 '공과 상대팀 선수를 한눈에 보는 것'이다. 하지만 코너킥처럼 각도가 확보되지 않는다면 골대 옆으로 공이 날아오기 때문에 〈그림 1〉의 A처럼 선수와 공을 같은 시야에 두면 상대팀 선수와 골대 사이에 설 수 없어 슈팅 코스가 오픈되고 만다. 반대로 B와 같이 슈팅 코스에 서면 수비해야 할 선수를 옆으로 봐야 해 놓치기 쉽다. 즉, 공과 상대팀 선수를 한 시야에 넣고 슈팅 코스를 차단하기란 무척 어려운 것이다.

상대팀이 측면에서 공격해 올 때도 마찬가지다. 〈그림 2〉와 같이 상대팀이 중앙을 돌파한다면 공과 선수를 한눈에 보기 쉽지만 측면에서 공격당하면 속수무책이다. 항상 '상대팀 선수의 어떤 공에 주의해야 하는지'를 고려해 상황을 판단한다.

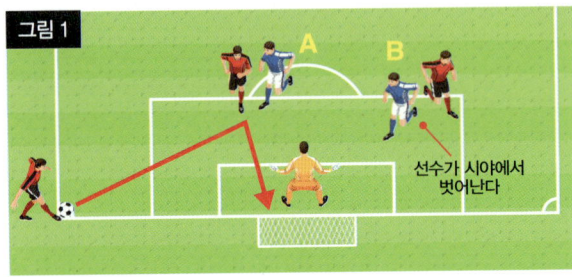

▲ 선수와 공을 같은 시야에 두면 슈팅 코스가 오픈된다.

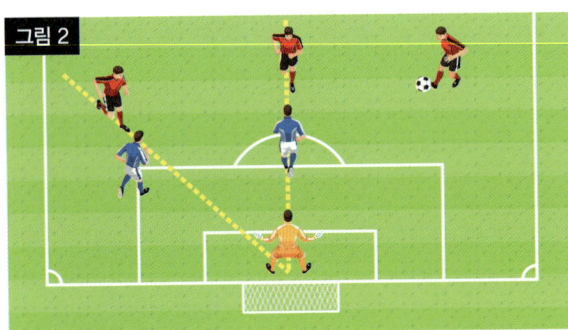

▲ 중앙에서는 공과 상대팀 선수를 같은 시야에 넣으며 골대와 상대팀 사이에 선다.

2. 킥커와 가까운 지역이 중요하다

코너킥을 수비할 때 가장 큰 역할을 맡은 선수는 킥커와 가까운 지역을 지키는 선수다. 만약 〈그림 3〉처럼 측면에서 크로스로 공이 올라오면 상대팀 선수의 움직임을 한눈에 파악하기가 어렵다. 그래서 이 부분에 공을 걷어내는 것을 전담하는 선수를 두게 되는데, 전문 수비수는 중앙에서 수비를 담당하기 때문에 보통은 키가 큰 포워드를 둔다. 하지만 포워드도 헤딩으로 공을 찍어내는 기술에 능하지 공을 걷어내는 기술을 구사하지 못하는 경우도 많다. 그래서 지도자 중에는 이 지역에 포워드를 두지 않는 경우도 있다. 또한 상대편 골대 주변에는 선수의 수비력이 필요 없어 키가 작은 사이드백 또는 디펜스를 미드필더를 두는 경우가 많고, 킥커와 가까운 지역과 비교했을 때도 중요도가 떨어지므로 짧은 코너킥을 담당하게 된다.

그림 3
골대에 가까운 지역
가까운 골대
먼 골대

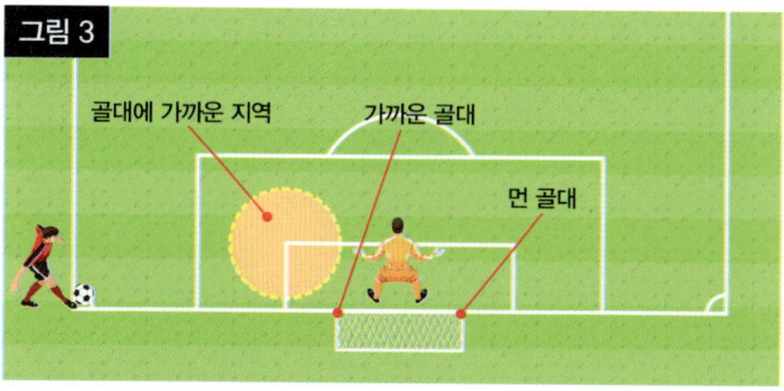

▲ 각각의 위치에 적절한 선수를 둔다.

3. 골키퍼에게 어떤 역할을 부여할 것인가?

골키퍼는 손을 사용할 수 있는 유일한 선수라 상대팀 선수와 키 차이가 많이 나지만 않으면 공중전에서 무조건 유리한 조커 같은 존재다. 상대팀이 코너킥을 할 때는 골키퍼가 활약할 수 있는 상황이라고 생각해 〈그림 4〉처럼 과감하게 일정 지역을 골키퍼에게 맡기자. 지역 내에서 골키퍼가 자유롭게 움직이도록 하는 것이다.
골키퍼의 능력과 지도자의 생각에 따라 그림에 표시한 지역에 다른 선수를 둘 때도 있다. 골키퍼가 점프할 때 상대팀 선수와 부딪힐 수 있으므로 다른 선수에게 블로킹을 맡겨 골키퍼가 공에만 집중하도록 하는 것이다. 지도자의 생각을 엿볼 수 있는 부분이다.

그림 4

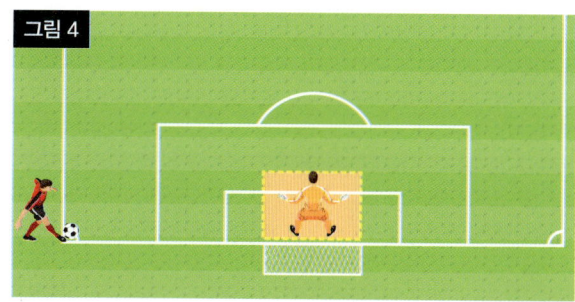

◀ 골키퍼가 공을 처리할 지역을 정한다.

코너킥 Corner Kick

수비 이론 | 상황에 맞게 수비 구축하기

플레이 목적 상황에 맞는 수비법을 구사한다.

필요한 기술 시합의 흐름을 읽고 상황을 판단하는 능력이 필요하다.

플레이의 흐름
① 공이 우리 팀 선수에게 맞고 골라인을 나갔다.
② 팀에서 정한 각자의 위치에 선다.
③ 상대팀 킥커가 공을 찬다.
④ 공을 걷어내고 가능하다면 역습으로 이어간다.

> 방법을 그저 암기만 하면 끊임없이 변하는 상황에 대처할 수 없다!

Let's 상황 판단 | 상황 판단이 기본이다

대인방어와 지역방어 어떤 수비법이든 장단점이 있다. 지도자는 이 장단점을 이해하고 전술을 짜야 한다. 상황을 제대로 판단하지 못하면 수비가 점점 균형을 잃어가도 대처 방법을 몰라 우왕좌왕하게 된다.

코너킥 수비 이론 ①

▶▶ 지역방어를 한다면 지그재그로 선다

포인트 지그재그로 서면 상대 선수들이 들어오기 힘들다.

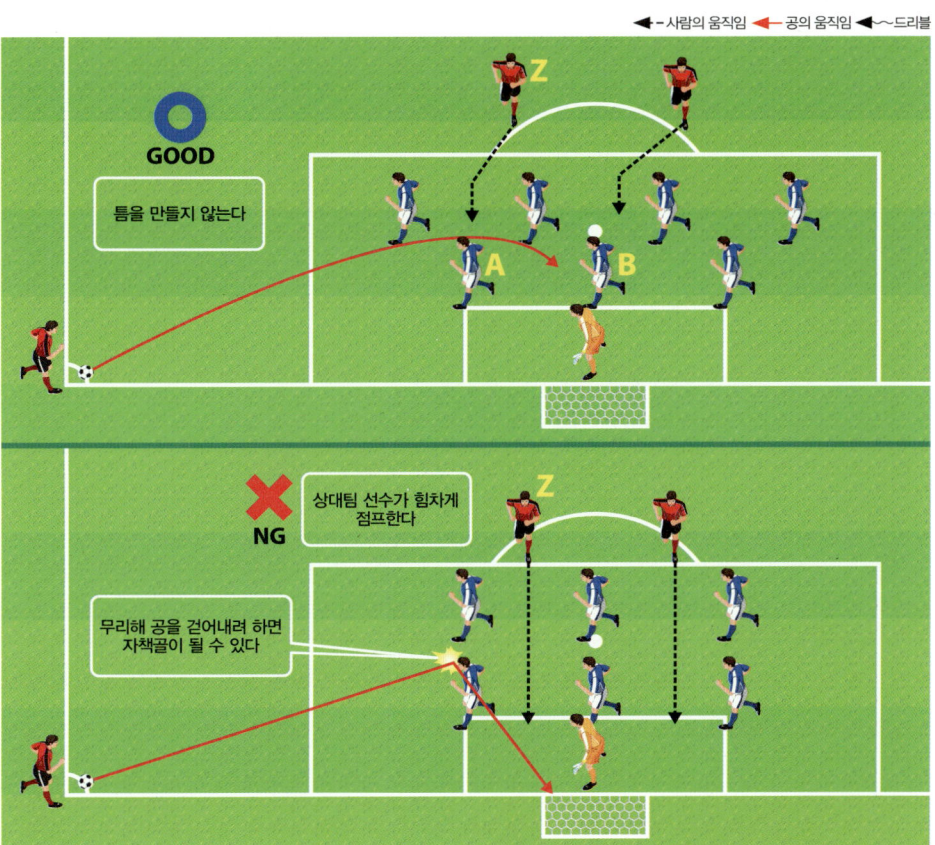

GOOD 플레이

상대팀 선수가 수비라인에 들어오지 못하게 수비수를 지그재그로 배치한다. 예를 들어 공이 A의 머리를 넘어 떨어지면 앞을 보고 있는 B가 처리한다. 그리고 A는 끝까지 공을 쫓아 달려드는 Z를 몸으로 막는다. 이렇게 지그재그로 서면 상대팀 선수에게 딱 맞는 크로스가 올라와도 수비수들 사이에 들어오기 힘들다.

NG 플레이

그림과 같이 직선으로 서면 골대까지의 코스가 열려 상대팀 선수가 들어올 공간이 생겨 높이 점프를 할 수 있다. 또한 뒤쪽으로 온 공을 무리하게 걷어내려고 하면 머리에 맞고 자책골이 될 가능성이 크다. 특히 상대팀 킥커가 정확하고 빠른 공을 찼는데, 이를 단순히 걷어내려고만 움직이면 실책 가능성은 더 커진다.

코너킥 수비 이론 ②

▶▶ 대인방어를 한다면 키커 주변에 수비수를 더 둔다

포인트 대인방어로만은 부족하다.

◀─ 사람의 움직임   ◀━ 공의 움직임   ◀〜 드리블

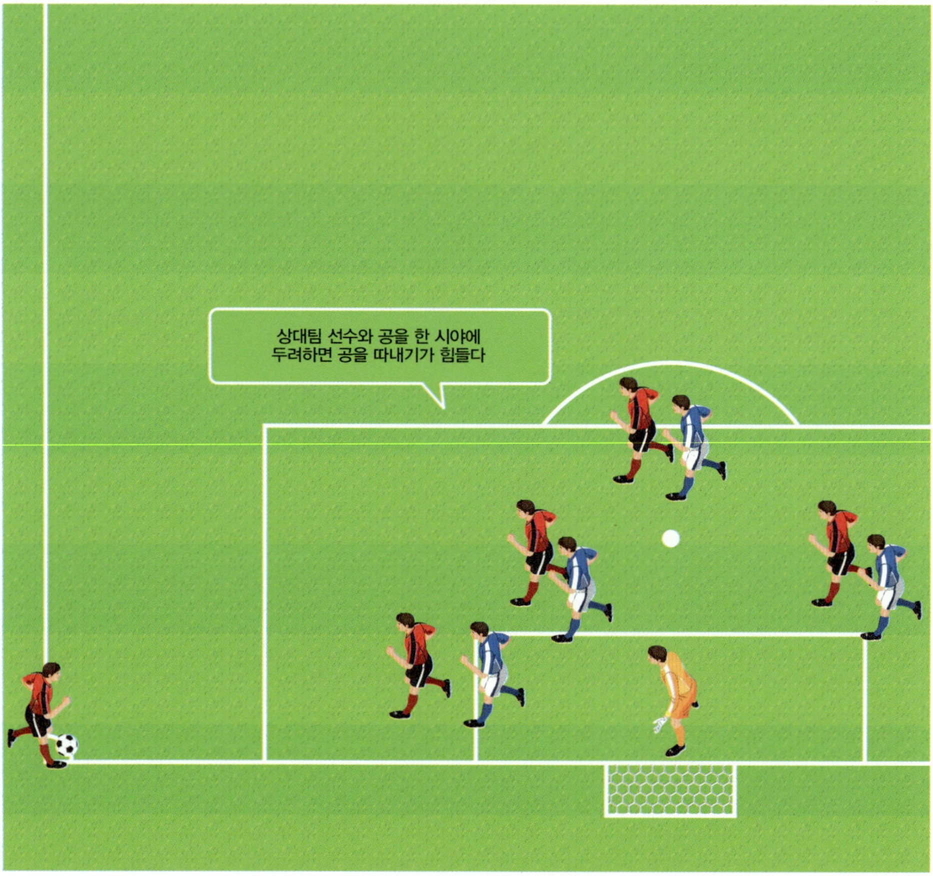

상대팀 선수와 공을 한 시야에 두려하면 공을 따내기가 힘들다

 코너킥에 모든 선수가 대인방어로만 대처하는 팀은 거의 없다. 대인방어가 중심인 팀이라도 최소한 키커와 가까운 지역과 골대 근처에는 수비수를 둔다. 대인방어로 수비를 한다면 기본적으로 공과 담당 선수를 한 시야에 두어야 한다. 하지만 코너킥은 골대 옆으로 날아오게 되어 있고, 이 상황에서 공과 공격수를 보려 하면 상대팀 선수의 뒤에 서야 한다. 이 위치에서 '상대팀 선수보다 먼저 공을 따내는 것'은 힘들다. 따라서 대부분의 팀이 키커와 가까운 지역에 수비수를 놓는다. 이는 측면을 돌파당해 상대팀이 크로스를 올릴 때도 필요한 수비법이다.

코너킥 수비 이론 ③

▶▶ 조합수비를 펼친다면 상황에 따라 대처한다

포인트 상대팀의 공격에 따라 조합 방법을 바꾼다.

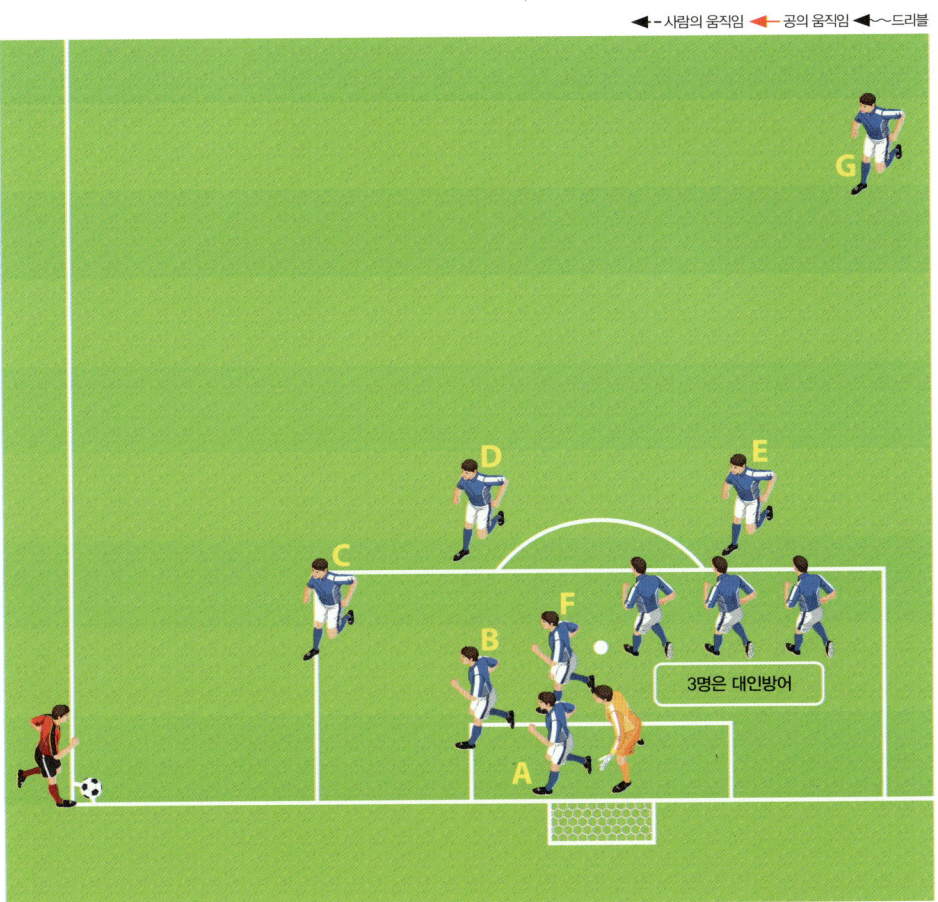

지도자 MEMO

그림은 조합수비의 한 예다. 킥커와 가까운 쪽 골대에 A, 가까운 지역에 B, 짧은 코너킥 대처에 C, 흘러나오는 공 대처에 D와 E, 골대 앞에 F 등 총 6명을 지역방어 선수로 놓고 전방에 G를 놓았다. 그리고 나머지 3명은 달려드는 상대팀 선수를 따라 붙는다. 쇄도하는 상대팀 선수가 4명이면 F를 대인방어로 돌리고, 5명이라면 D까지 대인방어로 돌린다(E는 D가 있는 곳과 E의 중간쯤에 들어간다). 짧은 코너킥은 C와 A가 나와 처리한다. 또 킥커가 사용하는 발에 따라 공이 골대로 향하는 공이라면 골키퍼가 골라인에 서고, 골대에서 멀어지는 공이라면 골키퍼를 포함해 전체 수비가 1m 정도 앞으로 나올 수도 있다. 이처럼 조합수비는 여러 가지 상황에 맞춰 형태를 바꿀 수 있도록 세밀하게 짜야할 필요가 있다.

코너킥 수비 이론 ④

▶▶ 골대 쪽에는 몇 명이 서는 게 적당한가?

포인트 골키퍼의 능력을 고려해 양쪽 골대에 설 선수를 정한다.

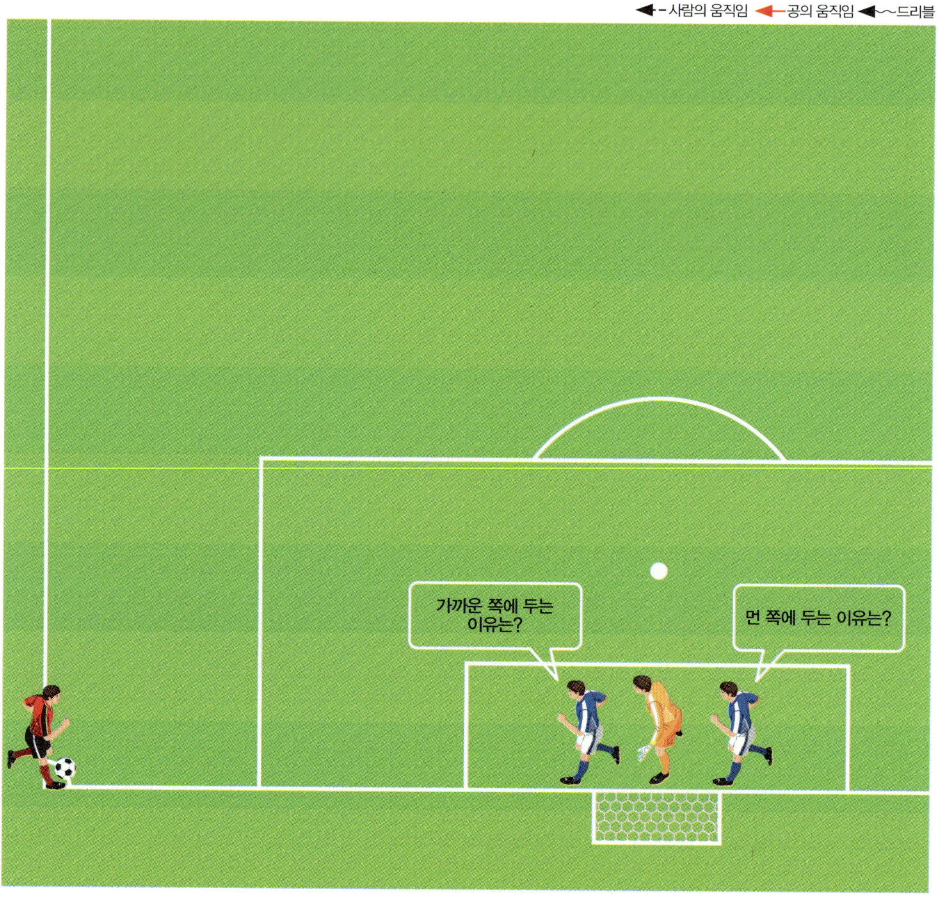

◀─사람의 움직임 ◀─공의 움직임 ◀〜드리블

가까운 쪽에 두는 이유는?

먼 쪽에 두는 이유는?

지도자 MEMO

가까운 쪽 골대에 선수를 세우면 짧은 코너킥에 대처할 수 있는 이점이 있다. 공을 걷어낸 후에 코너킥 킥커를 수비하는 것도 이곳에 있는 선수의 역할이다. 코너킥 킥커를 자유롭게 두는 바람에 걷어낸 공을 다시 킥커가 크로스로 성공시키는 경우가 상당히 많다. 먼 쪽 골대에 수비수는 골키퍼가 뒷걸음질 치면 몸의 균형을 잃을 수 있어 이를 지원하기 위함이다. 하지만 양 골대에 선수를 놓으면 골키퍼는 좋지만, 중앙에서는 그만큼 수비를 해 줄 선수가 줄어드는 것이니 선수의 능력을 종합적으로 판단해야 한다.

코너킥 수비 이론 ⑤

▶▶ 공을 뺏고 난 뒤의 역습도 고려한다

포인트 역습을 위한 포지션도 필요하다.

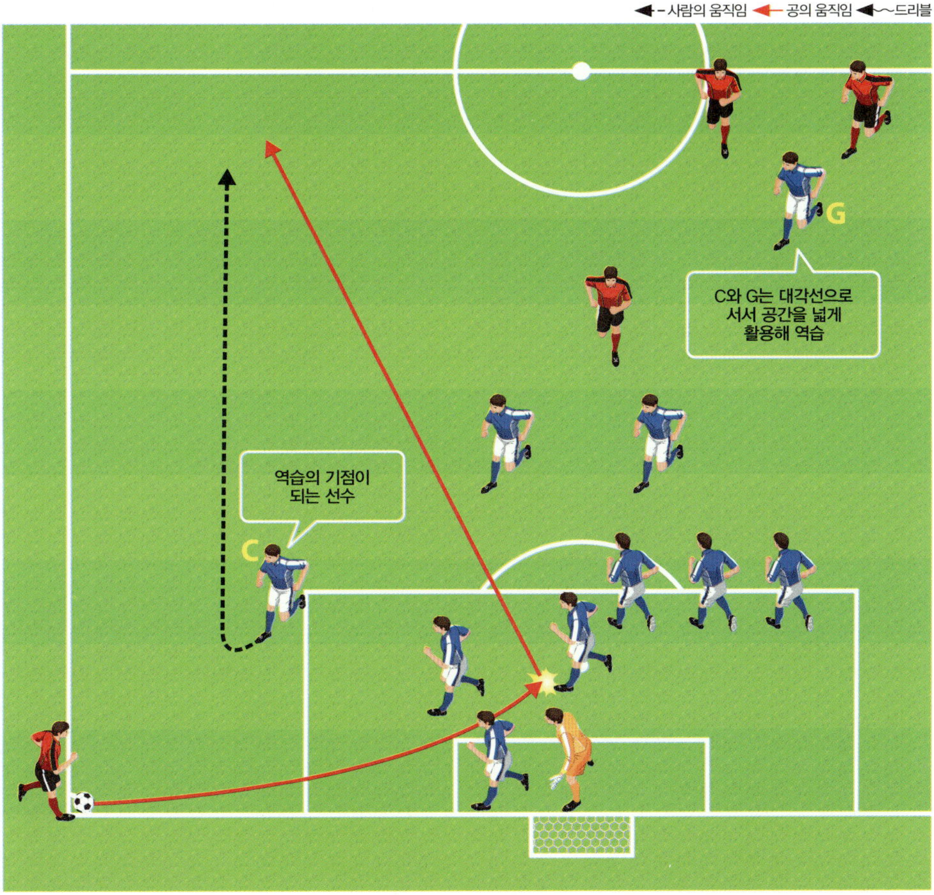

◀— 사람의 움직임　◀— 공의 움직임　◀～드리블

C와 G는 대각선으로 서서 공간을 넓게 활용해 역습

역습의 기점이 되는 선수

지도자 MEMO

코너킥을 수비할 때 선수(G)를 전방에 두면 상대팀은 역습을 막으려고 두 명 이상을 수비로 둔다. 그러면 상대팀의 공격 인원이 줄어들어 유리해지기도 한다. 역습을 하려면 짧은 코너킥을 처리하는 C가 크로스로 걷어낸 공을 제일 처음 잡아 드리블로 상대팀 골대를 향해야 한다. 스페인에서는 C의 위치에서 지역방어하는 선수를 '역습을 위한 선수'라고 부른다. C는 킥커와 가까운 곳에서 올라가므로 전방에 남는 G는 공간을 넓게 사용하기 위해 대각선으로 킥커와 먼 쪽에 위치한다. 단, 상대팀의 특징 또는 수비 인원에 따라 방법을 유연하게 바꿔야 한다.

테크닉 / 코너킥(수비)

되도록이면 선수 교체를 하지 않는다

포인트 예상치 못한 일이 일어나지 않도록 선수 교체는 나중에 한다.

◀— 사람의 움직임　◀— 공의 움직임　◀〜드리블

"선수 교체!"

NG

"모든 이론에는 예외가 있다. 생각하는 힘을 기르자"

지도자 MEMO
　코너킥과 프리킥을 수비할 때는 선수를 교체하지 말자. 선수가 바뀌면 수비의 손발이 맞지 않을 수 있고, 지시를 확인하는데도 시간이 걸리기 때문이다. 또한 교체 선수는 골대 앞에서 긴박한 상황일 때 처음 공을 잡게 되므로 긴장하기 쉽다. 게다가 교체 선수가 제자리에 가기도 전에 시합이 시작되는 때도 있다. 위험한 상황이 초래되지 않도록 교체 타이밍에 주의하자. 그러나 부상으로 어쩔 수 없이 교체해야 할 때는 빨리 다른 선수를 투입해야 한다.

테크닉 | 코너킥(수비)

측면으로 걷어낸다

포인트 수비진영에서는 중앙이 아니라 측면으로 공을 걷어낸다.

◀- 사람의 움직임 ◀— 공의 움직임 ◀~~ 드리블

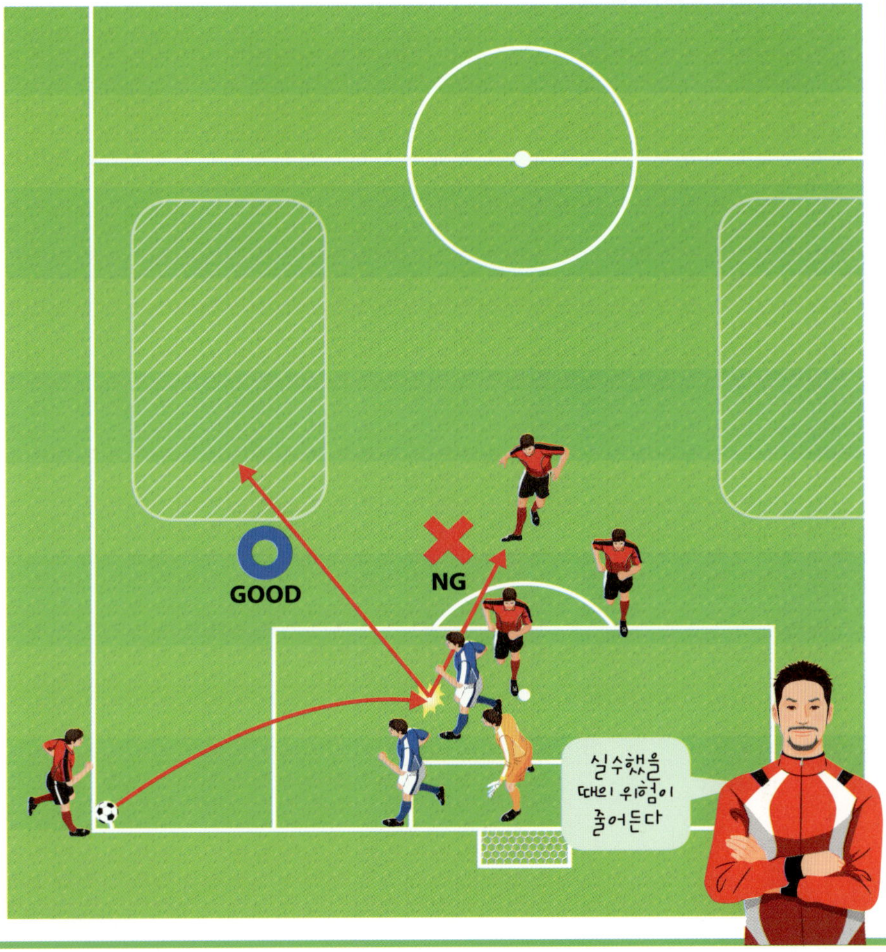

GOOD
NG
실수했을
때의 위험이
줄어든다

지도자 MEMO

이는 코너킥에만 해당되는 내용이 아니다. 수비진영의 위험한 곳에서는 기본적으로 측면으로 공을 걷어낸다. 제대로 걷어내지 못한 공이 중앙으로 흘러가면 상대팀이 바로 슈팅할 수 있기 때문이다. 또한 측면으로 공이 흘러가면 킥커의 슈팅 각도가 줄어들어서 슈팅하기까지 많은 플레이를 해야 하므로 우리 팀은 큰 위험을 막을 수 있다. 공의 위력이 세서 헤딩했을 때 비거리가 늘어날 것 같다면 몸이 향하는 방향으로 그대로 걷어내면 된다. 포워드는 헤딩할 때 아래로 찍어 공을 떨어뜨리지만 수비수는 위를 노린다.

| 테크닉 | 코너킥(수비) |

골키퍼 앞의 상대팀 선수에게는 수비를 붙이지 않는다

포인트 골키퍼가 움직일 범위를 확보하도록 한다.

◀— 사람의 움직임　◀— 공의 움직임　◀〰 드리블

골 에어리어에서 수비를 하면 골키퍼에게 방해가 된다

NG

Z　Y

골키퍼는 가장 강한 수비수이기도 하다!

지도자 MEMO

상대팀 선수가 골키퍼 앞에 섰을 때는 어떻게 할까? 골키퍼의 능력에 따라 다르지만 골키퍼도 수비수다. 게다가 특별히 손까지 쓸 수 있다. 따라서 수비수를 늘리기보다는 골키퍼를 믿고 그냥 맡기는 것이 좋다. 만약 Z와 Y에게 수비수를 붙이면 오히려 골키퍼 주변이 혼잡해 골키퍼가 나올 공간이 좁아지고, 높이 뜬 공을 경합할 때 예상치 못한 일이 일어날 수 있다. 필리포 인자기 같은 선수는 이런 상황을 노려 일부러 골키퍼 앞에 설 때가 많다. 수비수가 당황해 수비하게 되면 그의 의도에 완전히 걸려들게 된다. 코너킥을 수비할 때는 골키퍼가 활약할 수 있게 하자.

테크닉 | 코너킥(수비)

골키퍼를 역습의 기점으로 삼는다

포인트 공을 의도한 곳으로 차게 해 역습을 노린다.

◀— 사람의 움직임   ◀— 공의 움직임   ◀∼ 드리블

잡으면 바로 롱패스로 역습!

작은 전술로도 지도자의 역량을 알 수 있다

골키퍼가 자유롭게 앞으로 나올 수 있는 공간을 두면 상대팀은 그곳으로 공을 차게 되어 있다. 그 공을 골키퍼가 직접 잡으면 롱패스로 빠른 역습이 가능하다. 수비수가 헤딩으로 걷어내도 공격을 전개하는 데 시간이 걸리기 때문에 좋은 방법이다. 코너킥 수비를 역습의 준비 과정이라 생각하고 어디로 걷어낼지, 역습의 기점이 되는 선수는 어디에 배치할지, 누가 공격진영으로 올라갈 것인지를 미리 짜놓자. 물론 이는 상대팀의 공격을 확실히 막은 후의 이야기다. 역습을 위해서는 수비부터 철저하게 하는 것이 우선이다.

세트피스 전술 01 코너킥 예제 ①

미끼를 두어 빈 공간으로 파고든다(공격)

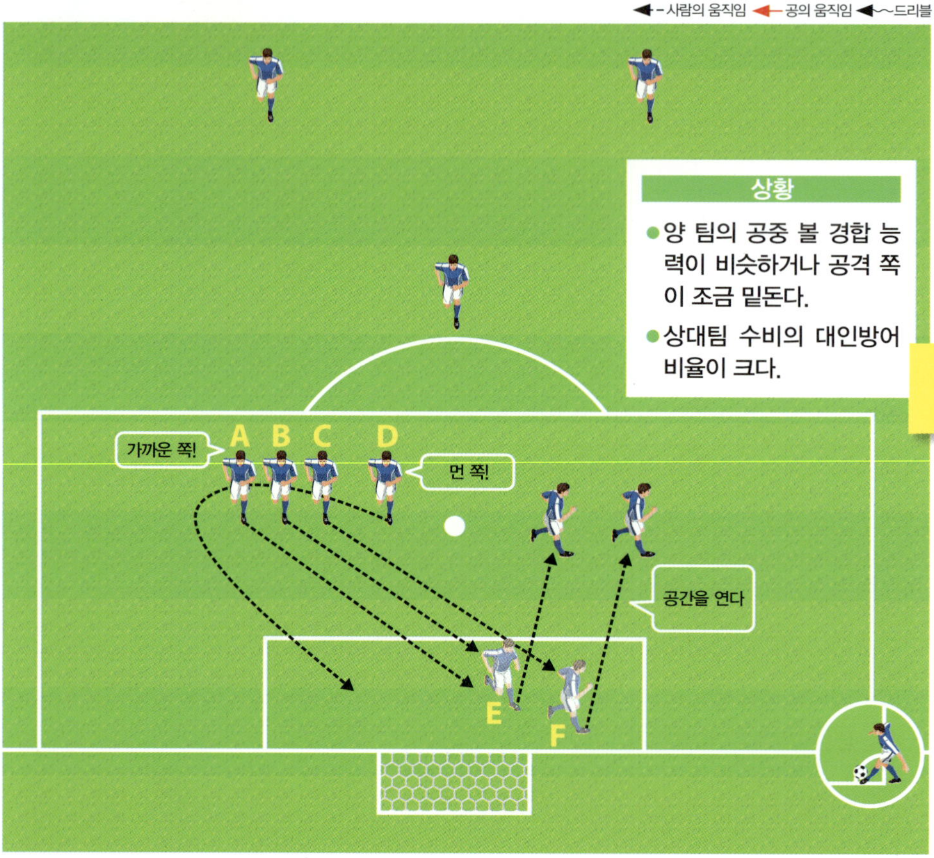

◀— 사람의 움직임   ◀— 공의 움직임   ◀~ 드리블

상황
- 양 팀의 공중 볼 경합 능력이 비슷하거나 공격 쪽이 조금 밑돈다.
- 상대팀 수비의 대인방어 비율이 크다.

가까운 쪽!   먼 쪽!   공간을 연다

공격 목적 자주 볼 수 있는 코너킥 방법이다. A, B, C가 킥커와 가까운 지역을 향해 달리고 D는 그 뒤에서 먼 지역을 노린다. 아니면 A와 B가 가까운 지역, C와 D가 먼 지역으로 한 쌍씩 나눠서 쇄도한다. 또는 E와 F가 페널티 지역의 아크로 이동해 공간을 열면 A~D 4명이 뛰어드는 방법도 생각할 수 있다. 상대팀 수비가 끝까지 따라 붙는다면 실패할 수 있지만 힘차게 골대 앞에 들어갈 수 있고 키가 작은 선수도 경합에서 이길 수 있다. 그럼, 수비는 어떻게 할 것인가?

코너킥 예제 ②

수비 대책 지역방어와 대인방어를 병행한다

문제점
- A~D가 달려들면 어떻게 막을까? E와 F는 어떻게 처리할까?
- 짧은 코너킥에 변형을 줬을 때 어떻게 대처할까?

◀— 사람의 움직임 ◀— 공의 움직임 ◀~~ 드리블

세컨드 볼 처리 — W

역습을 노리고, 짧은 코너킥도 대처한다 — X

대인방어 — A B C D

지역방어 — Z

킥커와 가까운 쪽 골대 수비와 짧은 코너킥 대처 — Y

수비 목적 달려드는 A~D를 일대일로 수비수를 붙이고 수비가 돌파 당했을 때를 생각해 골대 앞에도 지역방어 수비수(Z)를 배치해 4 대 5의 수적 우위를 만든다. 이런 상황에서도 골이 들어가면 어쩔 수 없다. 킥커와 가까운 쪽 골대에는 Y를 놓지만 E는 따로 수비수를 붙이지 않고 골키퍼에게 맡긴다. 만약 F가 짧은 코너킥으로 변화를 준다면 킥커와 F에게 Y와 X가 붙어 2 대 2로 수비할 것이다. 역습을 주도하는 X와 세컨드 볼을 처리하는 W는 전방의 V와 함께 빠르게 공격할 수 있는 선수가 좋다. 자, 어떻게 공격할 것인가?

코너킥 예제 ③

공격 대책 짧은 코너킥인 척 페인트모션을 취한다

목적

- 짧은 코너킥을 미끼로 사용한다.
- 상대팀의 지역방어를 무력화한다.
- 블로킹으로 압박받지 않는 선수를 만든다.

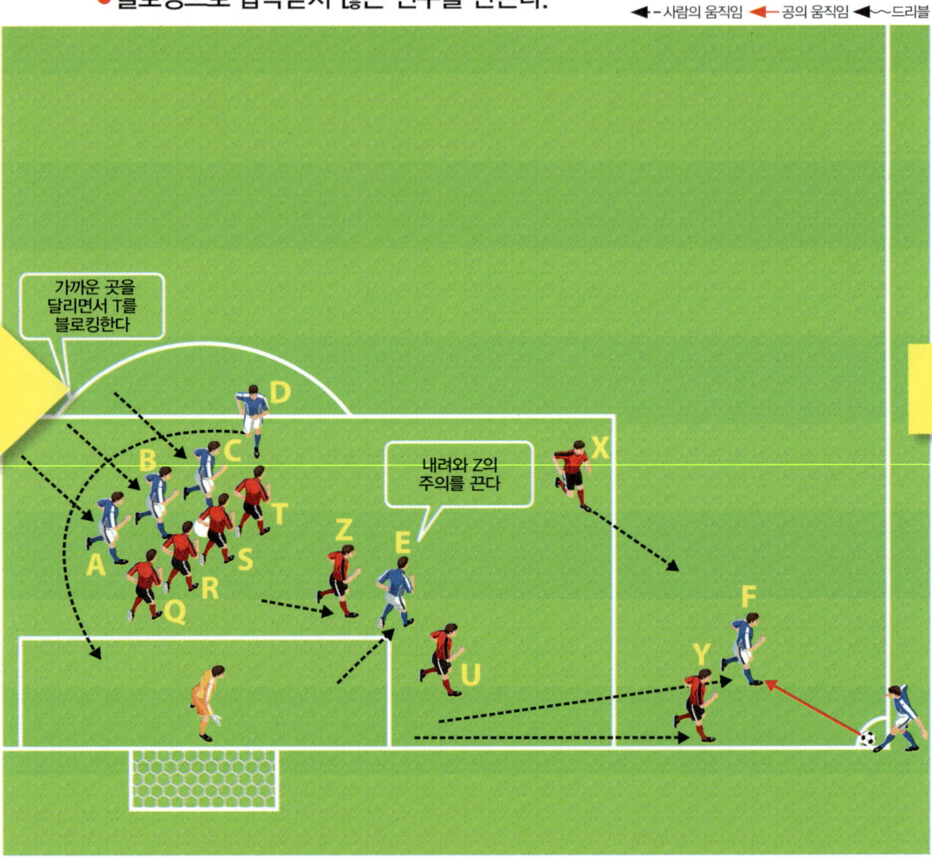

◀- 사람의 움직임 ◀— 공의 움직임 ◀~ 드리블
가까운 곳을 달리면서 T를 블로킹한다
내려와 Z의 주의를 끈다
D
C
B
A
T
S
R
Q
Z
E
X
U
Y
F

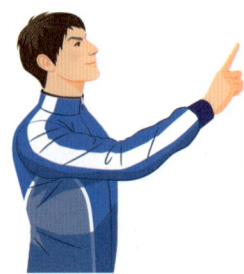

공격 목적 Z를 막아야 한다. 킥커가 공을 차기 전에 짧은 코너킥을 받을 수 있는 곳에 F를 두고 E를 조금 내린다. 상대팀 골키퍼가 골대를 비우고 E를 맡을 수 없으니 Z가 E를 처리하기 위해 다가올 것이다. 이 틈을 노려 킥커가 크로스를 올린다. A, B, C가 킥커와 가까운 지역에서 미끼가 되어 움직이고 D가 먼 지역으로 달려들면 지역방어를 하는 Z가 무력화되어 A~D는 수적으로 같아진다. D를 수비하는 선수를 A~C가 블로킹하면 D는 자유로워진다. D는 공을 가까운 지역의 E에게 보낸다. 뒤로 돌면서 강하게 헤딩하기 어려우니 머리의 각도에 맞춰 코스를 바꾸는 식으로 플레이한다.

코너킥 예제 ④

수비 대책 대인방어하는 거리를 달리한다

문제점
- 상대편에 블로킹으로 압박받지 않는 자유로운 선수가 생긴다.
- 대인방어에서 지역방어로 전환하는 것을 미리 훈련해야 한다.

◀– 사람의 움직임   ◀– 공의 움직임   ◀~ 드리블

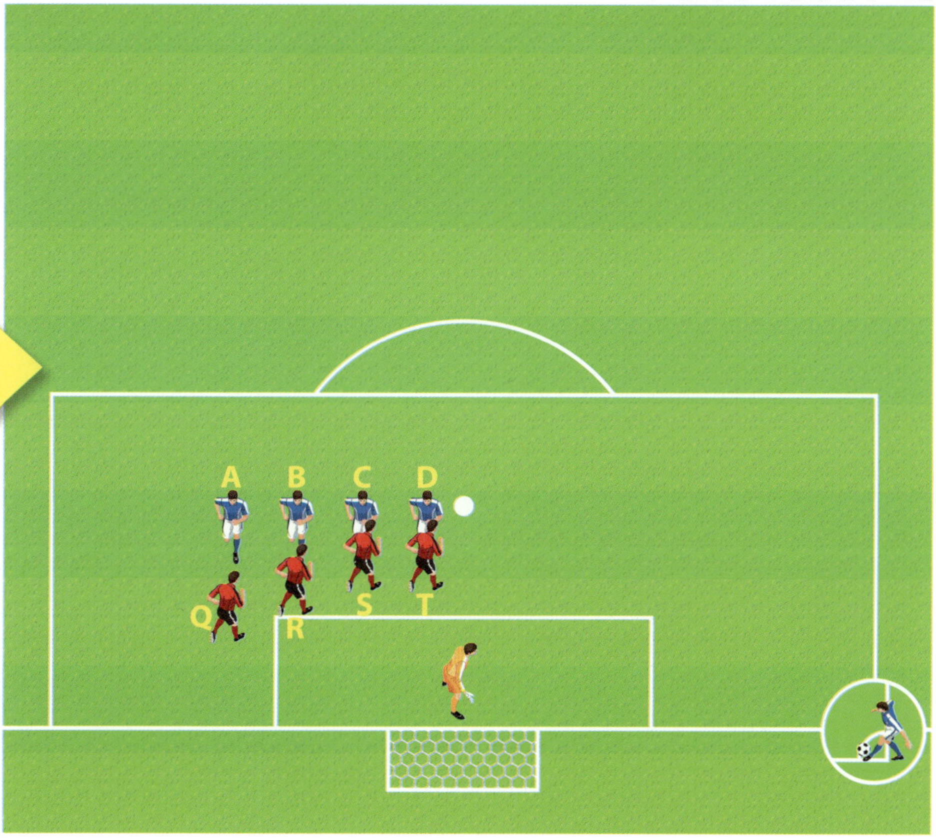

수비 목적 상대팀이 블로킹을 하면 압박받지 않는 선수가 생겨 수비하기 어렵다. 앞 쪽 그림(180쪽)을 보며 'D는 T가 아니라 Q를 수비하면 되잖아.'라고 생각할지 모르지만 실제로는 수비 대상을 바꿀 시간적 여유가 없을뿐더러, 눈치챘을 때는 이미 한발 늦은 것이다. 한 가지 대처 방법은 Q~T가 A~D를 지역방어로 수비하되, 그림처럼 거리를 달리하여 수비하는 것이다. 같은 간격으로 수비하면 부딪히기 쉽다. 공과 가까운 T와 S는 상대팀 선수에게 딱 붙어서 수비하고 R과 Q는 조금 거리를 두고 상대팀의 움직임을 살피자.

이럴 땐 어떻게 하지?

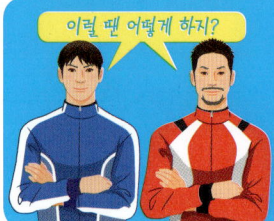

세트피스 전술 **02** 코너킥 예제 ①

짧은 코너킥으로 중앙에 수비수를 적게 만들어 크로스한다(공격)

◀- 사람의 움직임 ◀— 공의 움직임 ◀~ 드리블

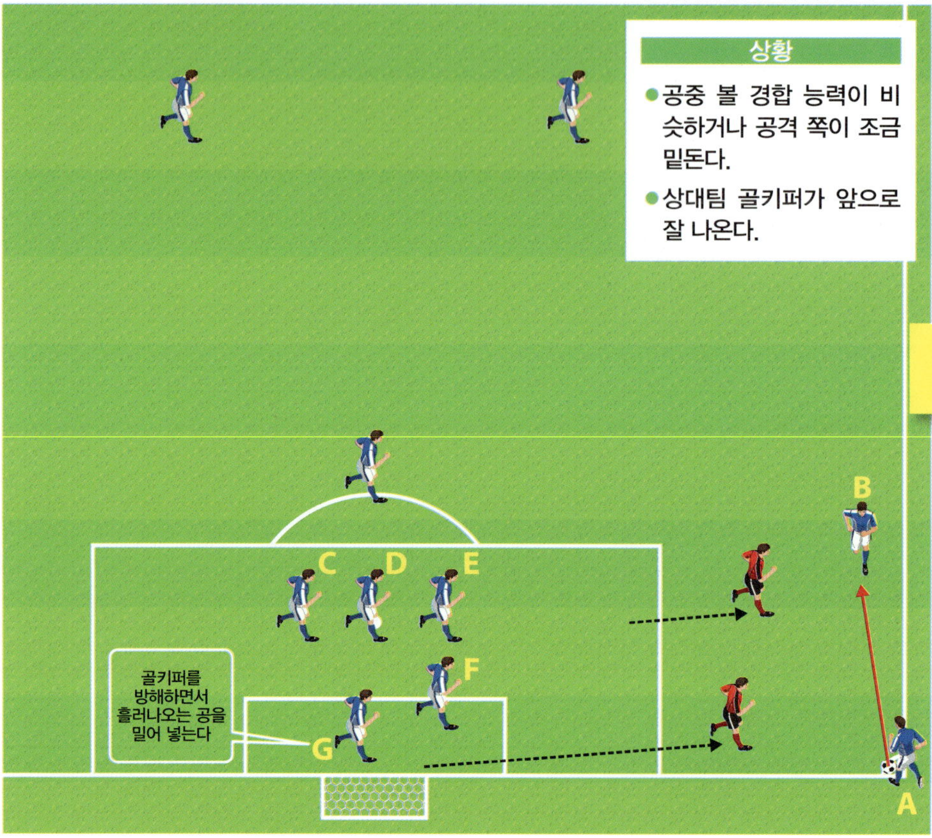

상황
●공중 볼 경합 능력이 비슷하거나 공격 쪽이 조금 밑돈다.
●상대팀 골키퍼가 앞으로 잘 나온다.
B
C
D
E
F
골키퍼를 방해하면서 흘러나오는 공을 밀어 넣는다
G
A

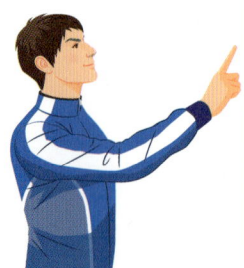

공격 목적 짧은 코너킥을 사용한 단순한 공격이다. B에게 패스하면 두 명의 수비수가 붙으므로 골대 앞을 지키는 수비수는 적어진다. 이때 뒤에서 C, D, E가 함께 쇄도하고 F는 킥커와 가까운 지역으로 이동한다. 그리고 G는 상대팀 골키퍼를 방해하면서 흘러나오는 공을 밀어 넣는다. 필리포 인자기, 다비드 비야(David Villa, 스페인), 카를로스 테베즈(Carlos Tevez, 아르헨티나) 같은 선수가 자주 사용하는 전술이다. 제대로 수비하는 팀이라면 그럴리 없지만, 혹시라도 짧은 코너킥에 수비수 한 명만 대응한다면 A와 B에게 수비수 한 명이 대치되는 2 대 1 상황이 되므로 더욱 기회가 많아진다.

코너킥 예제 ②

수비 대책: 역습을 노리며 조합수비를 한다

문제점
- 짧은 코너킥으로 크로스를 올린 공의 떨어지는 지점이 변한다.
- 골키퍼 바로 앞의 G는 어떻게 수비할까?

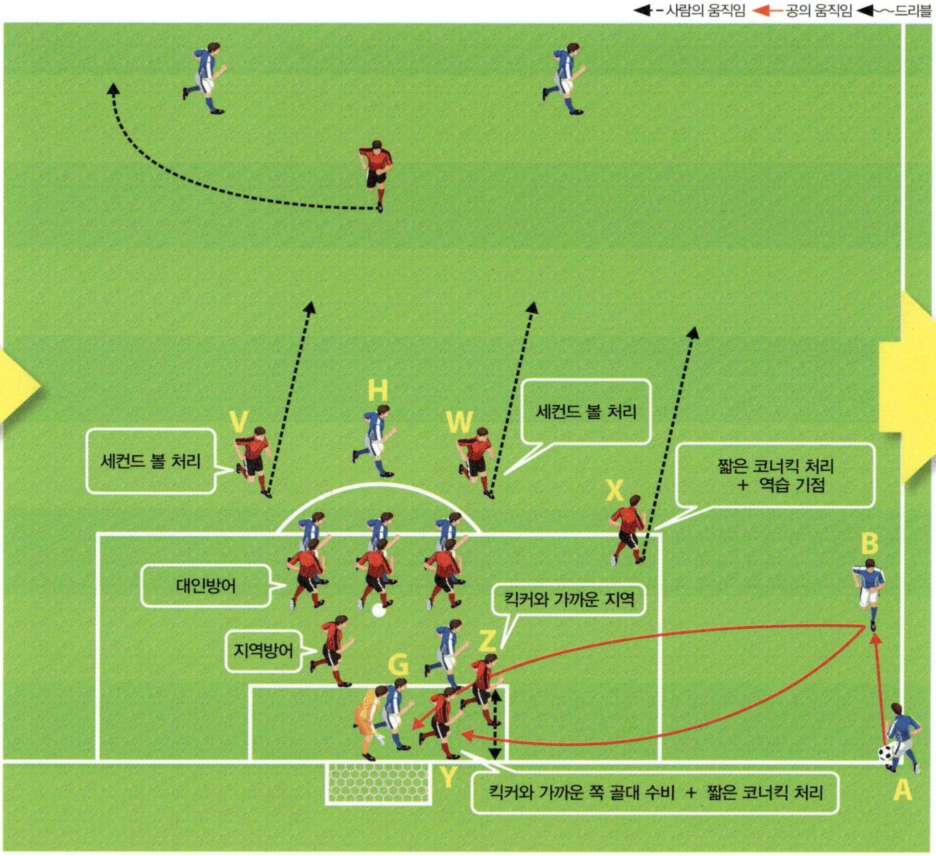

◀--- 사람의 움직임   ◀─── 공의 움직임   ◀~~~ 드리블

- 세컨드 볼 처리 (V)
- H
- W
- 세컨드 볼 처리
- 짧은 코너킥 처리 + 역습 기점 (X)
- 대인방어
- 지역방어
- 킥커와 가까운 지역
- G, Z
- 킥커와 가까운 쪽 골대 수비 + 짧은 코너킥 처리 (Y)
- A, B

수비 목적: 짧은 코너킥은 X와 Y가 처리한다. 그리고 킥커와 가까운 지역의 Z는 킥커가 크로스를 올릴 때 어떤 다리를 사용하는지 살펴 1m 정도의 위치를 세밀히 조정한다. 그러면 Z가 몸 정면으로 크로스를 걷어내 자책골을 피할 수 있다. 또한 G의 위치에는 반드시 수비수가 없어야 한다. 최고의 수비력을 갖춘 골키퍼가 방해 없이 공을 잡아 빠른 롱패스로 역습에 들어가야 하기 때문이다. 골키퍼의 실력이 출중하다면 좋은 수비라인이다.

코너킥 예제 ③

공격 대책 후방 선수가 몰래 전방으로 와 슈팅한다

목적
- 대인방어 능력이 뛰어난 상대팀에게서 득점을 뺏았는다.
- 위험을 감수하고 공격한다.
- 한 경기에서 한두 번 활용할 수 있다.

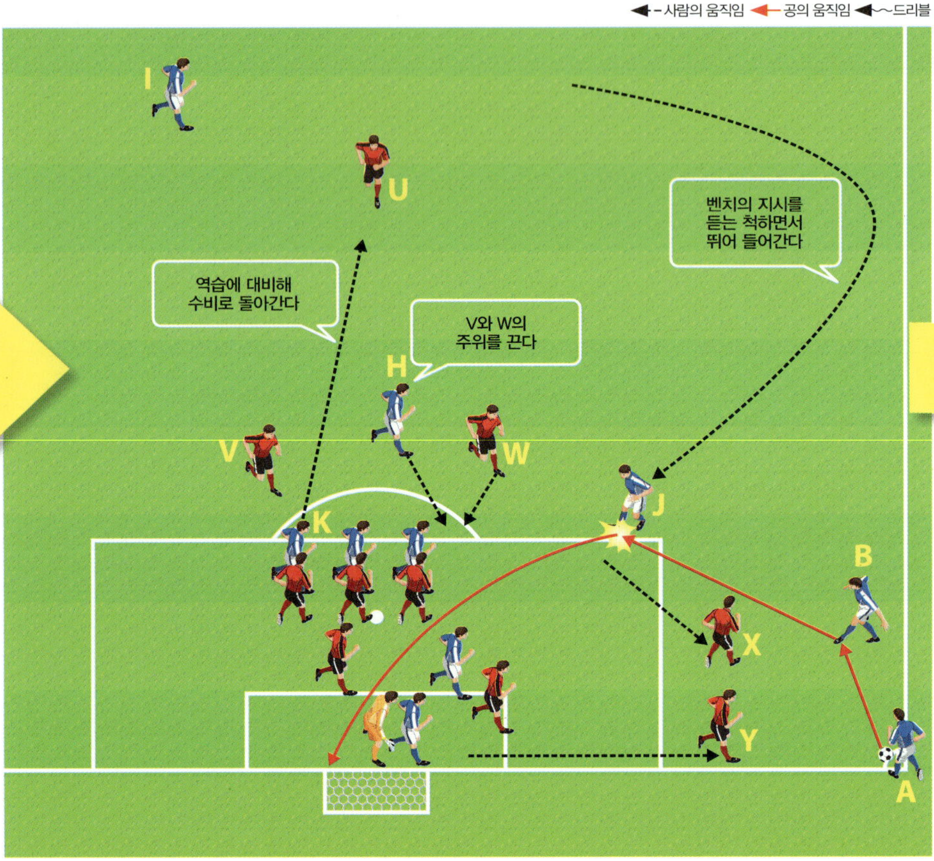

◀— 사람의 움직임 ◀— 공의 움직임 ◀~ 드리블

- 역습에 대비해 수비로 돌아간다
- V와 W의 주위를 끈다
- 벤치의 지시를 듣는 척하면서 뛰어 들어간다

공격 목적 보통은 중앙에 있는 3명의 선수가 블로킹을 활용해 쇄도 하는데, 만약 위험을 감수한다면 그림과 같은 방법도 생각 할 수 있다. H가 전방으로 달려 V와 W의 주의를 끌고, 센터서클 부근에 있던 J가 벤치의 지시를 듣는 척하면서 크게 돌아서 페널 티 지역 모퉁이로 들어가 짧은 코너킥을 받는 것이다. 이때 중앙 에 있던 K는 수비진영으로 돌아가 공수의 균형을 맞추지만 득점 이 아쉽다면 돌아가지 말고 그대로 공격하는 것도 방법이다.

코너킥 예제 ④

수비 대책 수적으로 같게 만든 다음 역습한다

문제점
- 짧은 코너킥 때문에 수적으로 불리해진다.
- 공격하는 팀에게 역습으로 타격을 주고 싶지만 위험을 감내해야 한다.
- X가 수비에 대처하느라 여유가 없을 때 어디를 역습의 기점으로 삼을 것인가?

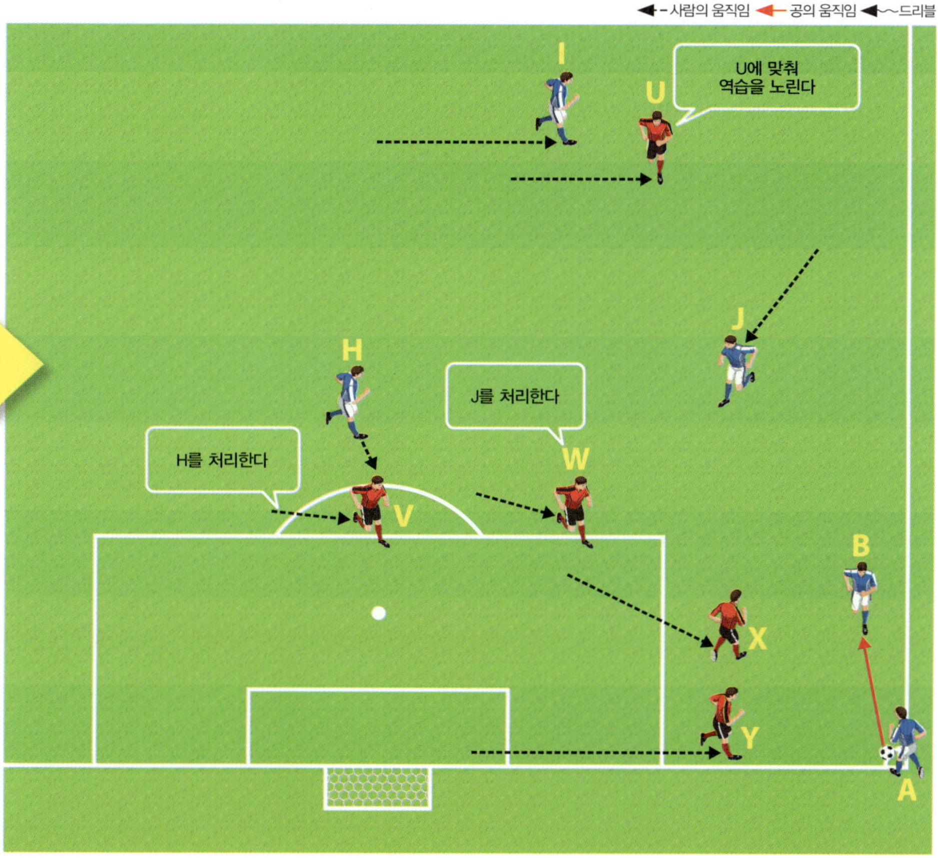

◀--- 사람의 움직임 ◀— 공의 움직임 ◀~~ 드리블

U에 맞춰 역습을 노린다

H를 처리한다

J를 처리한다

수비 목적 A의 짧은 코너킥에는 변함없이 X와 Y가 대응하는데, 만약 H가 달려든다면 여유가 있는 먼 쪽의 V가 대처하고, J가 예상치 못한 곳으로 움직이면 W가 대처하면 된다. 이것으로 짧은 코너킥 상황에서 3 대 3이 된다. 이때 전방의 U가 공이 있는 쪽으로 움직여 우리 팀이 공을 뺏었을 때 빠르게 패스를 받아 역습을 노리는 것이 좋다. 혹은 공을 뺏기지 않고 상대팀이 크로스를 올렸다 해도 킥커와 먼 쪽에 있는 V를 달리게 해 역습을 노린다. 경험 상 코너킥을 수비하다 득점할 수 있는 기회는 많다.

세트피스 전술 03 코너킥 예제 ①

사이드 체인지를 이용해 코너킥을 한다(공격)

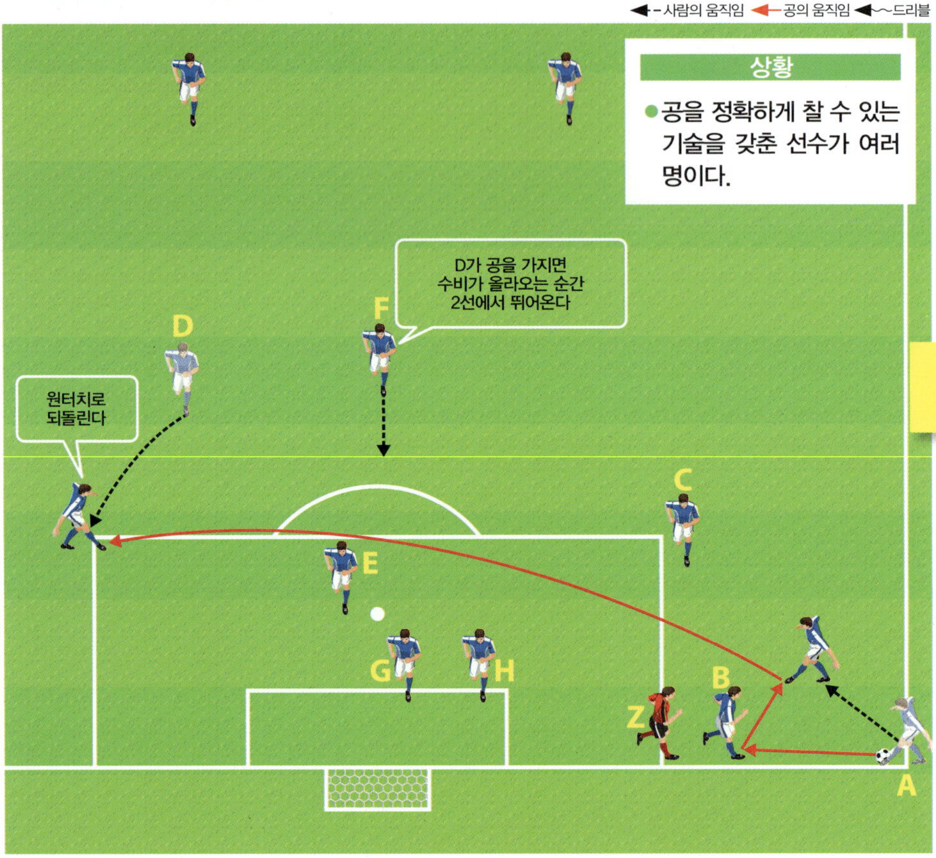

◀─ 사람의 움직임 ◀── 공의 움직임 ◀∼ 드리블

상황
- 공을 정확하게 찰 수 있는 기술을 갖춘 선수가 여러 명이다.

D가 공을 가지면 수비가 올라오는 순간 2선에서 뛰어온다

원터치로 되돌린다

공격 목적: 바르셀로나가 잘하는 코너킥이다. 먼저 A가 B에게 패스했다가 다시 되돌려 받는다. B를 수비하는 Z가 있더라도 코너 아크에서 9.15m 이상 떨어져 있어야 해 패스에는 문제가 없다. 그리고 A는 반대쪽의 측면으로 멀리 패스해 D에게 주었다가 다시 원터치로 패스를 받는다. 이때 상대팀 선수들의 시선은 좌에서 우로 이동해야 하므로 이를 따라갈 수 없다. 이 틈을 타서 E와 F가 2선에서 쇄도해 슈팅한다. A와 B에는 사비와 이니에스타, D는 다니엘 알베스(Daniel Alves da silva, 브라질)가 있는 것을 떠올리면 이해하기 쉽다.

코너킥 예제 ②

수비 대책 짧은 코너킥에는 같은 수로 대응한다

문제점
- 짧은 코너킥에는 어떻게 대응할까?
- 중앙에 수비수가 적다.

◀— 사람의 움직임   ◀— 공의 움직임   ◀～ 드리블

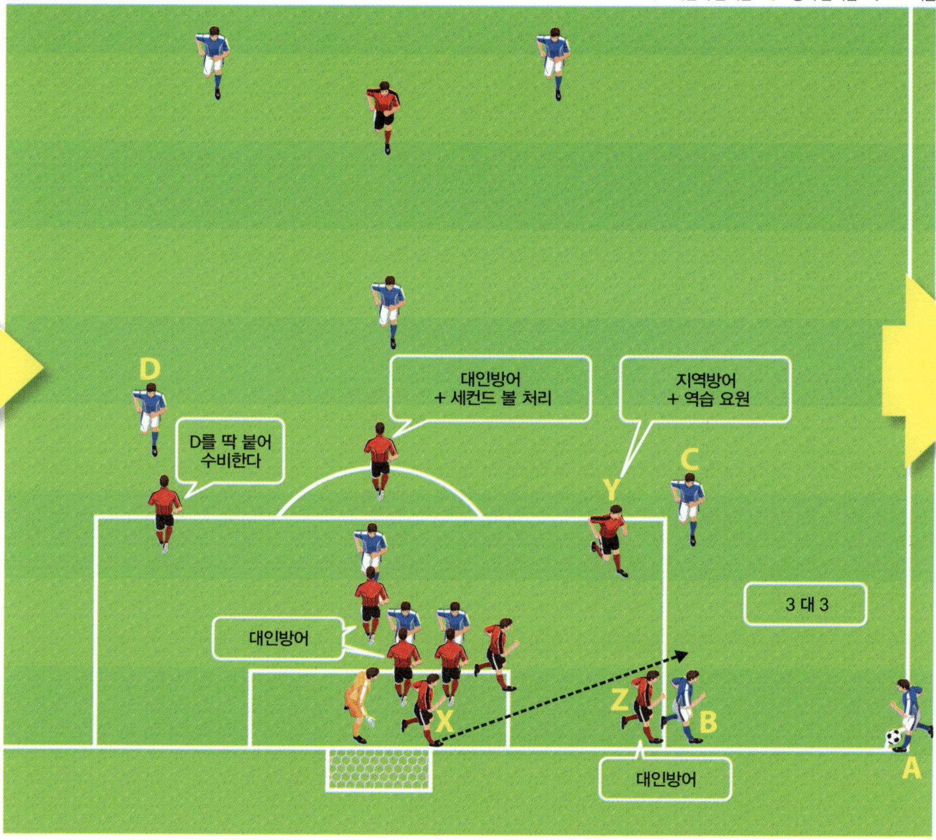

D

D를 딱 붙어
수비한다

대인방어
+ 세컨드 볼 처리

지역방어
+ 역습 요원

C

Y

대인방어

3 대 3

X

Z

B

A

대인방어

수비 목적 A, B, C가 짧은 코너킥으로 공격하려 하면 X, Y, Z로 수비할 것이다. 물론, 중앙에 공간이 많이 생기고 아무리 일대일로 딱 붙어서 수비해도 순발력이 좋은 선수에게는 돌파당할 수 있지만 짧은 코너킥에 공격 숫자보자 적은 인원으로 대처하면 수비가 완전히 무너지게 된다. 또한, 상대팀에서 슈팅한다고 해도 선수가 밀집되어 있어서 공이 선수에게 맞고 튕겨 나올 가능성이 크다. 하지만 중앙에 수비수가 없어 실점할 위험이 크니, D가 정확하게 패스하지 못하도록 밀착해 수비하든지 지역방어로 바꾼다. 정말 막기 어려운 공격이다.

코너킥 예제 ③

공격 대책 먼 쪽으로 보내는 척하다 가까운 쪽에서 슈팅한다

목적
- 여러 번 같은 방법을 반복해 상대팀이 대처할 때 허를 찌른다.
- 왼발잡이 킥커를 이용한다.

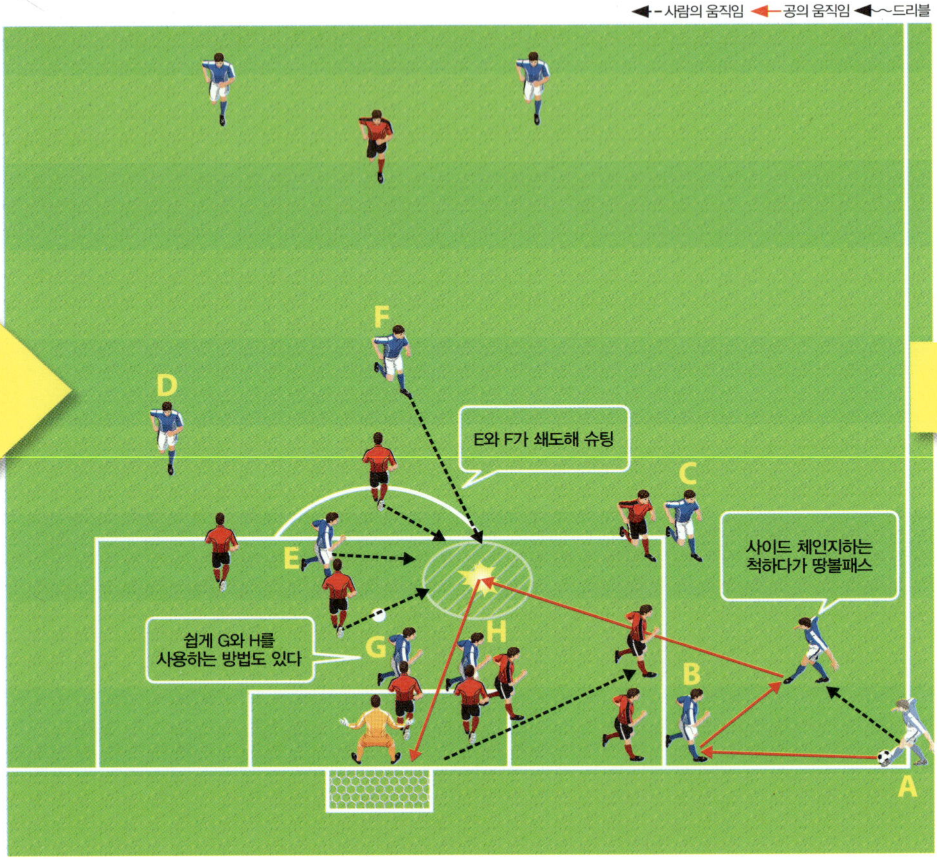

◀─ 사람의 움직임   ◀─ 공의 움직임   ◀∼ 드리블

E와 F가 쇄도해 슈팅

사이드 체인지하는 척하다가 땅볼패스

쉽게 G와 H를 사용하는 방법도 있다

공격 목적 반복해서 짧은 코너킥으로 공격하면 상대팀이 대응책을 찾게 된다. 그러므로 A는 킥커와 먼 쪽으로 사이드 체인지하는 척하다가 B와 C 사이를 통과하는 땅볼패스를 보낸다. 이를 E와 F가 쇄도해 원터치로 슈팅을 노린다. 포인트는 슈팅하는 선수가 주로 사용하는 발이다. 그림과 같은 상황에서 원터치로 슈팅한다면 오른발보다 왼발이 좋다. 참고로 바로셀로나의 경우, 메시가 쇄도해 슈팅하는 것을 자주 볼 수 있다. 이런 허를 찌르는 방법과 더불어 G와 H가 먼 곳으로 이동해 생긴 공간을 E와 F가 쇄도해 슈팅하는 것도 좋은 방법이다.

코너킥 예제 ④

수비 대책 지역방어 전략도 세워둔다

문제점
- 킥커와 가까운 쪽으로 쇄도해 오면 대인방어만으로는 지킬 수 없다.
- 지역방어로 전환하는 것도 고려한다.

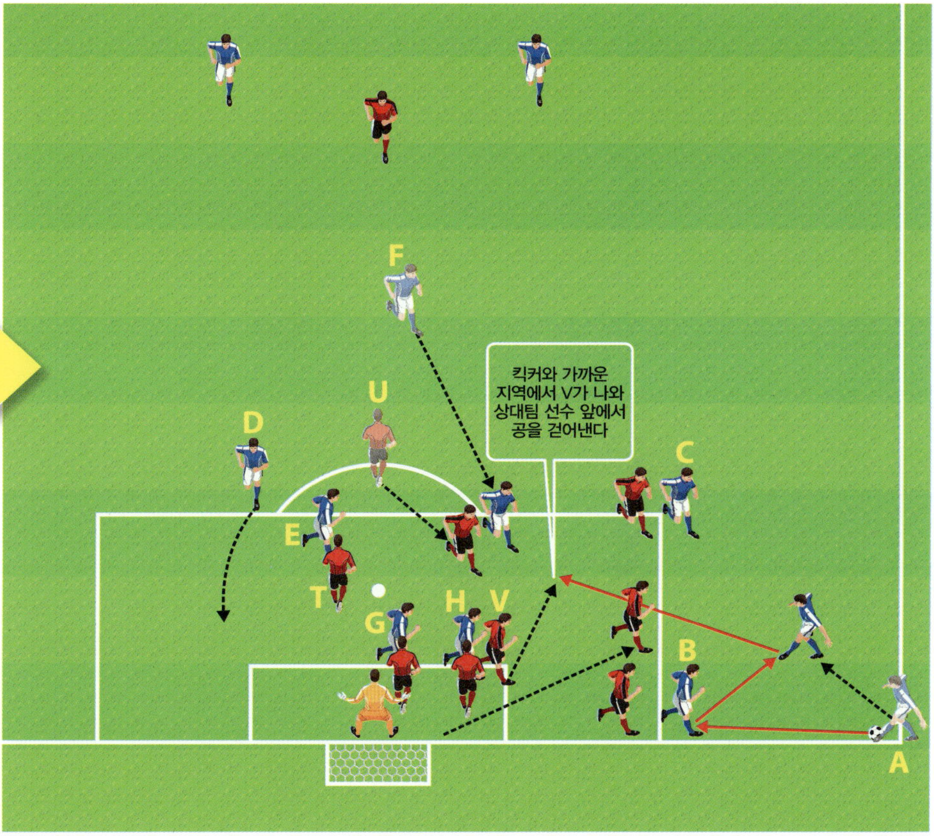

◀— 사람의 움직임　◀— 공의 움직임　◀〜〜 드리블

킥커와 가까운 지역에서 V가 나와 상대팀 선수 앞에서 공을 걷어낸다

수비 목적 앞 쪽과 같이(188쪽) E와 F가 쇄도하면 킥커와 가까운 지역에 있던 지역수비수 V가 대처한다. 대인방어를 하는 U와 T가 딱 붙어 수비하려고 해도 순간적으로 앞 쪽과 같이 상대팀 선수가 앞으로 들어와 강하게 왼발로 원터치 슈팅을 할 수 있기 때문이다. 전체를 지역방어로 바꾸는 수단도 있는데 그런 경우 백패스를 하면 전원이 라인을 올리는 등 공의 위치에 따라 선수들의 움직임을 세밀하게 구성해야 한다.

세트피스 전술 04 코너킥 예제 ①

킥커와 가까운 쪽에 선수를 밀집시켜 사고를 유발한다(공격)

◀─ 사람의 움직임 ◀── 공의 움직임 ◀∼∼ 드리블

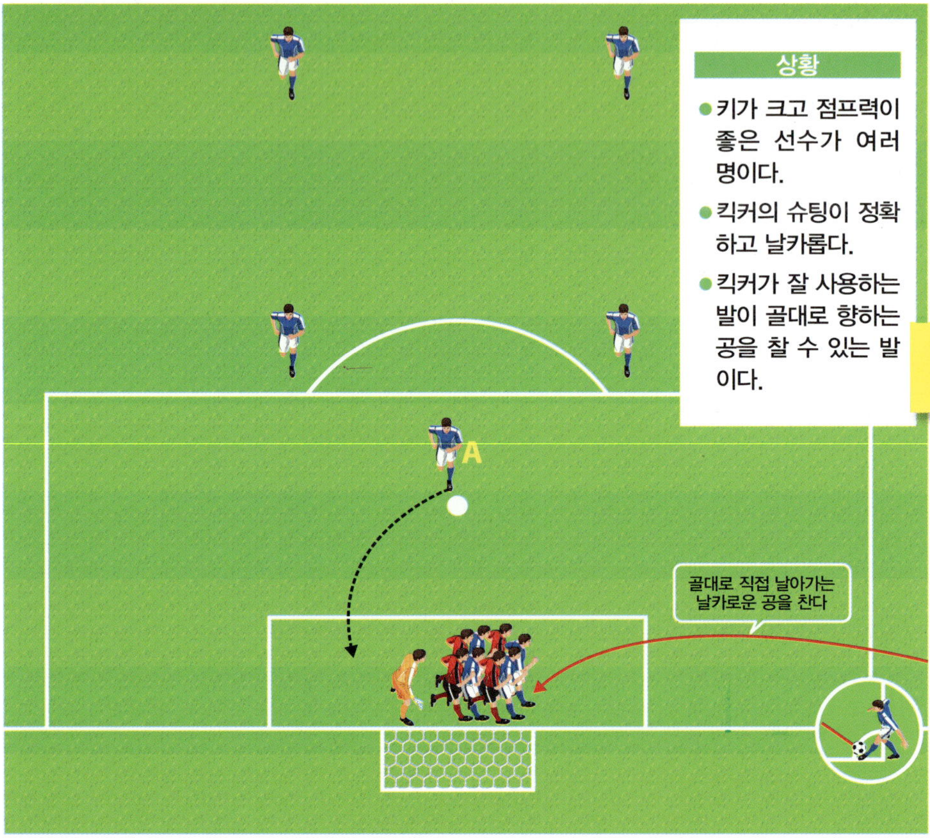

상황
- 키가 크고 점프력이 좋은 선수가 여러 명이다.
- 킥커의 슈팅이 정확하고 날카롭다.
- 킥커가 잘 사용하는 발이 골대로 향하는 공을 찰 수 있는 발이다.

골대로 직접 날아가는 날카로운 공을 찬다

공격 목적 그림처럼 선수를 배치하면 상대팀은 수비수 4명을 두게 된다. 그러면 골대 앞에 총 8명이 서게 되는데 실은 이것이 함정이다. 아슬아슬하게 머리에 맞을 정도의 공을 차면 수비든 공격이든 상관없이 점프를 하게 되고 누군가의 머리에 맞고 골대로 공이 들어갈 것이다. 먼 쪽으로 쇄도해 오는 A는 미끼다. 상대팀은 빈 공간인 먼 쪽으로 공을 찰 것이라 예상하지만 실은 가까운 쪽으로 공을 차는 것이다. 킥커가 직접 골대에 들어갈 정도로 날카로운 공을 찰 수 있을 때 상당히 활용도가 높다.

코너킥 예제 ②

공격 대책 정확하게 점프하지 못하게 한다

 목적
- 킥커와 가까운 쪽에서 공이 흘러나오는 것을 막고 싶다.
- 골키퍼의 역할은?

◀─ 사람의 움직임 ◀─ 공의 움직임 ◀∼ 드리블

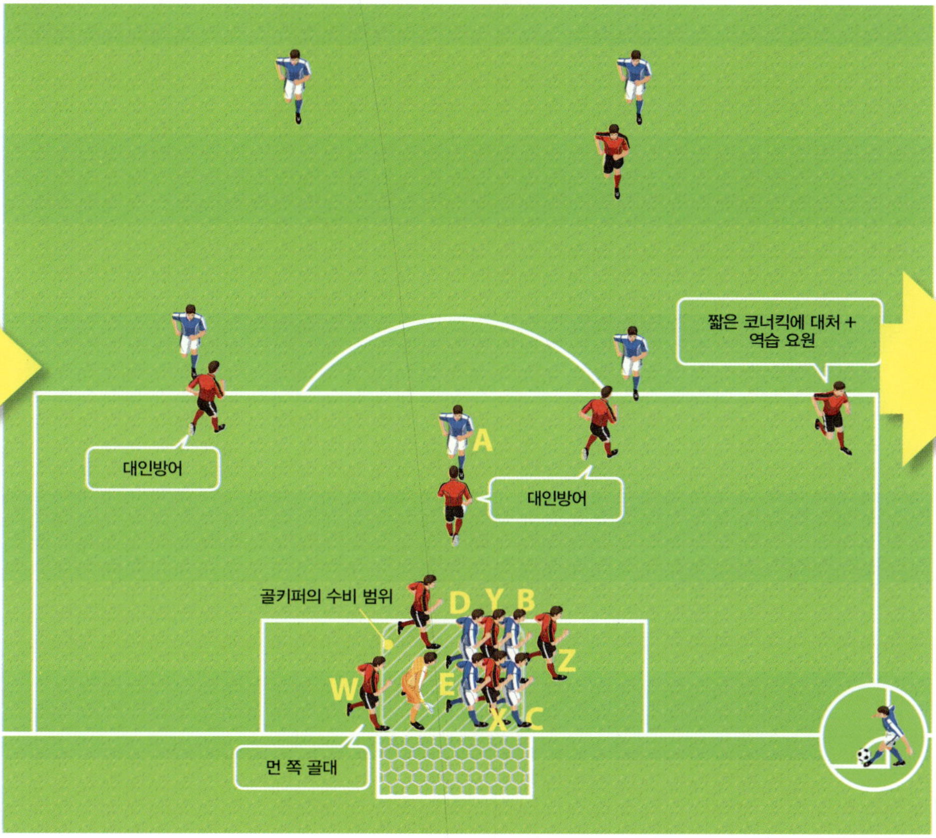

- 짧은 코너킥에 대처 + 역습 요원
- 대인방어
- 대인방어
- 골키퍼의 수비 범위
- 먼 쪽 골대

수비 목적 기본적으로 킥커와 가까운 쪽에 있는 선수 이외에는 대인방어로 대처한다. 슈터 가까운 쪽에 B와 C가 있다. 전방에는 Z, 후방에 X와 Y를 배치해 앞뒤로 둘러싸 공을 경합한다. 앞서 소개(55쪽 참고)한 것처럼 타깃맨의 앞뒤로 둘러싸면 B와 C가 점프하기 어려워 몸의 균형이 무너지고 공을 맞추기 어렵다. 그리고 만약 공이 B와 C를 넘어간다면 골대 앞에 혼잡하므로 골키퍼가 처리하는 것이 좋다. 킥커와 먼 쪽 골대에 W를 배치하는 것도 골키퍼가 뒤를 신경 쓰지 않고 앞으로 나올 수 있도록 하기 위해서다. 이런 선수 배치에도 불구하고 헤딩을 허용했다면 개인 능력에서 차이가 많이 난다고 볼 수 있다.

코너킥 예제 ③

공격 대책 뛰어난 키커라면 세 번 중에 한 번은 들어간다

 목적
- 상대팀의 대처에 따라 직접 공이 골대로 들어가는 궤도를 고려한다.
- 상대팀이 코너킥을 두려워해 생기는 수비의 틈을 놓치지 않고 공략한다.

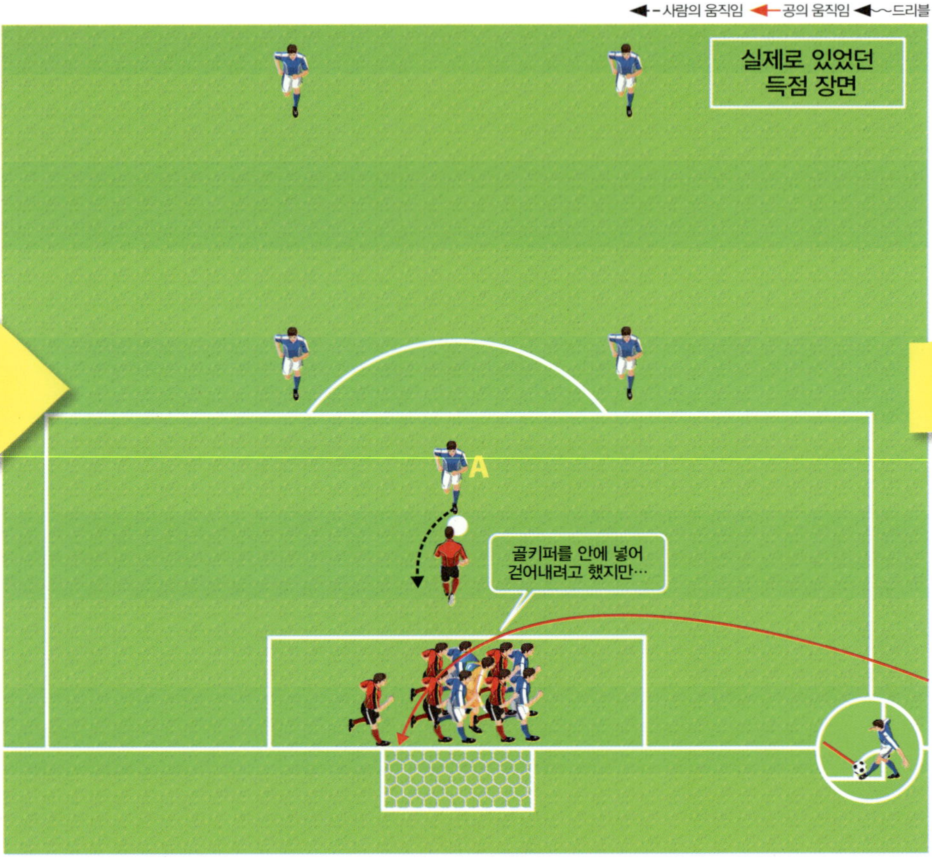

◀－사람의 움직임　◀－공의 움직임　◀～드리블

실제로 있었던 득점 장면

A

골키퍼를 안에 넣어 걷어내려고 했지만…

공격 목적 깔끔한 골인이 아니라, '사고를 일으키는 것'에 가까운 슛은 막기가 어렵다. 실제로 시합에서 실점한 뒤, 그림과 같이 골키퍼 주위에 8명의 선수를 놓고 공을 경합하게 해보았다. 그러자 예상대로 선수가 너무 많아 골키퍼가 움직일 공간이 좁아져 골을 내주고 말았다. 키커만 좋다면 세 번 중에 한 번은 골로 연결된다. 그래서 상대팀은 코너킥을 내주는 것이 두려울 것이다. 이는 수비 방법에도 영향을 미친다.

코너킥 예제 ④

수비 대책 코너킥 수비는 역습을 준비하는 것과 같다

문제점
- 철벽 수비를 해도 들어가는 골을 어떻게 생각할 것인가?
- 어디서부터 역습을 시작할까?

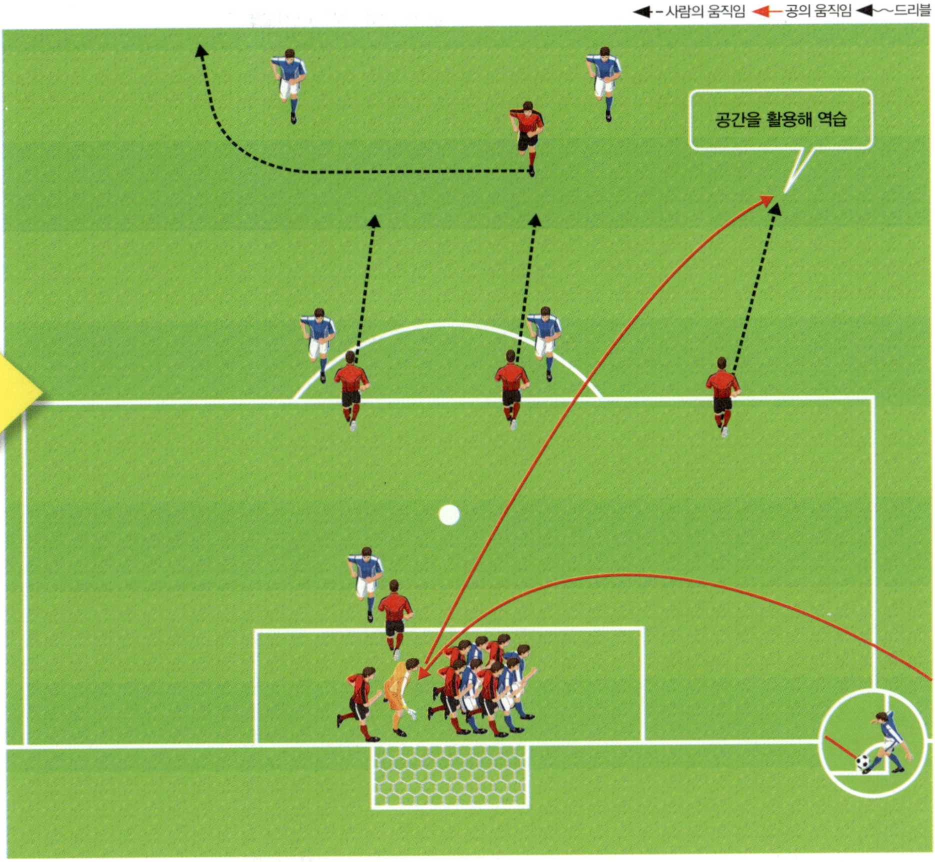

◀— 사람의 움직임   ◀— 공의 움직임   ◀～ 드리블

공간을 활용해 역습

수비 목적 킥커와 가까운 쪽을 견고하게 수비해도 공의 각도가 달라져서 골이 들어간다면 막을 방도가 없다. 하지만 상대팀의 선수 4명이 킥커와 가까운 쪽 공간에 모여 있으므로 다른 공간은 비게 된다. 이때 충분히 역습을 노릴 수 있다. 우리 골키퍼가 공을 잡았다면 빠르게 공격진영으로 올라가면서 정확한 스로우(Throw)와 펀트킥으로 수적 우위를 만드는 것이다. 스페인 축구는 공격적 이론을 생각하지만, 이탈리아 축구는 "확실히 수비한 다음에 공격한다."고 주장해 자주 토론하게 되는 부분이다.

원 포인트 레슨
사인 플레이 활용하기

사인을 정해 신호 보내기

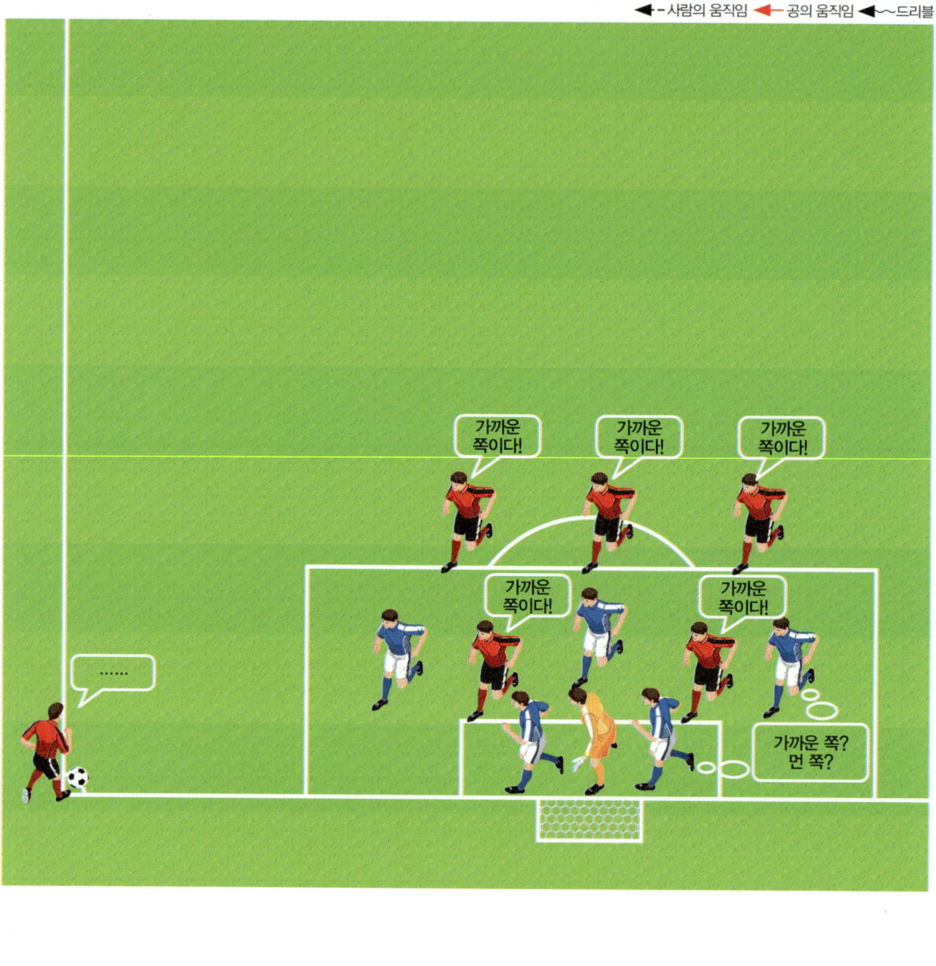

◀ㅡ사람의 움직임   ◀━공의 움직임   ◀〜드리블

(말풍선들)
- 가까운 쪽이다!
- 가까운 쪽이다!
- 가까운 쪽이다!
- 가까운 쪽이다!
- 가까운 쪽이다!
- 가까운 쪽? 먼 쪽?
- ……

레슨 포인트
① 상대팀 진영 내에서 얻은 코너킥이다.
② 킥커는 말하지 않고 약속한 사인을 보낸다.
③ 중앙에 있는 선수들은 사인을 보고 킥커가 노리는 곳을 이해한다.

지도자 MEMO
코너킥은 킥커와 가까운 쪽으로 찰 것인지, 먼 쪽으로 찰 것인지, 혹은 짧은 코너를 활용할 것인지 등 몇 가지 방법으로 나눠서 준비하는 것이 일반적이다. 이때 킥커는 중앙에 있는 선수들에게 팀만의 사인을 보낸 후에 코너킥을 찬다. 그러면 중앙에 있는 우리 팀 선수들은 사인을 보고 공을 따낼 수 있다.

사인 종류의 예

레슨 포인트

① 왼손을 든 후, 가까운 쪽으로 찬다.
② 오른손을 허리에 둔 후, 짧은 코너킥을 찬다.
③ 오른손을 든 후, 먼 쪽으로 찬다.

 지도자 MEMO 킥커가 왼손을 들면 '가까운 쪽', 오른손을 들면 '먼 쪽', 오른손을 허리에 두면 '짧은 코너킥'이라는 식으로 미리 사인의 뜻을 선수들끼리 정해서 공유한다.

레슨 포인트

① 양손을 허리에 둔 후, 약속한 플레이를 한다.
② 양손으로 무릎을 문지른 후, 약속한 플레이를 한다.

 지도자 MEMO 손을 드는 사인은 여러 팀이 사용하는 방법으로 상대팀이 눈치챌 수 있으니 다른 사인도 준비한다.

Column About the Soccer

스페인에서의 축구 지도 체험기 4

축구와 장기의 닮은 점은 포지셔닝 싸움이라는 것이다

실제 시합을 떠올리며 적재적소에 선수를 배치한다

나는 축구와 장기가 상당히 비슷하다고 생각한다. 선수는 말, 골은 왕과 같다고 생각하기 때문이다. 축구는 일대일 대결에서 진다고 해서 실점하는 것이 아니라, 골을 넣어야지만 득점으로 이어지는 스포츠이다. 장기도 마찬가지다. 말 하나를 빼앗겼다 해도 마지막에 왕을 지키고 상대팀의 왕을 뺏으면 이긴다. 또한 선수와 말에도 각각의 특징이 있다. 축구선수 중에는 슈팅을 잘하는 선수, 플레이 속도가 빠른 선수, 전술 이해도가 높거나 패스를 잘하는 선수, 드리블을 잘하는 선수 등 각각의 특징이 있다. 장기의 말마다 움직일 수 있는 방향이 있는 것처럼 말이다. 지도자는 선수의 특징을 떠올리며 머릿속으로 퍼즐을 맞춰 득점으로 이어지는 흐름을 생각하고, 훈련할 때 그 흐름을 선수가 확실히 익힐 수 있게 해야 한다.

그와 동시에 실점을 막는 훈련도 필요하다. 그러면 자연스럽게 각 선수의 위치가 정해질 것이다. 물론 대전 상대의 특징도 생각해 시합별로 조금씩 흐름을 조정하자. 지도자는 흐름을 어떻게 가져갈 것인지를 면밀히 따져야 한다. 라인 컨트롤에 능하고 상대팀 선수를 잘 블로킹하는 '마(馬)'가 공간을 만들고 돌파력이 있는 '차(車)'나 '장(漢)'이 쇄도한다. 그리고 뒤에서 루프 슈팅을 하는 '상(象)'이 오버래핑하는 것이다. 차이점이 있다면 축구는 '이 선수가 이런 플레이를 잘하게 되면 좋겠다.'라는 미래를 내다보면서 선수를 기용할 수 있다는 것이다. 지도자는 선수의 특징을 정확히 파악하고 능력을 발휘할 수 있도록 적재적소에 배치해야 한다.

생각은 크게 하고 적재적소에 선수를 배치한다

제5장
페널티킥

골키퍼와 킥커의 승부 페널티킥!
선택할 수 있는 것이 많지 않은 상황에서 가장 중요한 것은 강한 정신력뿐이다!
골키퍼와 킥커 모두 페널티킥에 당당해지자.

상황 판단을 위한 첫걸음

페널티킥 필수 규칙

1. 선수들이 들어올 수 없는 범위

- 페널티 지역 안에는 들어가지 않는다.
- 페널티 아크 안에는 들어가지 않는다.
- 9.15m 이내에는 들어가지 않는다.
- 오프사이드가 없다.
→ 공이 있는 곳보다 앞으로 나갈 수 없다.

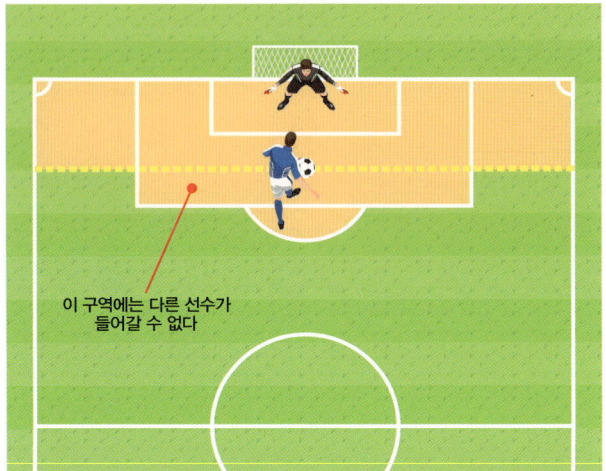

이 구역에는 다른 선수가 들어갈 수 없다

2. 골키퍼와 킥커의 움직임

- 공은 페널티 표시에 놓는다.
- 패스가 가능하다.
  → 단, 앞으로 공을 움직여야 한다.
- 킥커가 도움닫기하다가 멈추는 등 속임수를 쓰면 반칙이다.
  → 완급을 조절하는 것은 괜찮지만, 완전히 멈추는 페인트모션은 반칙이다.
- 골키퍼는 킥하기 전에는 골라인 위에서만 움직일 수 있다.
- 위의 사항을 위반하면 골이 들어갔거나 골을 막았어도 다시 해야 한다.
- 공이 골대를 맞고 나왔다면 킥커는 다른 선수가 잡기 전에 다시 밀어 넣을 수 없다. 간접 프리킥을 실시한다.

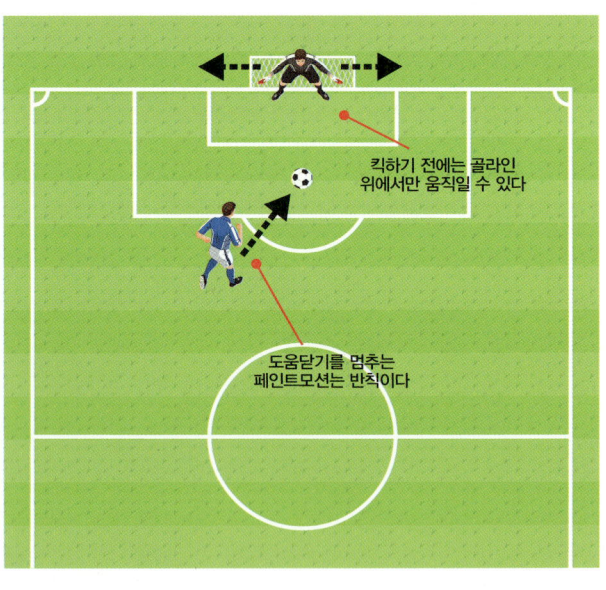

킥하기 전에는 골라인 위에서만 움직일 수 있다

도움닫기를 멈추는 페인트모션은 반칙이다

3. 승부차기

- 5번씩 찬다. 동점이라면 어느 한쪽이 더 많이 득점할 때까지 차는 순서를 바꾸지 않고 계속한다.
- 킥커는 한 번만 공을 찰 수 있다.
  → 밀어 넣기는 금지다.
- 골키퍼가 부상 시 골키퍼를 교체할 수 있다.
  → 단, 시합 중에 3장의 교체 카드를 다 사용하지 않았을 때에 한한다.
- 킥커와 양 골키퍼 이외의 선수는 모두 센터서클 안에 있어야 한다.

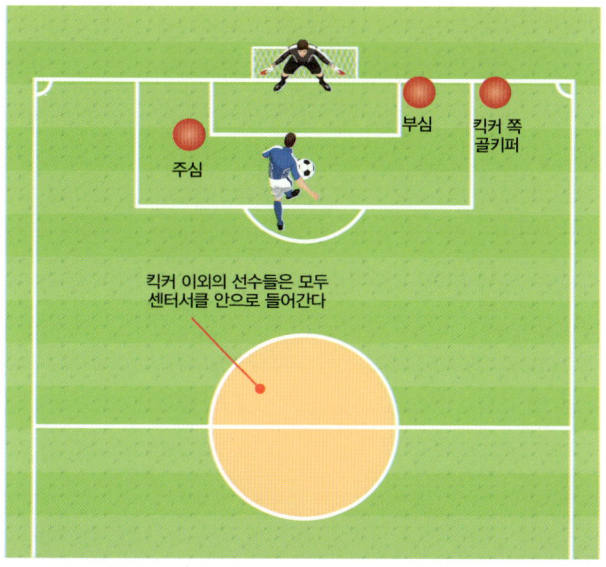

상황 판단을 위한 첫걸음

공격 시 페널티킥의 기본 개념

1. 정확한 킥, 승부수 그리고 운

페널티킥은 심리적인 압박감이 굉장히 강하기 때문에 킥커의 자신감과 배짱이 중요하다. 또한 골키퍼와 킥커의 신경전 또한 대단한데 골키퍼는 킥커의 시선과 몸의 중심을 보면서 슈팅 코스를 읽으려고 노력하고, 킥커는 이를 감추기 위해 노력하게 된다. 반대로 킥커 엔도 야스히토는 골키퍼의 무릎 아래 근육이 움직이는 것을 보고 어디로 움직일지 예측해 '데굴데굴 굴러가는 페널티킥'을 찼다. 스스로 공을 보지 않고 차기 때문에 킥에 자신이 없으면 안 된다. 그러나 골키퍼와 능숙하게 대결할 수 없는 선수는 〈그림 1〉과 같이 처음부터 골키퍼와 눈을 마주치지 않고 등을 돌린 상태에서 도움닫기를 하는 경우도 있다.

페널티킥을 찰 때는 여러 가지 기술이 필요하다. 그러나 어마어마한 킥력과 경험을 갖추고도 실패하는 경우도 다반사다. 1994 FIFA 미국 월드컵 결승에서 로베르토 바조(Roberto Baggio, 이탈리아)와 2004년 유럽축구선수권대회 8강에서 데이비드 베컴(David Beckham, 영국)이 페널티킥을 실축한 것이다. 그러므로 킥커는 페널티킥은 운에 좌우된다고 생각하고 당당하게 차는 것이 좋다.

▲ 골키퍼에 대응하기 어려울 때는 보지 않고 도움닫기를 한다.

2. 도움닫기의 각도

일반적으로 페널티킥을 할 땐 비스듬히 도움닫기를 한다. 정면으로 달려들면 허리의 회전력이 공에 실리지 않아 왼쪽 코스로는 강하게 공을 찰 수 없기 때문이다. 비스듬히 도움닫기를 하면 직선 코스와 오른쪽, 왼쪽 코스 모두 허리의 회전력을 이용할 수 있다. 그러나 모두가 그렇게 차라는 것은 아니다. 좌우 코스를 구분해 공을 찰 수 있다면 개인의 감각에 따라 〈그림 2〉처럼 차기 쉬운 각도를 찾는 것이 좋다.

◀ 차기 쉬운 도움닫기 각도를 찾는다.

3. 도움닫기로 타이밍을 뺏는다

페널티킥을 찰 때는 코스도 중요하지만, 골키퍼가 공을 막기 위해 앞으로 뛰어드는 타이밍을 뺏는 것도 중요하다. 그렇지 않으면 막기 어려운 코스로 찬 골도 막아낼 수 있다. 결국 골키퍼만 선방하는 셈이다.

타이밍은 도움닫기 방법으로 뺏을 수 있다. 일반적으로 먼 곳에서부터 도움닫기를 해 골키퍼가 타이밍을 잡을 수 없게 하는데, 이때 뱀처럼 왔다갔다하며 움직이면 더 혼란스럽게 만들 수 있다. 반대로 한 발만 다가가서 빨리 차는 방법도 있는데 도움닫기가 생략되므로 몸에 힘이 들어가 실축할 수 있다. 여러 가지 패턴을 시험해보고 자신에게 맞는 방법을 찾는 것이 좋다. 하지만 키커에게 가장 중요한 것은 정확하게 공을 차는 것임을 숙지하자.

◀ 여러 방법으로 도움닫기를 해 골키퍼의 타이밍을 뺏는다.

페널티킥 Penalty Kick

공격 이론 성공률을 높이는 공격

플레이 목적 골을 넣도록 최대한 확률을 높인다.

상황 해석 정면이면서 거리가 짧아 킥커에게 유리하다.

플레이의 흐름

① 상대팀 선수가 페널티 지역 내에서 반칙을 범했다.
② 킥커가 페널티 지역에 공을 놓는다.
③ 우리 팀 선수는 세컨트 볼을 노리고 대기한다.
④ 킥커가 슈팅 또는 패스를 선택해 골을 노린다.

> 보다 정확하게 골을 결정할 수 있다면 무엇이든 해보자!

Let's 상황 판단 슈팅이 기본이다

페널티킥으로 패스나 슈팅을 할 수 있다. 단, 앞으로만 패스할 수밖에 없는 상황이므로 슈팅 이외의 방법으로는 득점하기 어렵다. 패스를 선택하는 것보다는 슈팅이 훨씬 득점 기회가 많다.

페널티킥 공격 이론 ①

▶▶ 골키퍼를 보고 찰 것인가? 잘 차는 코스로 찰 것인가?

포인트 킥커의 선택은 두 가지다.

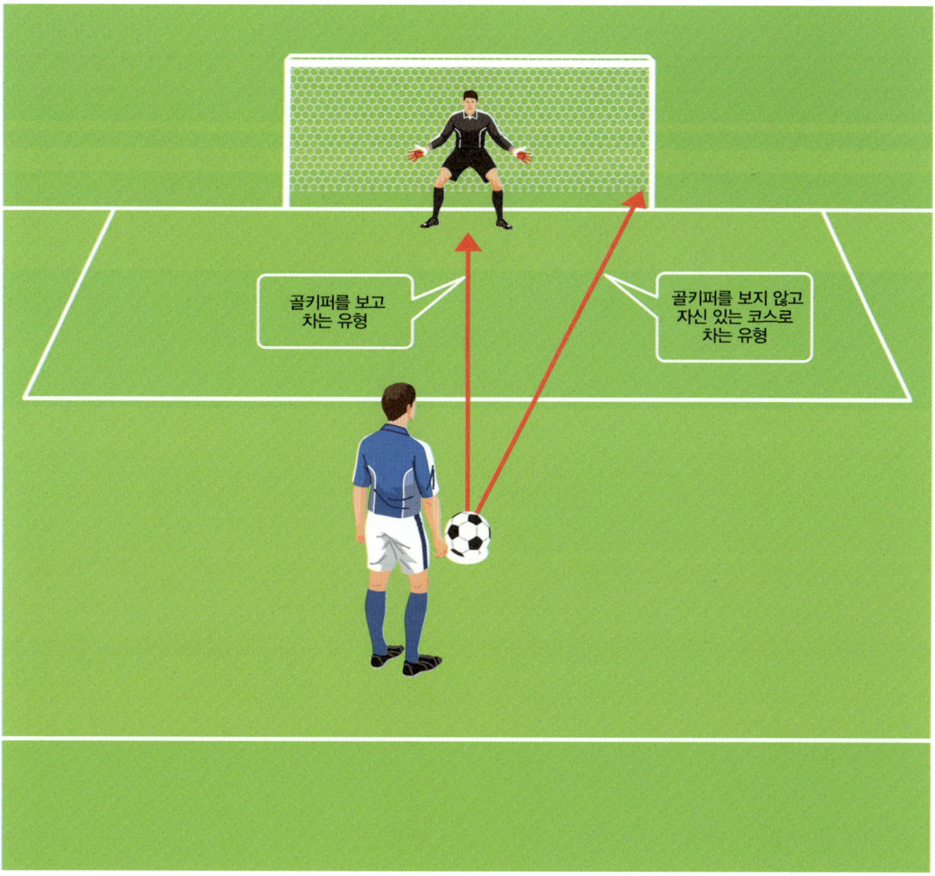

◀─ 사람의 움직임　◀─ 공의 움직임　◀∼ 드리블

- 골키퍼를 보고 차는 유형
- 골키퍼를 보지 않고 자신 있는 코스로 차는 유형

페널티킥 킥커 중에는 골키퍼의 움직임을 보고 차는 유형과 골키퍼를 보지 않고 자신이 좋아하는 코스로 차는 유형이 있다. 골키퍼를 보고 차는 유형은 골키퍼의 움직임을 확인해야 하기 때문에 공을 보는 시간이 적다. 반대로 자신 있는 코스로 차는 유형은 골키퍼에게 코스를 읽히지 않도록 너무 주의하기 때문에 실축할 수 있다. 하지만 프란체스코 토티(Francesco Totti, 이탈리아) 같은 경우는 강하게 측면으로 슈팅하는 척하다가 골키퍼의 머리 위를 넘겨 가운데로 들어가는 골을 넣기도 한다.

페널티킥 공격 이론 ②

▶▶세컨드 볼을 따낼 수 있는 위치에 선수를 배치한다

포인트 세컨드 볼이 흘러나올 정면과 양 측면에 선수를 배치한다.

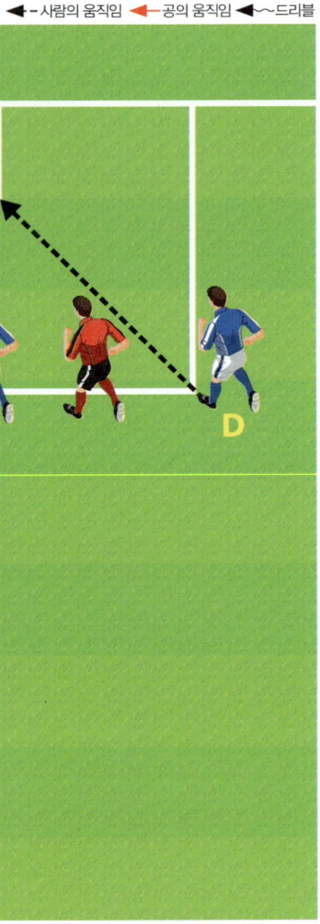

사람의 움직임
공의 움직임
드리블
C
A
B
D

지도자 MEMO

페널티킥이 주어지면 킥커 이외의 선수들은 세컨드 볼을 예상해 자리를 잡아야 한다. 가장 중요한 곳은 페널티 아크 바로 옆인 A와 B지점이다. 그래서 상대팀 수비도 아크 안으로 들어와 밀어내려고 하니 먼저 선점하도록 하자. 그리고 또 다른 중요 지점은 페널티 지역 양옆의 C와 D의 위치다. 공이 골키퍼를 맞고 정면으로 튀면 킥커 또는 A와 B가 달려들면 되지만, 자신 있는 코스를 노려 슈팅하면 튀어나온 공을 골키퍼가 양옆으로 쳐낼 수 있다. C와 D는 이 공에 반응해 쇄도할 수 있는 위치에 선다.

페널티킥 공격 이론 ③

▶▶ 킥커의 도움닫기에 맞춰 뒤에서 쇄도한다

포인트 상대팀보다 빠르게 공을 쫓기 위해 뒤에서 힘차게 달려든다.

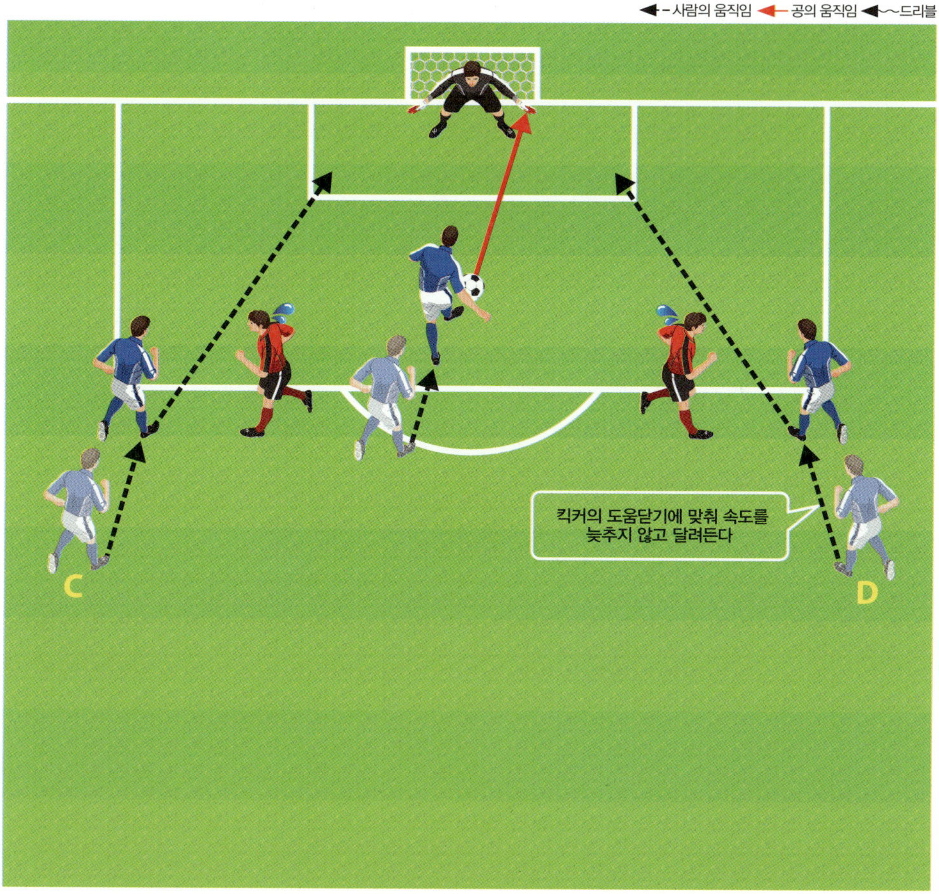

◀— 사람의 움직임　◀— 공의 움직임　◀～ 드리블

킥커의 도움닫기에 맞춰 속도를 늦추지 않고 달려든다

C와 D가 페널티 지역 양옆에 바짝 서면 수비수가 붙는다. 그림처럼 킥커의 뒤쪽으로 서 킥커의 도움닫기에 맞춰 뒤에서 속도를 줄이지 않고 쇄도하는 것이 현명하다. 이렇게 하면 달리는 상대팀 선수보다 빠르게 문전으로 들어갈 수 있다. 페널티 지역 라인에 서 있다가 킥커가 슈팅함과 동시에 달려들어 상대팀 선수와 경합하는 것보다 효과적인 것이다. 이는 플레이 중 오버래핑할 때도 마찬가지다. 빈 공간으로 파고들었을 때 멈춰서 트래핑하지 말고 달려들던 속도를 줄이지 않으면서 트래핑해 그대로 드리블한다.

205

| 테크닉 | 페널티킥(공격) |

다양한 도움닫기 방법을 연구한다

포인트 골을 성공시키기 위한 방법을 다각도로 연구한다.

◀─ 사람의 움직임   ◀─ 공의 움직임   ◀∼ 드리블

한쪽에서 도움닫기해도 좌우 코스 모두 노릴 수 있도록 한다

골키퍼가 타이밍과 코스를 읽을 수 없으면 이긴다!

지도자 MEMO

오른발잡이 선수가 왼쪽 코스로 차고 싶을 때 공의 바로 뒤에서 도움닫기를 하면 원하는 만큼 강하게 슈팅할 수 없다. 그렇다면 도움닫기를 어떻게 할 것인가? 이는 선수 개개인에 따라 다르지만 자신에게 편한 상태를 익히는 것이 가장 좋다. 한쪽에서 도움닫기해도 어느 방향이든 노릴 수 있으면 상대팀 골키퍼는 공의 방향을 예측하기 어려워진다. 그리고 한 가지 더 중요한 것은 타이밍이다. 방향뿐만 아니라 도움닫기를 할 때 완급을 조절하면 상대팀 골키퍼가 타이밍에 맞춰 뛸 수 없다. 단, 차려다가 완전히 멈추는 페인트모션을 취하면 반칙이므로 주의하자.

테크닉 — 페널티킥(공격)

심리적 우위를 활용한다

포인트 심리적으로 상대팀 골키퍼보다 우위에 선다.

◀— 사람의 움직임 ◀— 공의 움직임 ◀～ 드리블

(훈련한대로 하면 들어갈 거야)
(편하게 차!)
(끝나면 삼겹살 먹으러 갈까?)
(페널티킥은 정신력 승부다!)

지도자 MEMO

페널티킥은 완전히 고립된 1 대 1의 승부라서 양 팀 선수가 받는 압박감은 상당하다. 경기장이 조용하면 쓸데없이 긴장하게 되니, 공을 차기 직전까지 킥커에게 말을 걸어 긴장을 풀어 주자. 혹은 상대팀 골키퍼를 향해 미소 짓거나 여유 있는 표정을 지으면 골키퍼는 '뭔가 있는 거 아냐?'라는 의구심이 들어 상당히 혼란스러워 한다. 킥커는 페널티킥에 100% 몰입해 상대팀의 집중력을 무너뜨려야 한다. 공식적인 시합이나 큰 무대에서 이런 침착함을 가질 수 있다면 페널티킥을 잘 수 있는 정신력을 갖췄다고 할 수 있다.

상황 판단을 위한 첫걸음

수비 시 페널티킥의 기본 개념

1. 킥커에게 유리한 플레이임을 인정한다

페널티킥은 공과 골대까지의 거리가 11m 밖에 되지 않는다. 게다가 골키퍼와 킥커가 1 대 1로 승부하는 만큼 킥커가 절대적으로 유리한 게임이다. 따라서 골키퍼는 부담을 느끼지 말고 편안하게 생각하자. 골키퍼가 두려워하면 킥커에게 여유를 주는 것이 된다. 오히려 골키퍼가 침착한 모습을 보이면 킥커는 압박을 받는다.

2. 골을 막기보다 실축을 노린다

골키퍼는 페널티킥을 막기 어려운 것이 사실이다. 그러므로 반드시 슈팅을 막겠다는 생각보다 킥커를 압박해 슈팅이 골대에서 벗어나도록 유도한다는 생각으로 임한다. 페널티킥은 기술보다는 심리전에 가깝다. 승부에서 이기려면 일정 코스를 염두에 있는 척하거나 준비하면서 시간을 끌어 킥커가 여러 가지 생각을 하게끔 행동해야 한다. 즉, 아무 생각 없이 차지 못하게 해야 한다.

▲ 페널티킥이 선언되면 충격이 크지만 기분을 전환해 다음 플레이를 생각한다.

3. 세컨드 볼로 인한 실점을 막는다

승부차기 때는 세컨드 볼을 생각할 필요가 없지만 시합 중에 페널티킥을 내줬을 때는 빨리 세컨드 볼을 잡아 걷어내야 한다. 심판이 페널티킥을 선언하면 항의를 하고 싶겠지만, 그 사이에 상대편이 좋은 위치를 선점하는 경우가 많다. 세컨드 볼을 걷어낼 수 있는 곳에 빨리 자리 잡도록 하자.

그림 1

세컨드 볼에 대처할 선수를 배치할 수 있는 지역

◀ 세컨드 볼을 따기 좋은 지역에 빨리 포진한다.

페널티킥 Penalty Kick

수비 이론 절대적으로 불리한 상황에서의 대책

플레이 목적 킥커의 실점 확률을 높인다.

상황 해석 정면인데다가 거리가 짧아 킥커에게 유리하다.

플레이의 흐름

① 상대팀 선수가 페널티킥을 따냈다.
② 빨리 세컨드 볼을 처리할 수 있는 위치를 선점한다.
③ 킥커가 페널티 아크에 공을 놓는다.
④ 골키퍼는 킥을 막는 자세를 취한다.

> 심리적으로 불안정하면 기술도 발휘할 수 없다

Let's 상황 판단 골키퍼가 활약할 수 있는 기회

페널티킥은 골키퍼가 실력을 자랑할 수 있는 기회다. 모두가 주목하는 긴장된 순간이지만 배짱 있게 '여기서 내 진가를 발휘하자!'라고 생각할 수 있는 선수가 골키퍼에 적합할지도 모른다. 사실, 페널티킥은 골키퍼가 절대적으로 불리한 상황이므로 골을 막는 것뿐만 아니라 킥커가 실축하도록 유발하는 것이 더 중요하다.

페널티킥 수비 이론 ①

▶▶ 킥커가 차기 전에 절대로 움직이지 않는다

포인트 골키퍼는 반경 2m 이내를 막을 수 있도록 움직이지 않는다.

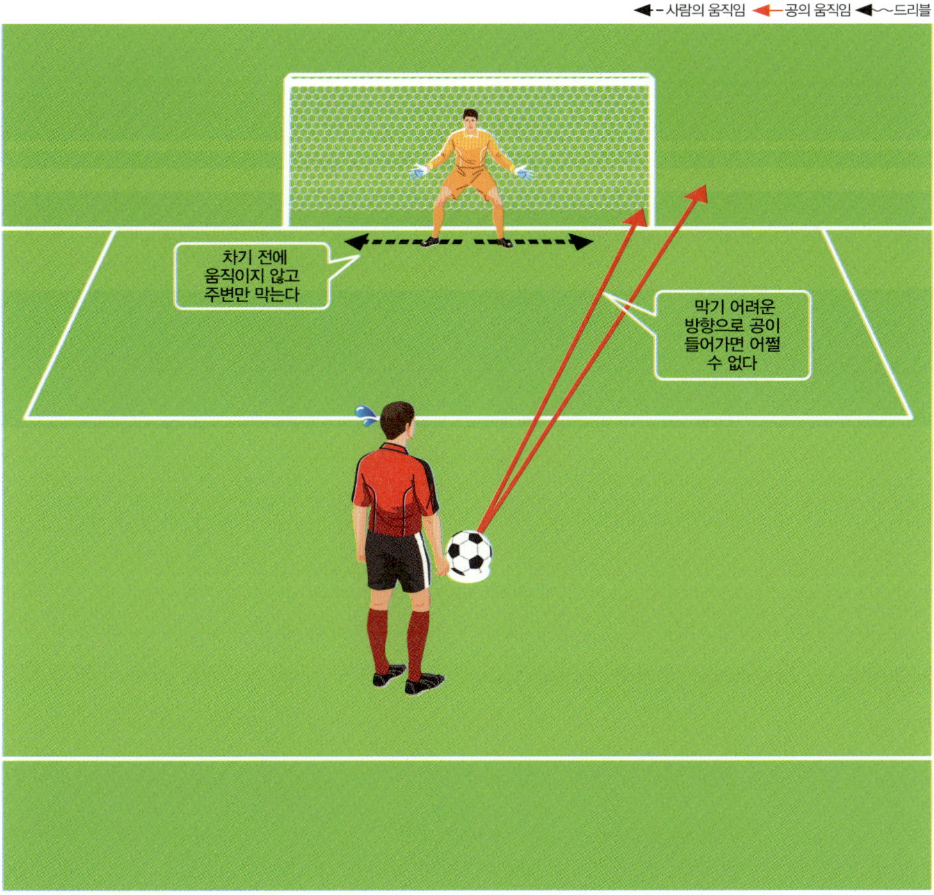

◀— 사람의 움직임 ◀— 공의 움직임 ◀〜드리블

차기 전에 움직이지 않고 주변만 막는다

막기 어려운 방향으로 공이 들어가면 어쩔 수 없다

골키퍼가 페널티킥에 대처하는 방법 중 하나로 킥커가 공을 차기 전에 자세를 취한 채 그대로 정지해서 주변 2m 이내만 막는 것이 있다. 이는 킥커가 골키퍼의 움직임을 파악하고 차는 유형일 때 좋다. 킥커는 도움닫기를 하면서 골키퍼가 앞으로 나오는 것을 기다렸다가 반대쪽 방향을 노리므로 차기 전에는 절대로 움직이지 않는 편이 낫다. 하지만 골대 구석 등 막기 어려운 방향으로 골이 들어가면 어쩔 수 없었다. 그리고 이런 방향을 노린다는 것도 킥커에게도 상당히 위험한 도박이다.

페널티킥 수비 이론 ②

▶▶ 좌우로 움직여 압박한다

포인트 상대팀 키커의 집중력을 깨 실수를 유발한다.

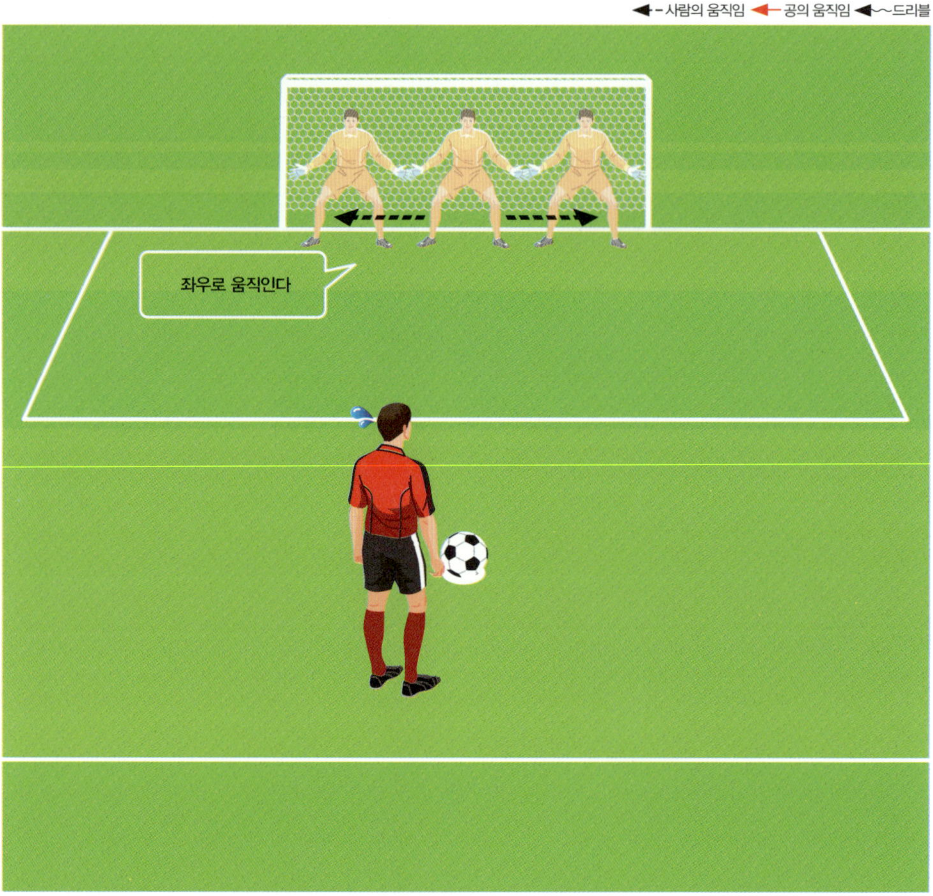

◀ – 사람의 움직임　◀ – 공의 움직임　◀~드리블

좌우로 움직인다

앞 쪽(211쪽)과는 반대로 키커가 도움닫기하는 동안 골키퍼가 좌우로 움직여 압박하는 방법이다. 전 리버풀 FC 소속이었던 예지 두덱(Jerzy Dudek, 폴란드)이 자주 사용한 방법이다. 이는 키커가 자신 있는 방향으로 찰 때 더 효과적이다. 실제로는 그렇지 않지만 골키퍼가 좌우로 움직이면 골대 전체가 막힌 느낌이 들기 때문에 키커는 더욱 막기 힘든 방향을 노리려고 한다. 그러면 실축 가능성이 커진다. 골키퍼의 목적은 키커에게 자신의 움직임을 보임으로써 집중력을 잃고 정확히 슈팅할 수 없게 만드는 것이다.

페널티킥 수비 이론 ③

▶▶ 세컨드 볼을 대비한 위치를 빨리 선점한다

포인트 심판이 반칙을 선언했다면 빨리 자리를 잡는다.

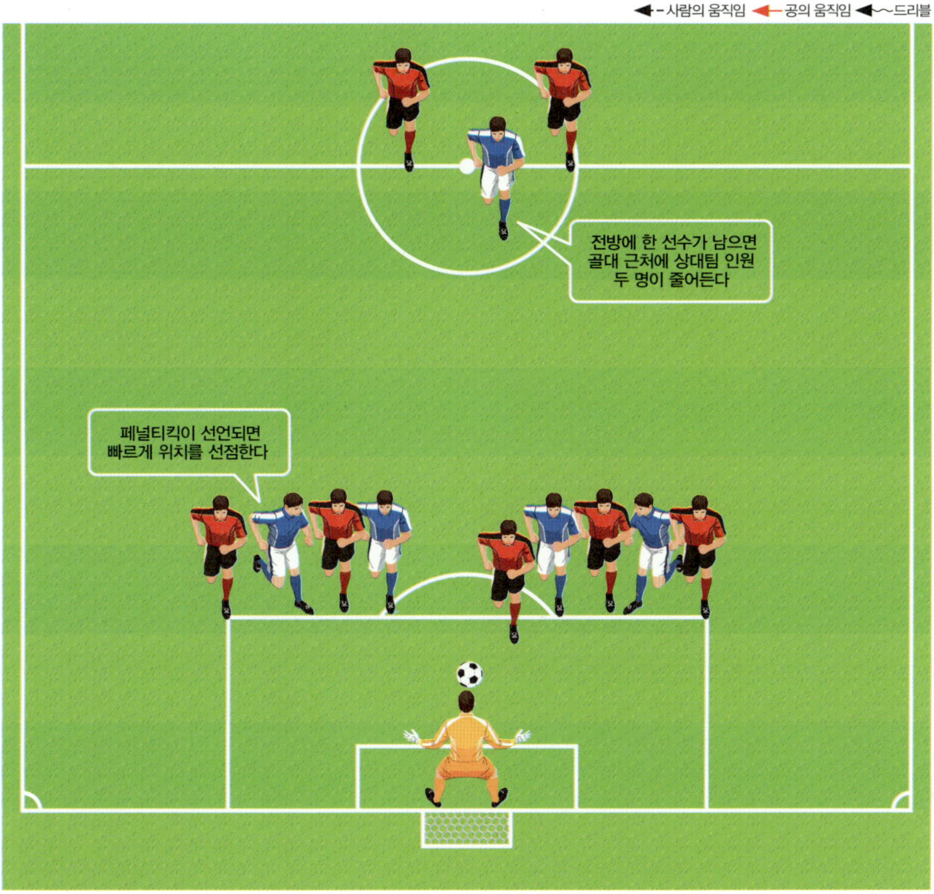

◀― 사람의 움직임   ◀― 공의 움직임   ◀～ 드리블

전방에 한 선수가 남으면 골대 근처에 상대팀 인원 두 명이 줄어든다

페널티킥이 선언되면 빠르게 위치를 선점한다

시합 중에 페널티킥이 선언되면 공격 쪽과 마찬가지로 수비 쪽도 세컨드 볼에 대비해 선수를 배치해야 한다. 페널티 지역 좌우에 각각 4명이 서서 가장 중요한 페널티 지역 옆 자리를 선점한다. 물론 이곳은 상대팀도 노리는 자리다. 따라서 심판이 페널티킥을 선언하면 빨리 이 자리에 서야 한다. 멍하게 서 있거나 심판에게 불만을 토로하는 팀도 있지만 최소한 두 명의 선수는 빨리 자리를 잡아야 승산이 있다. 그리고 공격 쪽은 대부분 페널티 지역 근처로 가더라도 전방에 한 명쯤은 일부러 남겨둘 것이다. 그래야 수비도 두 명의 선수를 붙여야 하기 때문이다. 밀고 당기기도 중요하다.

| 테크닉 | 페널티킥(수비) |

시간을 끌어 킥커를 압박한다

포인트 여러 가지 방법으로 시간을 끌어 킥커가 이것저것 생각하게 만든다.

지도자 MEMO 킥커는 차기 전까지 시간이 있으면 '어디로 찰까? 어떻게 도움닫기를 할까?' 등을 생각하게 된다. 그리고 생각이 많을수록 초조해져 실축하는 경우도 많다. 예를 들어, 골키퍼에게 퇴장 명령이 내려졌을 때 선수 교체에 가능한 많은 시간을 들이면 기다리던 킥커는 점점 압박을 받는 것이다. 규칙 상 골키퍼가 필드에 들어가지 않은 상태에서는 시합을 재개할 수 없다. 심판이 강하게 주의를 주지 않는 한 시간을 끌면 상대팀 킥커는 심리적으로 동요하게 된다. 페널티킥은 차는 쪽이 유리하다. 하지만 우리 팀의 작전에 상대팀을 끌어들이는 것도 중요하다.

| 테크닉 | 페널티킥(수비) |

정신력을 발휘해 심리 싸움의 우위에 선다

포인트 심리 싸움이다. 우위를 선점하는 것이 중요하다.

지도자 MEMO

킥커와 같이 골키퍼도 압박을 많이 받는다. 실제로 페널티킥은 킥커에게 유리하다. 그러므로 들어가는 것이 당연하고, 막는다면 대단한 일이라고 생각하자. 즉, 공이 들어간다고 해서 망연자실할 것 없는 것이다. 하지만 골키퍼는 골이 들어가지 않도록 최선을 다해야 한다. 골키퍼 중에 킥커의 집중력을 떨어뜨리기 위해 "오늘은 오른쪽으로 점프할 거야.", "슈팅에 위력이 있네.", "얼굴빛이 나쁜데 괜찮아?" 와 같은 말을 걸면서 킥커의 마음을 흔드는 경우도 보았다. 이러면 킥커는 좀 더 어려운 방향으로 공을 차려할 수도 있다.

원 포인트 레슨
실축하지 않기 위한 다양한 킥 기술

엔도 야스히토의 데굴데굴 페널티킥

레슨 포인트

① 골키퍼를 보면서 도움닫기를 한다.
② 달리는 속도를 늦추면서 천천히 상대 팀 골키퍼를 살핀다.
③ 골키퍼의 중심이 한쪽으로 쏠리는 것을 노린다.
④ 골키퍼의 중심이 쏠렸다면 그 반대쪽으로 찬다.

지도자 MEMO

'데굴데굴 페널티킥'은 어려운 기술이다. 골키퍼의 눈을 보느라 공을 볼 시간이 없기 때문이다. 엔도는 "무릎 아래 근육의 움직임을 보고 골키퍼가 점프할 방향을 예측한다."라고 말했다. 압박받는 상황에서 이 킥을 성공시키려면 정신력이 매우 강해야 한다.

코스를 속여 차는 방법

레슨 포인트
① 축이 되는 다리로 지면을 밟는다.
② 몸을 비틀어 지면을 밟은 방향과 다른 코스로 공을 찬다.

MEMO 페널티킥을 찰 때 골키퍼는 킥커가 도움닫기하는 각도와 축이 되는 다리로 어느 쪽을 밟는지를 보고 슈팅 코스를 읽으려고 한다. 이때 허를 찔러 밟은 방향과 다른 쪽으로 공을 차면 상대팀 골키퍼의 예상을 뒤엎을 수 있다. 여러 가지 방법으로 승부를 즐기자.

스페인에서의 축구 지도 체험기 5
좋은 토양에서 좋은 꽃이 핀다

훈련을 위한 훈련에서 벗어나 이기기 위한 훈련을 하자

'스페인 축구' 하면 역시 바르셀로나가 떠오른다. 그래서인지 스페인은 아름다운 축구를 구사한다고 오해하는 사람이 많은데 사실 스페인의 모든 축구팀이 바르셀로나처럼 하는 것은 아니다. 스페인에서 지도자 과정을 밟으면서 가장 큰 충격을 받은 것은 유럽과 남미 선수들은 '승리를 위해' 축구를 한다는 점이다. "왜 훈련을 하는가?"라고 선수에게 질문하면 "시합에서 이기기 위해서다."라고 한다. 이것이 훈련의 본디 목적인 것이다. 이와 반대로 일본에서는 '훈련을 위한 훈련'을 하는 경우를 많이 볼 수 있다. 일본에서는 훈련이 끝날 때 즈음 가위바위보로 멤버를 정해 미니 게임을 한다. 그리고 약 30분씩 3번 연습 시합을 하는데 실제 상황이라면 있을 수 없는 일이다. 진정한 훈련이라면 실제 시합처럼 전반과 후반으로 나눠서 진검 승부를 펼치고, 남은 시간에 후보 선수의 기량을 점검해야 한다. 즉, 지도자는 확실히 시합을 위한 훈련을 시켜야 한다.

그렇다고 스페인이 대단한 훈련을 하는 것은 아니다. 승부에 집착할 수 있는 환경을 만들어 선수를 키우는 것뿐이다. 좋은 토양을 만들면 좋은 씨앗이 아름다운 꽃을 피운다. 일본에는 좋은 씨앗 격인 선수들이 많다. 이런 선수들에게 너무 열심히 비료를 주고, 일일이 가르칠 필요는 없다. 원래 지도자는 선수 스스로 성장할 수 있는 환경, 즉 좋은 토양을 만드는 일에 열중하는 것이 바람직하다.

꽃보다도 꽃을 피우는 토양을 만들자

제6장
킥오프

역대 경기 중에 가장 빨리 터진 골은 시작한 지 2.5초 만에 터졌다!
바로 킥오프 상황에서 터진 골이다.
간과하기 쉽지만 실제로 골 가능성이 내재된 세트피스인 것이다.
시합의 첫 단추를 제대로 꿴다는 생각으로 이 장을 살펴보자.

상황 판단을 위한 첫걸음

킥오프 필수 규칙

1. 킥오프가 시작되는 상황

- 전반전을 시작할 때.
  → 코인토스에서 이긴 팀이 자기 진영을 결정하고 상대팀이 킥오프한다.

- 득점한 후.
  → 실점한 팀이 킥오프한다.

- 후반전을 시작할 때.
  → 전반전이 시작될 때 코인토스에서 이긴 팀이 킥오프한다.

- 연장전의 전반을 시작할 때.
  → 90분 전반이 시작될 때 킥오프한 팀이 다시 킥오프한다.

- 연장전의 후반을 시작할 때.
  → 90분 후반이 시작될 때 킥오프한 팀이 다시 킥오프한다.

2. 킥오프할 때의 선수 배치

- 센터라인을 중심으로 각자의 팀 진영에 모든 선수가 자리한다.

- 상대팀 선수는 공에서 9.15m 이상 떨어진다.
  → 센터서클의 반경이 9.15m 이므로 상대팀 선수는 서클 안에 들어갈 수 없다.

- 우리 팀 선수는 센터서클에 몇 명이든 들어갈 수 있다.

9.15m 이상 떨어진다

3. 공을 찰 때의 규칙

- 주심의 사인으로 시작한다.
- 볼은 센터 표시 위에 정지해 있어야 한다.
- 킥오프한 공이 앞으로(센터라인보다 위쪽, 즉 공격진영) 이동했을 때 플레이가 시작된다.
- 킥커는 공을 찬 후 다른 선수가 공을 잡을 때까지 다시 잡을 수 없다.
- 직접 골이 가능하다.

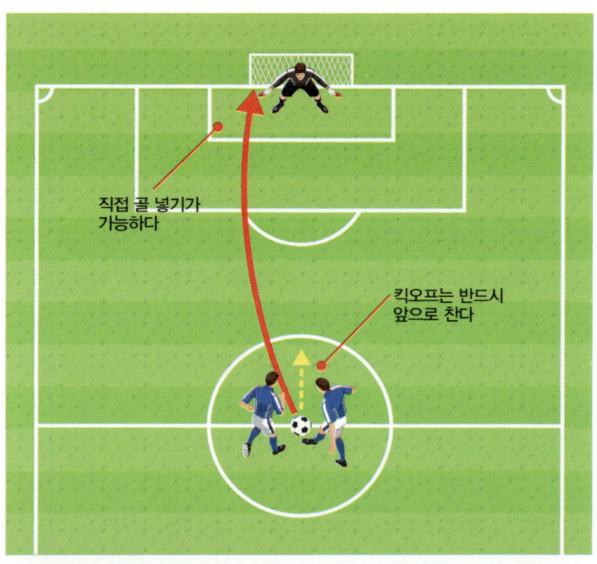

직접 골 넣기가 가능하다

킥오프는 반드시 앞으로 찬다

상황 판단을 위한 첫걸음

공격 시 킥오프의 기본 개념

1. 킥오프 후 플레이를 패턴으로 만든다

킥오프가 시작된 후 공을 어떻게 이동시킬 것인지(예를 들어, 일단 앞으로 찬 후 오른쪽 측면으로 롱패스한다 등)를 패턴으로 만들어 두면 안정되게 시합을 시작할 수 있다. 특히 전반전 시작 때의 킥오프는 몸도 마음도 완전히 시합에 몰입되지 않은 상태이므로 정해놓은 패턴대로 공을 이동해 공격하는 것이 시합을 쉽게 이끌어 가는 방법이다. 킥오프도 하나의 세트피스다. 따라서 선수들이 원래 자리에 집착할 필요가 없다. 헤딩에 강한 센터백을 최전방으로 쇄도하게 해 공중전에 참가시키거나 킥력이 좋은 선수를 홀딩 미드필더의 위치에 두고 롱패스를 차게 하는 등 자유로운 배치가 가능하다. 상대팀이 당황할 수 있는 방법을 준비해 두면 실점 후에 침체된 분위기를 한번에 바꾸는 수단이 되기도 한다.

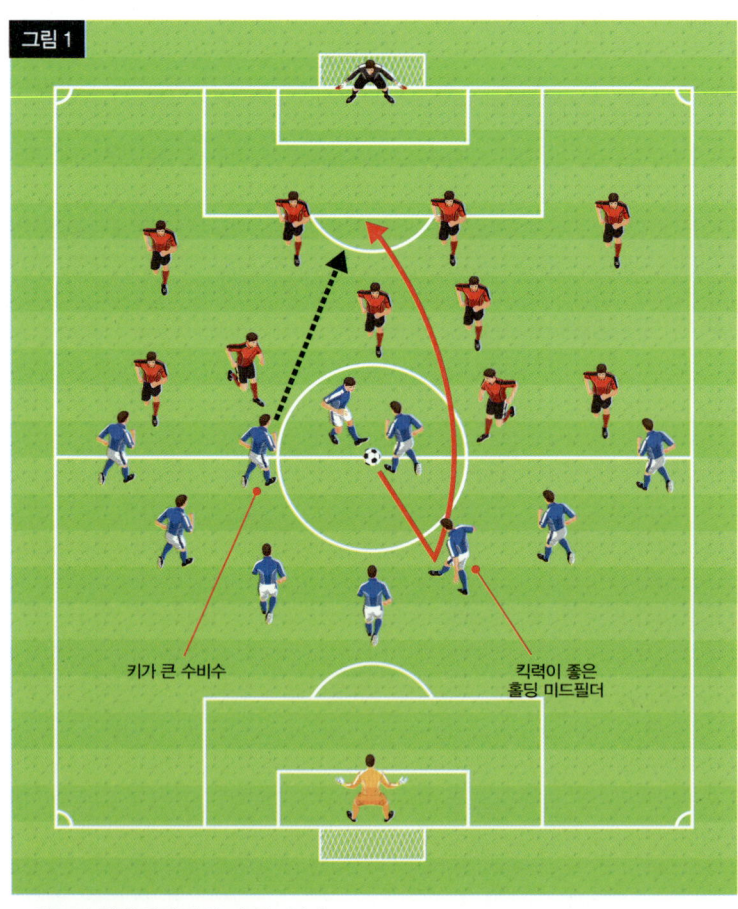

그림 1

키가 큰 수비수

킥력이 좋은 홀딩 미드필더

▲ 반드시 원래 위치에 설 필요는 없다.

2. 팀 컨디션에 영향을 미친다

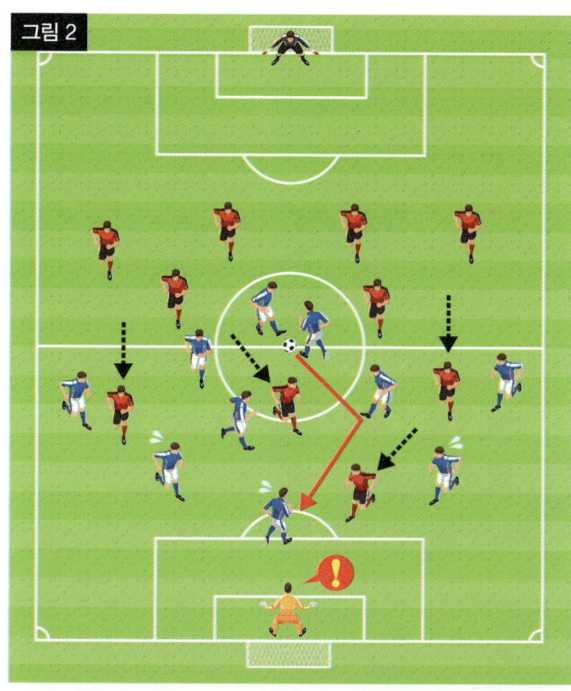

그림 2

만약 킥오프한 다음의 패스 경로를 정하지 않았다면 되도록이면 뒤로 패스하지 말자. 상대팀이 전력을 다해 압박해 오는 것에 당황해 골키퍼에게 백패스하는 등의 위험한 상황을 만들 수 있기 때문이다. 이런 킥오프는 최악이며, 팀 전체의 컨디션을 떨어뜨리게 된다. 특히 실점 후에 하는 킥오프에 주의하자. 상대팀이 눈치가 빠르다면 낙담해 있거나 초조해 하는 선수를 집중 공략할 수도 있다.

◀ 킥오프를 한 뒤에 공을 뒤로 보내면 생각지 못한 공격을 받아 동요할 수 있다.

▲ 실점 직후 상대팀이 기쁜 마음에 도발해도 빨리 기분을 전환해 킥오프한다.

킥오프 Kick Off

공격 이론: 시스템 파악 후 공격하기

플레이 목적 정확한 목적을 가지고 킥오프한다.
상황 해석 각자의 포메이션이 정비된 상태다.

플레이의 흐름
① 전반전, 후반전, 연장전을 시작할 때 또는 상대팀이 골을 결정한 직후에 플레이된다.
② 센터 표시에 공을 놓고 킥오프한다.
③ 선수는 팀의 방침에 맞춰 자리를 잡는다.
④ 공을 찬 후 패스와 드리블로 공격한다.

> 킥오프 후 짧은 시간 동안 알아낼 수 있는 정보가 아주 많다!

Let's 상황 판단 공격 방법은 기본적으로 3가지다

공격 방법은 '드리블, 패스, 슈팅' 3가지가 있다. 드리블은 프리킥과 같이 처음에 공을 찬 선수가 연속으로 공을 소유할 수 없으므로 패스받은 선수가 해야 한다. 직접 슈팅은 축구의 신이라 불리는 펠레(Pele, 브라질)조차도 현역 시절 해보고 싶었지만 하지 못했던 어려운 플레이다.

킥오프 공격 이론 ①

▶▶ 상대팀의 수비법을 분석한다

포인트 공을 패스하면서 상대팀의 수비법을 파악한다.

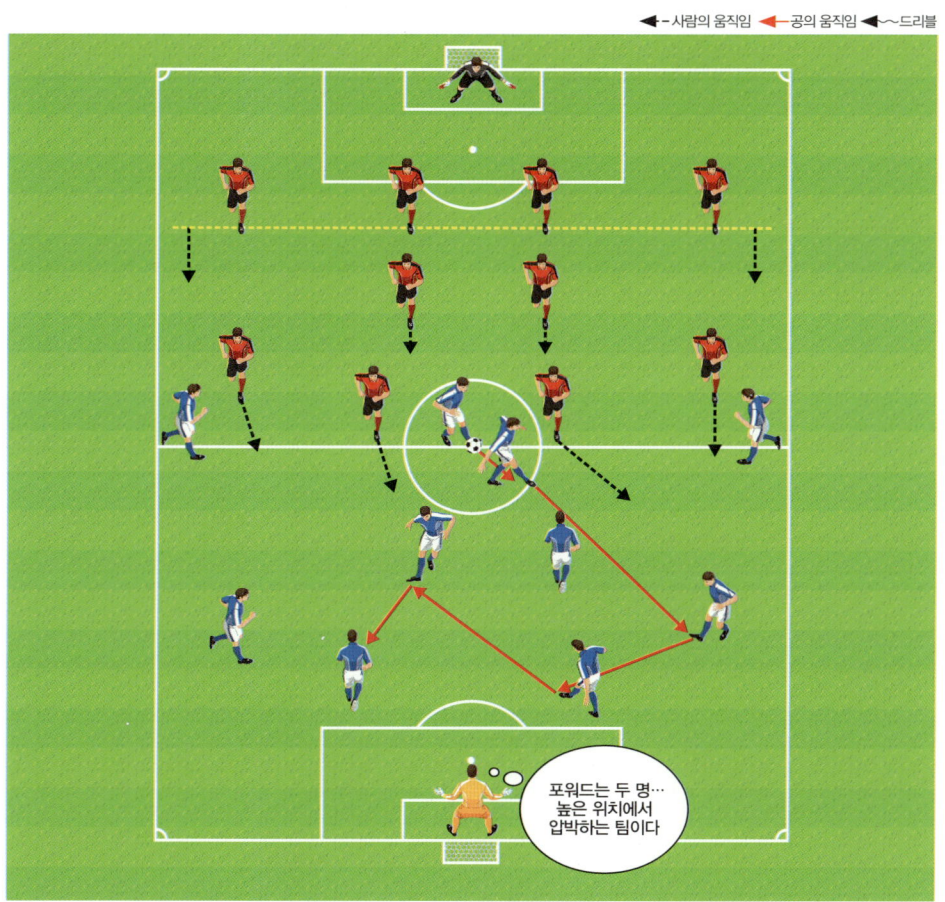

지도자 MEMO 시합 시작을 위한 킥오프 시는 상대팀이 어떤 전술을 갖고 나왔는지 파악할 수 없다. 하지만 수비진영에서 패스를 하며 공을 돌리면 상대팀의 전술을 파악할 수 있다. 시스템은 어떤지, 포워드는 어디까지 올라오는지, 수비라인이 올라오는지 등의 정보를 알아내자. 만약, 상대팀이 높은 위치에서 압박한다면 우리 팀은 포워드에게 길게 패스해 포스트에플레이를 하는 등의 지침을 마련할 수 있다. 혹은 헤딩에 강한 우리 팀 선수를 전방으로 쇄도하게 하고 롱패스를 보내 상대팀이 어떻게 공중전에 대처하는지도 확인할 수 있다. 만약 상대팀이 공이 떨어지는 위치를 잘 예측하지 못하거나 헤딩 기술이 좋지 않다면 그곳을 집중 공략한다.

킥오프 공격 이론 ②

▶▶ 한쪽 측면을 공략한다

포인트 측면에서의 수적 우위를 만들기 위해 높은 위치로 킥오프한다.

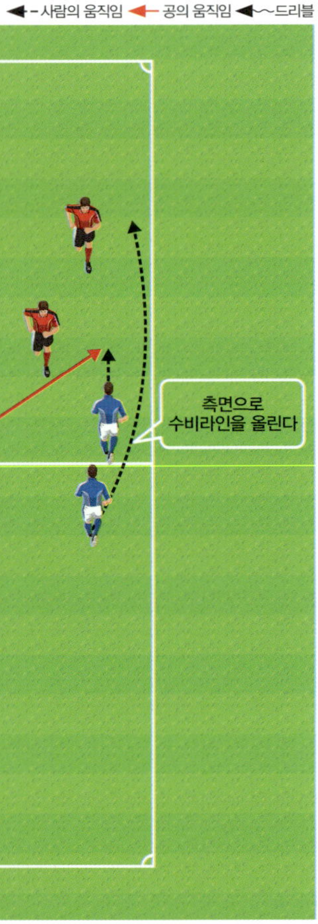

◀- 사람의 움직임 ◀— 공의 움직임 ◀～드리블

측면으로 수비라인을 올린다

시합 전에 상대팀을 분석하거나 시합 중에 알아낸 정보로 상대팀의 수비 전력을 알았다면 킥오프 때부터 약한 쪽을 공략하는 것이 효과적이다. 특히 그림과 같이 사이드백을 위로 올려 두면 측면에서 수적 우위를 차지할 수 있다. 단, 처음부터 한쪽만 너무 높은 위치에 선수를 배치하면 노림수를 간파당할 수 있으니 반대쪽 사이드백도 높은 위치에 둔다. 이렇게 배치한 뒤, 킥오프 후 한쪽 측면의 사이드백이 빠르게 오버래핑해 공격하고 반대 측면은 수비진영으로 돌아가 수비라인을 형성한다. 세밀하게 전술을 짜야 한다.

킥오프 공격 이론 ③

▶▶ 페널티 지역으로 쇄도한다

포인트 롱패스로 공격진영 쪽으로 빠르게 라인을 올린다.

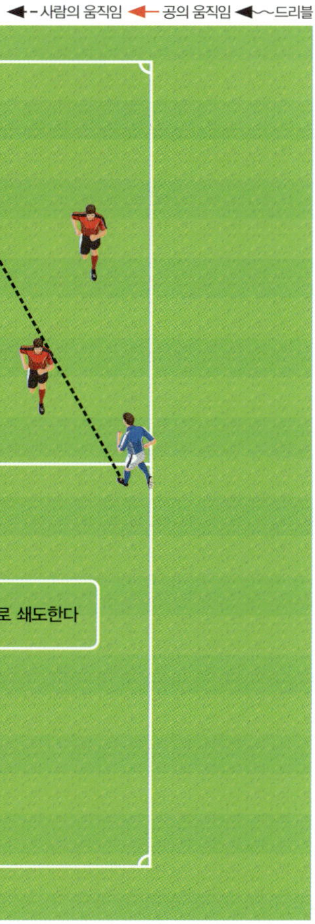

◀- 사람의 움직임 ◀- 공의 움직임 ◀〜 드리블

롱패스로 쇄도한다

헤딩에 강한 선수(수비수도 좋다)를 중앙선의 중앙에 그리고 달리기가 빠른 선수를 중앙선 양쪽에 놓고 센터서클 뒤에는 킥이 좋은 선수가 대기한다. 이 상태에서 킥오프를 해 공을 뒤로 보냄과 동시에 선수들이 상대팀 페널티 지역으로 전력을 다해 쇄도해 뒤에서 오는 롱패스를 헤딩으로 경합한다. 그리고 흘러나온 공을 속도를 줄이지 않고 달려가 따낸다. 상대팀이 상당한 압박을 받는 전술이니 시간이 얼마 남지 않은 상태에서 1점을 따야 할 때 혹은 시합이 시작된 지 얼마 되지 않아 상대팀이 집중하지 못한 상태일 때 효과적인 방법이다.

| 테크닉 | 킥오프(공격) |

공을 뒤로 보내는 척하다가 앞으로 패스!

포인트 백패스하는 척 하다가 땅볼로 패스한다.

◀— 사람의 움직임 ◀— 공의 움직임 ◀〜 드리블

- 수비진영으로 뛰어든다
- 상대팀 선수 사이에 들어가 스루패스
- 공을 뒤로 보내 압박받지 않는 우리 팀 선수에게 패스!
- 킥오프로 허를 찌른다

지도자 MEMO

롱패스가 아닌, 땅볼패스로 이어 올라가는 전략이다. 킥오프할 때 A가 공을 차면 D는 공격진영으로 달려들고, B는 패스를 받아 공을 뒤로 보내는 척하면서 전방으로 향한다. 그러면 상대팀은 D를 향해 길게 패스할 것이라 생각하게 된다. 그 사이에 C가 상대팀의 전방으로 들어가 B에게 패스를 받은 다음, D가 달려드는 공간으로 스루패스를 한다. 이렇게 하면 마지막에 공을 받는 D에게 여유가 생기는 이점이 있다. 전원이 빠르게 공격진영으로 올라가 D를 지원하면 한번에 전세를 이끌 수 있다. 킥오프 때 패스를 받는 B의 연기력이 필요하다.

테크닉 | 킥오프(공격)

일부러 시간을 번다

포인트 이기고 있을 때 주로 사용하며 킥오프로 일부러 시간을 끈다.

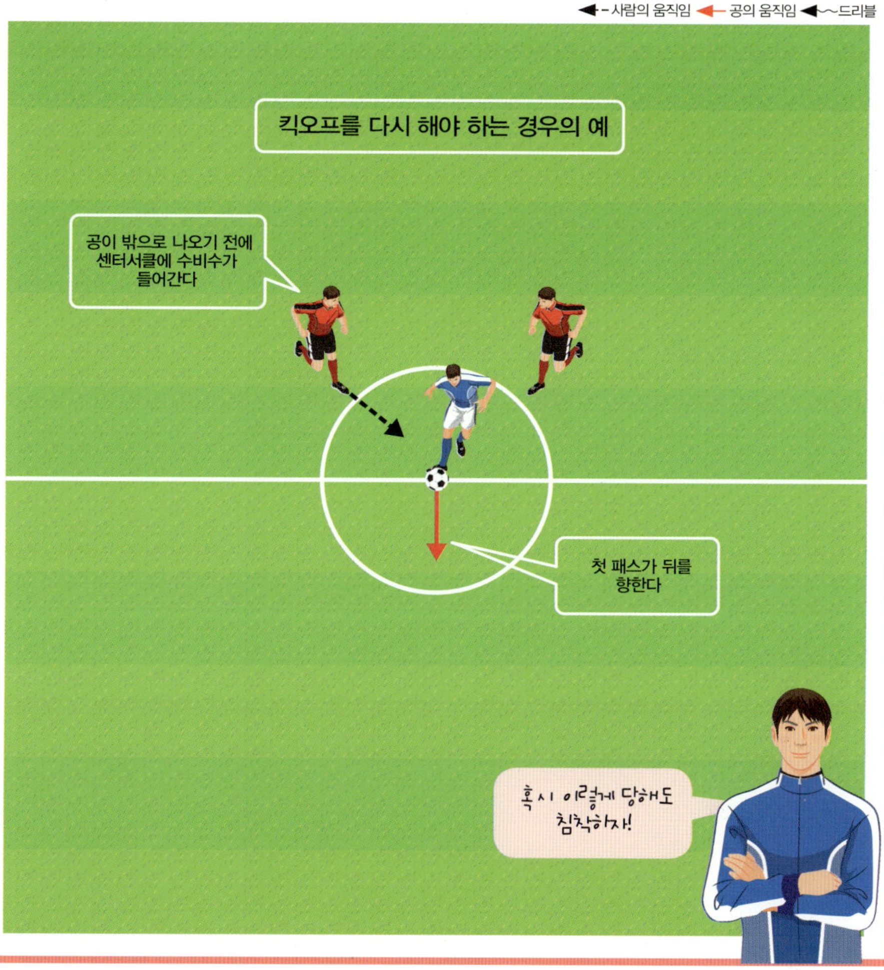

사람의 움직임
공의 움직임
드리블
킥오프를 다시 해야 하는 경우의 예
공이 밖으로 나오기 전에 센터서클에 수비수가 들어간다
첫 패스가 뒤를 향한다
혹시 이렇게 당해도 침착하자!

지도자 MEMO

남미 대표팀이 자주 사용하는 방법이다. 이기고 있을 때 혹은 상대팀의 위력에 밀려 리듬을 바꾸고 싶을 때는 킥오프로 시간을 벌어 수비진영으로 돌아가거나 일부러 공을 뒤로 차 킥오프를 다시 하도록 유도한다. 혹은 상대팀이 킥오프하기 전에 일부러 센터서클에 들어가 상대팀을 흔들기도 한다.

상황 판단을 위한 첫걸음

수비 시 킥오프의 기본 개념

1. 압박을 할 것인가? 상황을 지켜볼 것인가?

상대팀의 킥오프를 수비하는 방법은 크게 나눠서 '전방에서 압박하기'와 '상대팀의 시스템을 파악해 압박하기'가 있다. 전반전을 시작할 때는 보통 후자의 방법으로 천천히 시합을 전개하게 된다. 그러다가 우리 팀이 득점하게 되면, 상대팀이 킥오프할 때 낙담해 있는 심리 상태이기 때문에 이때 압박하면 더욱 궁지로 몰아갈 수 있다. 정신적으로도 시합을 지배하는 것이다. 하지만 너무 끝까지 쫓아가지는 말자. 그러면 금방 체력이 떨어져 수비진영 공간이 열릴 수 있다. 5초간 압박해보고 공을 뺏을 수 없다면 포기하고 원래 위치로 돌아가는 것이 효과적이다.

2. 상대팀의 강한 측면과 약한 측면을 파악한다

시합을 시작했을 때는 상대팀의 플레이에 대한 정보를 탐색하고, 지도자도 빠르게 시합에 몰입할 필요가 있다. 특히 상대팀 정보는 킥오프 상황에서 많이 얻을 수 있다.

만약 상대팀이 어느 한쪽 측면에서 공격하는 경우, 대부분 강한 측면(달리기가 빠르고, 앞으로 돌파할 수 있는 드리블러가 있는 경우)을 활용하므로 그쪽 측면을 수비할

때 주의한다. 약한 측면도 알아볼 수 있다. 예를 들어 오른발잡이 선수가 왼쪽 측면으로 찰 수 있는 공을 일부러 오른발로 다시 잡아 오른쪽 측면으로 공을 보낸다면 오른쪽 측면이 강하다는 것을 추측할 수 있다. 이와 같이 다양한 정보를 얻었다면 팀 플레이의 일정한 방향을 제시할 수 있다.

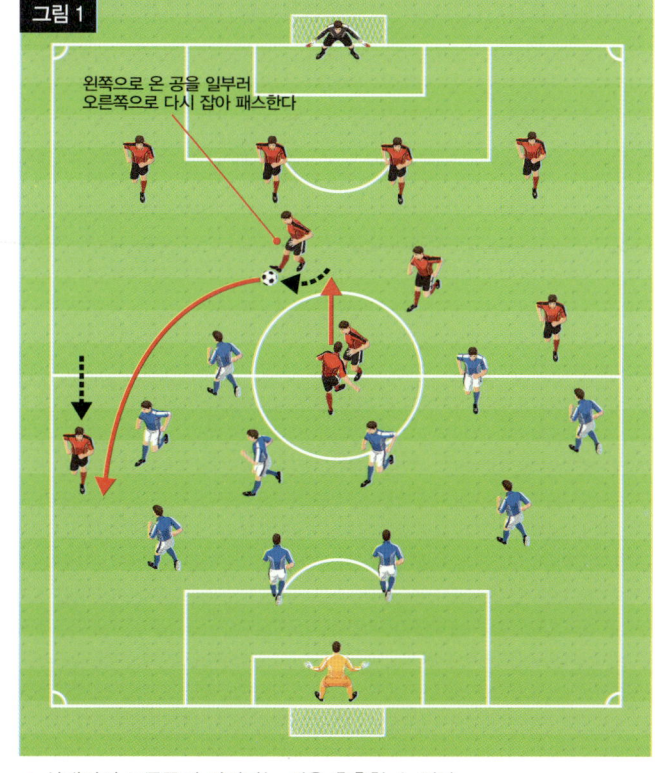

그림 1

왼쪽으로 온 공을 일부러 오른쪽으로 다시 잡아 패스한다

▲ 상대팀의 오른쪽이 강하다는 것을 추측할 수 있다.

킥오프 Kick Off

수비 이론 협력수비 펼치기

플레이 목적 빠르게 협력수비를 펼친다.
상황 해석 각자의 포메이션이 설정된 상태다.

플레이의 흐름
① 전반전, 후반전, 연장전을 시작할 때 또는 상대팀이 골을 결정한 직후에 플레이된다.
② 상대팀부터 킥오프한다.
③ 협력수비를 한다.

> 킥오프 때 방심하면 협력수비가 무너진다!

Let's 상황 판단 킥오프의 중요함을 이해한다

킥오프는 집중력이 끊기기 쉬운 때다. 누군가 한 명이라도 집중력을 잃으면 협력수비 때 실수를 하기 쉬우며 이를 그대로 방치하면 상대팀에게 일격을 당할 수 있다. 세계적인 감독 중에는 자기 팀이 득점해도 기쁨을 표현하지 않고 필드를 관찰하는 감독이 있는데 이는 킥오프의 중요성을 잘 알고 있기 때문이다.

킥오프 수비 이론 ①

▶▶ **전방과 최종 라인의 협력 상태를 확인한다**

포인트 압박하는 선수와 2선 선수들의 협력이 원활해야 한다.

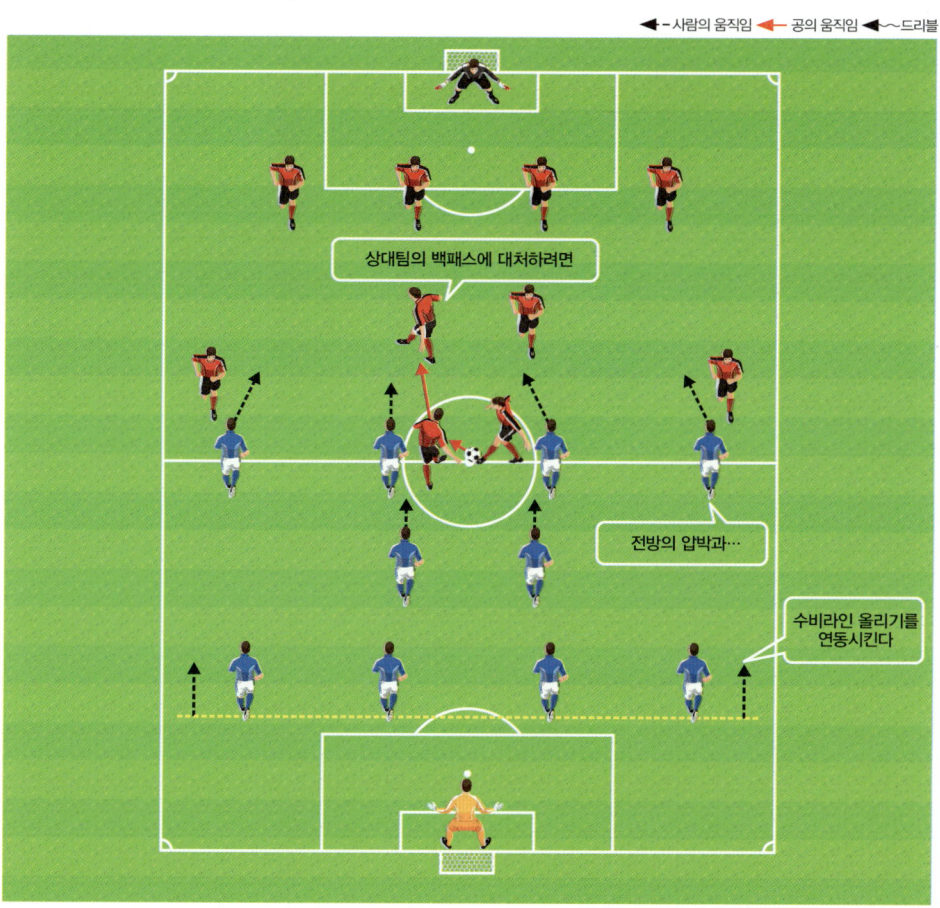

지도자 MEMO 상대팀이 백패스했을 때 팀 수비라인을 올려서 전체를 높은 위치에 두는 것은 수비 이론 중 하나다. 킥오프 때도 마찬가지다. 상대팀이 백패스를 하면 똑같이 대처한다. 그러나 이때 라인을 올렸는데도 전방에서 상대팀을 압박하지 않으면 상대팀의 2선이 뒤쪽 공간으로 자유롭게 활용할 수 있으므로 라인을 올리면 반드시 공을 가진 선수를 압박해야 한다. 압박하지 않으려면 라인을 내려 상대팀 공격을 저지하는 것이 옳다. 전체적으로 간격이 벌어지지 않도록 협력수비를 해야 하며, 이것이 제대로 이루어지지 않는다면 지도자가 빨리 대처해야 한다.

킥오프 수비 이론 ②

▶▶측면으로 공격하면 전체적으로 이동해 수비한다

포인트 측면을 공격하면 모두 지원 수비에 나서는 것이 수비의 이론이다.

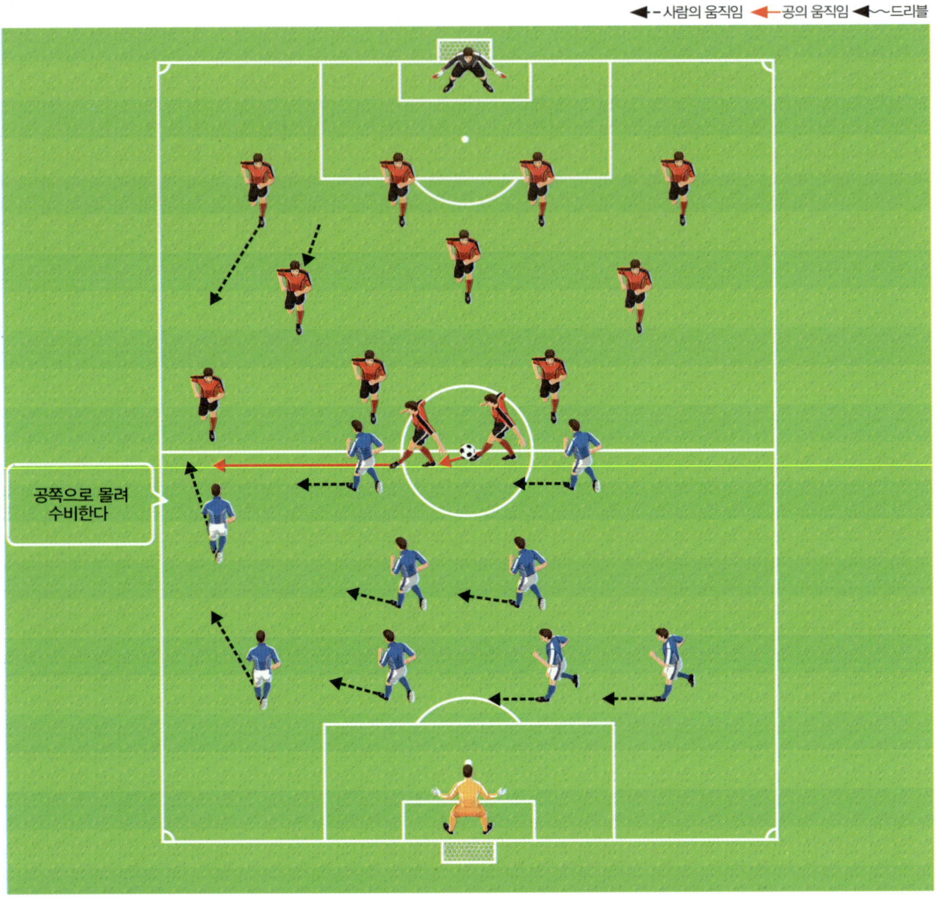

◀──사람의 움직임　◀── 공의 움직임　◀～～드리블

공쪽으로 몰려 수비한다

상대팀이 옆으로 패스하면 수비 전체가 조금씩 옆으로 이동해 공과 수비진영의 골대를 잇는 코스를 중심으로 수비수를 늘린다. 이것이 수비 이론이다. 그림과 같이 전체를 공이 있는 측면으로 몰면 상대팀이 드리블로 돌파하거나 스루패스를 했을 때 서로 수비를 지원하기 쉽다. 특히 상대팀이 킥오프부터 허를 찌르는 측면 공격을 한다면 반대쪽 측면의 선수들이 지원해야 한다. 이미 말했듯이 킥오프할 때는 집중력이 떨어지기 쉽다. 그러므로 전체가 옆으로 이동하는데 늦는 선수는 없는지, 이동할 때 수비가 막히는 곳은 없는지 등을 지도자가 확인해 수정해야 한다.

킥오프 수비 이론 ③

▶▶ 강한 압박으로 긴장감을 푼다

포인트 시합을 시작할 때 상대팀을 압박하면서 몸을 푼다.

◀— 사람의 움직임　◀— 공의 움직임　◀〜 드리블

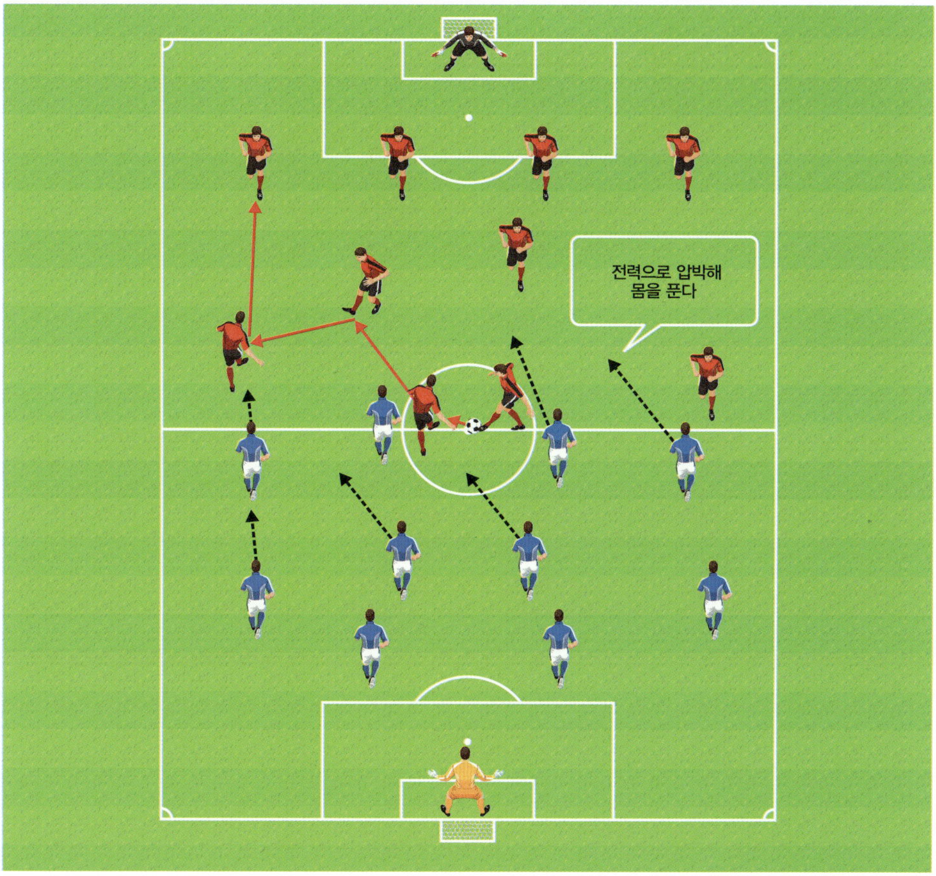

> 전력으로 압박해 몸을 푼다

시합 전에 아무리 워밍업을 해도 막상 시합이 시작되면 긴장한 탓에 몸이 굳어 있기 마련이다. 이럴 때 상대팀이 흐트러짐 없이 공격을 해 온다면 열세가 되어 시작부터 악순환에 빠지기 쉽다. 따라서 긴장을 푸는 의미에서라도 시합이 시작된 직후에는 전력으로 압박에 나서야 한다. 특히 긴장이 풀리지 않으면 시합 중에 기량을 발휘하지 못하다가 1 대 1의 상황 때 돌파당할 위험도 높아진다. 처음부터 100%의 힘을 내자. 경기 내내 좋은 기량을 발휘할 수 있다. 큰 시합에 활용하기 좋은 방법이다.

원 포인트 레슨
역회전 활용하기

공격진영으로 달려가는 시간을 번다

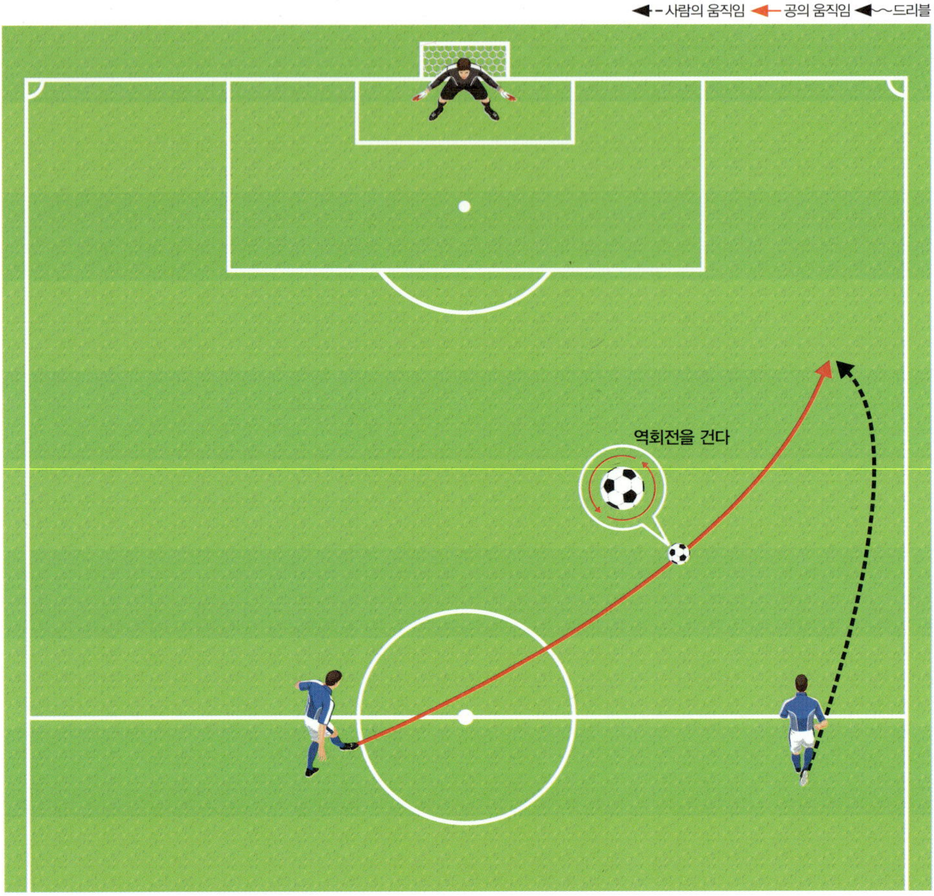

◀— 사람의 움직임   ◀— 공의 움직임   ◀～드리블

역회전을 건다

레슨 포인트
① 킥오프 후 우리 팀 선수가 공격진영으로 달려가게 패스하고 싶다.
② 역회전을 걸어 공을 찬다.
③ 공이 떨어질 때까지 우리 팀 선수가 낙하지점으로 달려간다.

지도자 MEMO
이는 킥오프 때 말고도 사용할 수 있는 패스 기술이다. 일반 킥은 공에 똑바로 회전을 걸기 때문에 공중에 뜬 공이 바로 떨어진다. 그러나 킥오프의 경우는 상대팀의 공격진영에 우리 선수가 들어갈 때까지의 시간이 필요하기 때문에 역회전을 걸어 공이 떠 있는 시간을 늘리기도 한다.

역회전 거는 방법

레슨 포인트

① 공의 밑부분을 통과하듯 차 역회전을 건다.
② 다리는 위로 쭉 뻗지 말고 그대로 내린다.

지도자 MEMO
공 밑을 통과하듯 찬다. 찬 다리를 쭉 뻗어 올리면 공에 똑바로 회전이 걸리니 주의하자.

레슨 포인트

① 축이 되는 다리를 공 바로 옆에 둔다.
② 축이 되는 다리를 공 뒤에 둔다.

지도자 MEMO
GOOD과 NG의 차이를 알겠는가? GOOD처럼 차면 공을 차는 다리가 지면을 살짝 통과할 수 있지만, NG처럼 차면 차는 다리가 공 밑을 통과하지 않고 다리를 위로 뻗게 된다.

마치는 글
왜 세트피스인가?
Message for Every Coach and Player

내가 세트피스를 신뢰하게 된 계기

세트피스의 중요성에 대해 진지하게 생각해 보았다. 사실 바르셀로나에서 지도자 과정을 이수할 때 세트피스의 중요성에 대해서 배웠지만, 어떻게 훈련해야 할지를 몰라서 방치해 둔 상태였다. 그러다가 여러 시합을 관전하면서 상대팀의 방어전술이라던가, 공격 전술을 보고 고민하면서 세트피스의 중요성을 깨닫게 되었다. 세트피스는 대처법을 확실히 세울수록 다양한 득점 기회를 만들 수 있다. 우리가 공격하는 쪽이라도 마찬가지이다. 그러나 내 경우에 유소년팀에게 세트피스를 할애할 시간은 없었다. 세트피스 외에도 시켜야 할 훈련이 너무 많았던 것이다. 그래서 생각한 것이 '상황 판단'이다. 시합 중 세트피스 상황이 나오면 플레이를 멈추게 하고, 선수들에게 플레이가 멈춘 상황을 이해시켰다. 그리고 이 상황에서 어떻게 대처할 것인지를 판단하게 했다. 그러자 선수들의 상황 판단력이 눈에 띄게 높아지기 시작했고, 결국 경기를 효율적으로 이끌 수 있게 되었다. 게다가 '상대팀이 이렇게 나오면 우리는 이렇게 한다.'라고 짰던 작전이 이렇게 책으로 나오게 되었다. 지도자로 있으면서 매일 생각했던 아이디어와 전략이 책으로 나온다니 꿈에도 생각하지 못한 일이지만 한편으로는 축구에 많은 관심이 있는 독자들과 선수, 지도자 모두 세트피스의 중요성에 대해 알 수 있는 계기가 될 것이라 생각한다. 축구에 정답은 없다. 그리고 여기에 소개된 내용은 어디까지나 아이디어일 뿐이다. 축구를 하는 모든 분께 도움이 되길 바란다.
Muchas gracias!

스페인축구협회 공인 지도자 **구라모토 가즈요시**

감독이란 팀을 하나로 만드는 사람

일본인이 스페인 축구팀의 감독을 맡는 것은 놀라운 일이다. 실제로 내게 유소년 A팀 감독 제의가 들어왔을 때 놀라지 않을 수 없었다. 여러분이라면 자국의 팀을 한 수 아래인 나라에서 온 감독에게 맡기겠는가?

스페인의 유소년 A팀은 클럽에서 두 번째로 중요한 팀이었다. 게다가 리그가 개막하기 직전이라 주어진 시간은 단 일주일뿐이었고, 나는 실적이 거의 없었다. 황금 같은 기회였지만 불안해서 잠이 안 올 지경이었다. 그때 내 스승인 페드로가 다가와 말했다. "코치는 의미가 없어. 코치만 할 거였으면 스페인까지 왜 온 거야? 감독이란 책임감을 가지고 싸우는 자리야. 네 생각대로 밀어붙여 봐." 이 말에 나는 다시 전의를 다졌다. 하지만 역시 팀은 제대로 단결되지 않았다. 팀을 이끌어 가는 것이 무척 어렵다는 것을 깨달았다. '나는 일본인이니까.', '스페인 어를 잘 못하니까.' 처음에는 이런 변명을 했을지 모른다. 하지만 매일 페드로와 이야기를 나누고 훈련을 견학하면서 세트피스 전략과 팀 분석이 얼마나 중요한지를 배웠다.

선수에게 세트피스를 가르치는 것은 많은 이점이 있다. 첫째, 시합이 멈춘 상태라 침착하게 상황을 설명할 수 있어 선수들의 판단력을 키워 줄 수 있다. 둘째, 훈련할수록 정확도가 높아진다. 셋째, 플레이 중에도 필요한 전술을 가르칠 수 있다.

축구에는 다양한 전술이 있다. 하지만 모든 전술이 좋은 플레이를 보장하지는 않는다. 그리고 가장 최악의 플레이는 선수들이 상황을 파악하지 못하고 우왕좌왕하는 바람에 기량을 마음껏 펼치지 못하는 것이다. 또한 감독이 너무 약한 것도 좋지 않다. 감정을 조절하며 선수들을 키울 줄 알아야 한다. 나는 세트피스 훈련을 통해 의도대로 따라와 준 선수들과 차곡차곡 인정을 받아 왔다. 그리고 시즌이 끝나고 우승의 감격을 맛봤다. 시합에서 지면 선수들은 감독을 신뢰하지 않는다. 나에게 세트피스 훈련은 감독으로 키워 주었고, 팀을 하나로 만드는 무기가 되었다. 이런 내 경험들이 모든 축구인에게 도움이 되었으면 하는 바람이다.

일본축구협회 공인 코치 후지와라 다카오

New 축구교본
스페인 공격 전술

1판 6쇄 | 2023년 3월 27일
지 은 이 | 시미즈 히데토
감 수 자 | 홍명보 축구교실
옮 긴 이 | 조 미 량
발 행 인 | 김 인 태
발 행 처 | 삼호미디어
등   록 | 1993년 10월 12일 제21-494호
주   소 | 서울특별시 서초구 강남대로 545-21 거림빌딩 4층
            www.samhomedia.com
전   화 | (02)544-9456
팩   스 | (02)512-3593

ISBN 978-89-7849-479-3 (13690)

Copyright 2013 by SAMHO MEDIA PUBLISHING CO.

이 도서의 국립중앙도서관 출판예정도서목록(CIP)은
서지정보유통지원시스템 홈페이지(http://seoji.nl.go.kr)와
국가자료공동목록시스템(http://www.nl.go.kr/kolisnet)에서
이용하실 수 있습니다.
CIP제어번호 : CIP2013003611

출판사의 허락 없이 무단 전재와 무단 복제를 금합니다.

잘못된 책은 구입처에서 교환해드립니다.